CW00684357

THE SARUM RITE

The Use of Sarum,

commonly called

THE SARUM RITE

Breviarium Sarisburiense cum nota

Sarum Matins Latin
III: Sanctorale
Fascicule B (pages {469}-{894})

Edited by William Renwick

GⅠC

THE GREGORIAN INSTITUTE OF CANADA
HAMILTON ONTARIO

Copyright © 2023 The Gregorian Institute of Canada
Published by the Gregorian Institute of Canada/L'Institut grégorien de Canada
c/o School of the Arts, McMaster University
1280 Main Street West, Hamilton, Ontario, Canada
L8S 4L8.

www.gregorian.ca

ISBN 978-1-7388431-0-7

1 2 3 4 5 6 7 8 9 10   32 31 30 29 28 27 26 25 24 23

In memoriam
Father Donald J. Neilson

❡ *In octava sancti Johannis baptiste.*

j. Julii.

Tres lectiones, invitatorium duplex.

Hymnus, antiphone et psalmi ut in prima die. {394}.

℣. Glória et honóre coronásti eum Dómine.

℟. *privatim.* Et constituísti eum super ópera mánuum tuárum.

Lectio j. Augustini Sermo 29. de Sanctis.

Ost illum sacrosánctum Dómini nostri natálem diem nullíus hóminis nativitátem légimus celebrári : nisi solum beáti Johánnis baptíste. In áliis sanctis et eléctis Dei nóvimus illum diem coli : quo illos post consummatiónem labórum, et devíctum triumphatúmque mundum, in perpétuas eternitátes presens vita partúriit. In áliis consummáta últimi diéi mérita celebrántur : in hoc étiam prima dies, étiam hóminis inítia consecrántur. Pro hac absque dúbio causa, quia per hunc Dóminus advéntum suum ne súbito insperátum hómines non agnóscerent : vóluit esse testátum. Tu autem Dómine miserére nostri.

℟. I. Fuit homo missus a Deo. *j.* {399}.

Lectio ij.

Johánnes figúra fuit Véteris testaménti, et in se formam prétulit legis. Et ídeo Johánnes prenúnciat Salvatórem : sicut lex grátiam precúrrit. Quod autem nondum natus de secréto matérni úteri prophetávit, et expers lucis jam testis est veritátis : hoc est intelligéndum, quod latens sub velámine et carne líttere, et Redemptórem mundo Spíritu predicávit : et nobis Deum nostrum de quodam legis útero procreávit. Ergo Judéi erravérunt a ventre, id est, a lege que Christo grávida erat. Erravérunt a ventre : locúti sunt falsa. Tu autem Dómine miserére nostri.

℟. 2. Johánnes vocábitur. *ij.* {404}.

Lectio iij.

DE hoc Johánne baptísta : E-vangelísta prolóquitur, Ille erat lucérna ardens, que Spiritussáncti igne succénsa mundo ignoráncie nocte posséso, lumen salútis osténderet : et quasi inter densíssimas delictórum ténebras, splendidíssimum justície solem lucis sue rádio premonstráret de seípso dicens, Ego vox clamántis in desérto. Videámus in quo desérto : id est in géntium pópulo. Vácua enim péctora Dei timóre, et Spíritu Sancto aréntia : desérto squaléntis herémi comparántur. Desértus erat hic mundus ab omni cultúra timóris Dei et peccatórum spinis óbsitus, squalébat tanquam ager incúltus, et nullam pénitus bonórum óperum fecunditátem attúlerat : nullum imbrem grátie spirituális accéperat. Míttitur beátus Johánnes qui eum per prophéticam atque apostólicam predicatiónem annunciándo peniténciam quasi rudem campum prescínderet, fecundáret, excóleret, divíni verbi semínibus impléret : et ad matúram frugem, id est ad regeneratiónis glóriam preparáret. Tu autem Dómine miserére nostri.

℟. 3. Inter natos. *ix.* {412}. *vel* ℟. Priusquam te. *quando prius factum non fuerit, &c.* {415}.

Ps. Te Deum. [47].

Si octave sancti Johannis in dominica contigerint : fiat totum servicium de dominica et medie lectiones de sancto Johanne nisi quando ℟. de ij. nocturno hystorie dominicalis hic cantanda fuerint.

℟ *In festo visitationis beate Marie Viriginis.*

Festum majus duplex.

ij. Julii.

℟ *Visitatio beate Marie celebretur in ecclesia Sarum in crastino post octavas sancti Johannis baptiste.*

Invit.
IV.v.

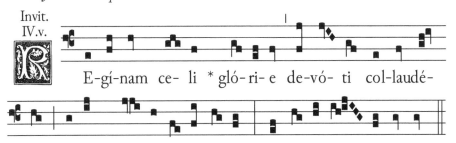

E-gí-nam ce- li * gló-ri- e de-vó- ti col-laudé-mus Matrem mi- se-ri-córdi- e. †Ve-ní- te a- do-rémus.

Ps. Ve-ní-te. 21*.

Hymn.
II.

Undi sa-lus affu-tú-ra, * Virgo Ma-ter íncli-ta :

Gestu simplex, mente pu- ra, spé-ci- e pre-fúlgi-da : Cum

ce-lésti ge-ni-tú-ra, pro-céssit in públi-ca. 2. Ca-put cón-

te-rens dra-có-nis, ru-bus qui non ú-ri-tur : Aaron virga

Ge-de-ó- nis, vel-lus quod perfúndi-tur : Hec perfécta

Sa-lamó-nis, que be-á-ta dí-ci-tur. 3. Gé-ni-trix Ema-nu-

é-lis, virga Jesse fló-ru- it : Osti- um E-zechi-é- lis, quod

vi-ro non pá-tu- it : Mons quo la-pis Da-ni- é-lis, stá-tu-

am commí-nu- it. 4. Sic in mundo pre-ter mo-rem, no-vum

fe-cit Dómi-nus : Castis Ma-ter Condi-tó- rem, circúndat

viscé-ri-bus : Terra gignit Salva-tó-rem, nú-bi-bus plu- én-

ti-bus. 5. Virgo ca-ra ca-ri-tá-tis, fervens de-si-dé-ri- o :

Caste consangui-ni-tá- tis, fa-vet mi-nisté-ri- o : Gaudens

hu-jus no-vi-tá-tis, sancto pu- er-pé-ri- o. 6. Fe-lix domus

Zacha-rí- e, ta-lem ha-bens hóspi-tem : Fe-lix cogná-ta

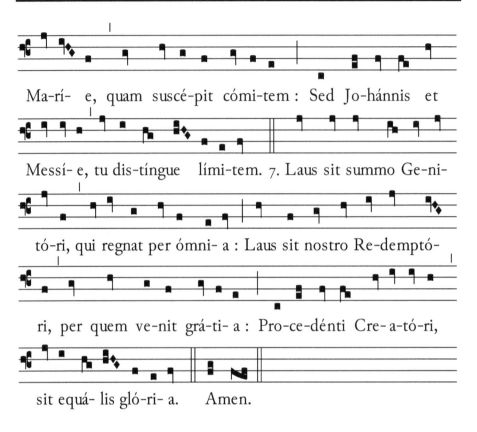

Ma-rí- e, quam suscé-pit cómi-tem : Sed Jo-hánnis et

Messí- e, tu dis-tíngue lími-tem. 7. Laus sit summo Ge-ni-

tó-ri, qui regnat per ómni- a : Laus sit nostro Re-demptó-

ri, per quem ve-nit grá-ti- a : Pro-ce-dénti Cre- a-tó-ri,

sit equá- lis gló-ri- a.   Amen.

ℂ *In primo nocturno.*

Ant.
I.i.

A- ter * ma-tris Fí- li- o síngu-la sub-jé-cit : Ex in-

fán-tis gáudi- o laudémque per-fé-cit. *Ps.* Dómine Dóminus
noster. (*viij.*) [22].

2. Ant.
II.i.

Ol in * ta-berná-cu-lo so-lis il-lu- céscit : Sponsus

in thá-la-mo sponse requi- éscit. *Ps.* Celi enárrant. (*xviij.*)
[40].

3. Ant.
III.i.

E- pit terra * Dó-mi-ni fruc-te fe- cun- dá-ri :

Per mi-se-ri-cór- di- am a De-o sa-lu- tá-ri.

Ps. Dómini est terra. (*xxiij.*) [53].

℣. Diffúsa est grátia in lábiis tuis.

℟. *privatim.* Proptérea benedíxit te Deus in etérnum.

Lectio j.

Lorióse Vírginis Maríe Matris Dómini várie festivitátes eo celébrius atque devótius in ecclésia Dei recolénde sunt, quo constat eam beatiórem esse post Christum : presértim cum ejus celsitúdo mi- rábilis incomparabíliter áffluat delíciis gratiárum. Ipsa namque résidet ad déxteram majestátis in excélsis magni regis Assúeri consors effécta, speciális Intervéntrix pro suo génere : sicut Hester delicáta in necessitátis témpore preparáta, tanto cunctis celi cívibus poténtior atque sublímior, quanto differéncius pre illis nomen Matris Dei singuláriter hereditávit. Hec est vere benedícta super omnes mulíeres, inaccessíbili divíne majestátis inquántum personáli unióne condítio creatúre pátitur, adhérens et conjúncta. Hanc ígitur Vírginem thronus Dei Re-

gínam suscépit, chorus angelórum Dóminam venerátur, sanctórum cóncio láudibus extóllit, justi viatóres spéculum virtútum sibi prestítuunt, et veri peniténtes advocátam séntiunt, lacte benignitátis ejus suáviter imbúti : ne tabéscant in láchrymis luctus et meróris. Tu autem Dómine miserére nostri.

1. Resp. I.

E - lí-za-beth * ut vír-gi- ni se-néc-tus pre-

sentá- tur : Hanc vo-ce ve- ne-rá-bi-li sa-lú-tat am-plex-

á- tur. †Intácta ma- ter sté-ri-li ma-tri congra- tu-lá-

tur. ℣. In sacris claustris vísce- rum pre-cúrsor pu- er

pú- e-rum Dó- mi-num pro-tes-á- tur. †Intácta.

Lectio ij.

Audes ígitur et precónia tam excélse Matris Románus póntifex Urbánus sextus, pio stúdio volens ampliáre, festivitátibus antíquis hodiérnam superáddere decrévit, ut visitatiónis ejus memória frequentarétur : qua post conceptiónem Verbi divíni cognátam suam Elízabeth humíliter salutávit. Sperávit idem póntifex (nec falli pótuit) quod contra virus pestíferum scismátis introdúcti, quo Christiáne plebis commúnio dissolúta est, et ecclésie militántis únitas rumpebátur, accéptior Mediátrix apud Deum esse nequívit, quam ipsa que Deum génuit : ut dum festum visitatiónis ejus a clero et pópulo devótis celebrátur officiis, dignétur ejus pietátis cóngrua prece afférre remédia, statum ecclésie reconsiliándo in fide et grátia salutári. Tu autem Dómine miserére nostri.

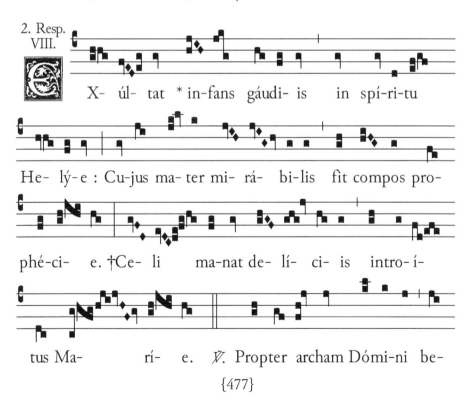

2. Resp. VIII.

E X- úl- tat * in-fans gáudi- is in spí-ri-tu He- lý- e : Cu-jus ma- ter mi- rá- bi-lis fit compos prophé-ci- e. †Ce- li ma-nat de- lí- ci- is intro-í-tus Ma- rí- e. ℣. Propter archam Dómi-ni be-

ne-díx-it dó- mu- i De- us Za- cha- rí- e. †Ce- li.

Lectio iij.

UT autem devótius et at-téntius ad idem festum celebrándum invitarétur plebs fidélis : prefátus póntifex Románus auctoritáte apostólica státuit diem solennitátis sexto nonas Júlii, per síngulos annos celebrándum, concédens piis hujus festi cultóribus speciáles indulgéncias perpétuis tempóribus duratúras. Unde ómnibus vere peniténtibus et conféssis qui matutináli officio seu misse aut vésperis ejúsdem fes-tivitátis in ecclésia preséntes affúerint : centum dies. Eis vero qui prime, tértie, sexte, none, ac completórii officiis interfúerint : pro quálibet ipsárum quadragínta dies. Illis autem qui per octávas ejúsdem matutinálibus, misse, vesperárum, ac predictárum horárum officiis interéssent : síngulis diébus centum dies de injúnctis sibi peniténtiis misericórditer relaxávit. Tu autem Dómine miserére nostri.

3. Resp.
VII.

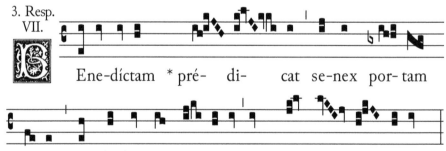

Ene-díctam * pré- di- cat se-nex por- tam spe- i, Unde hoc ut vé- ni- at ad me Ma- ter De- i?

†Vo- ce cu- i jú- bi-lat. ‡In- fans ven-

tris me- i. ℣. Be- á-ta que cre-di-dís-ti, in te fi- ent

que audís- ti : ec-ce sig-num re- i. †Vo- ce.

℣. Gló-ri- a Pa-tri et Fí-li- o : et Spi-rí- tu- i

Sancto. ‡In- fans.

❰ *In secundo nocturno.*

4. Ant.
IV.i.

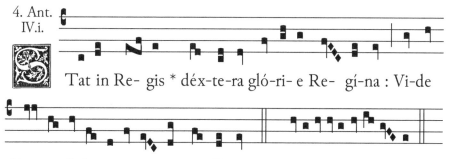

Tat in Re- gis * déx-te-ra gló-ri- e Re- gí-na : Vi-de

Re- gis fí-li- a et au-rem inclí-na. *Ps.* Eructávit cor meum.
(*xliiij.*) [84].

5. Ant.
V.ii.

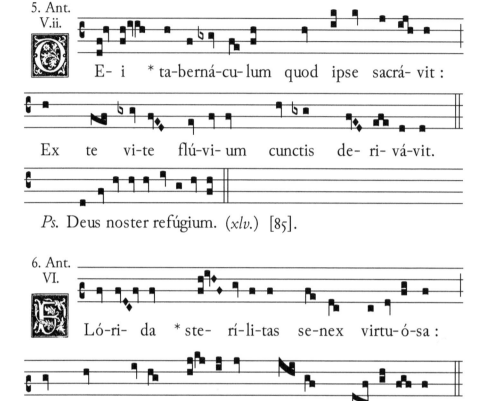

E- i * ta-berná-cu-lum quod ipse sacrá- vit :

Ex te vi-te flú-vi- um cunctis de- ri- vá-vit.

Ps. Deus noster refúgium. (*xlv.*) [85].

6. Ant.
VI.

Ló-ri- da * ste- rí-li-tas se-nex virtu-ó-sa :

De te De-i cí- vi-tas dix- it glo- ri-ó- sa.

Ps. Fundaménta ejus. (*lxxxvj.*) [140].

℣. Spécie tua et pulchritúdine tua.

℟. *privatim.* Inténde próspere procéde et regna.

Lectio iiij.

Viros ígitur sanctos atque devótos ad hujus diéi festivitátem celebrándam allíciunt tam auctóritas et Evangeliórum fides quam miraculórum concúrsus. Ex quibus tante solennitátis matéria cértior esse probátur et efficácior in laude prospícitur. Refert enim Evangelísta contínuo post angélicam salutatiónem, Maríam Vírginem Elízabeth cognátam suam visitásse personáliter, et benígne salutásse. Inestimábilis namque et singuláris humílitas, que mente Maríe fírmiter adhésit : et linguam vergíneam in hujúsmodi vocem prorúmpere fecit, Ecce ancílla Dómini. Ipsa quoque gressus ejus dírigens, hanc in montána conscéndere fecit ad salutándum Elízabeth : ut hec éadem virtus et Deo préberet obséquium, et próxime consanguínee solácium exhíberet. Sic décuit enim ut angelórum Dómina, per humilitátis et charitátis officium sponte se minístram éxhibens, omnem justíciam per méritum adimplére. Tu autem Dómine miserére nostri.

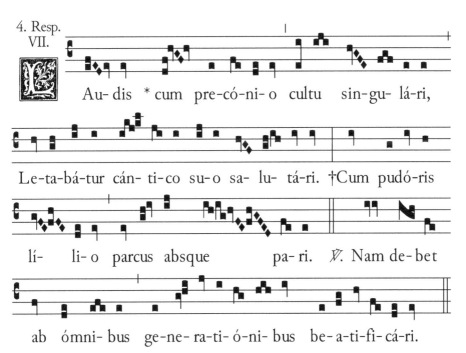

4. Resp.
VII.

Au- dis * cum pre-có-ni- o cultu sin-gu- lá-ri, Le-ta-bá-tur cán- ti-co su-o sa- lu- tá-ri. †Cum pudó-ris lí- li- o parcus absque pa- ri. ℣. Nam de-bet ab ómni- bus ge-ne- ra-ti- ó-ni- bus be- a-ti-fi- cá-ri.

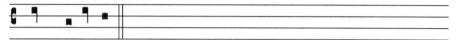

†Cum pudó-ris.

Lectio v.

Miraculórum étiam áffuit grátia copiósa, dum Virgo venerábilis et fémina stérilis ambe pregnántes occurrérunt sibi, infáncium in útero, quos necdum partus edíderat, mútua notícia comparáta est : dum puer prophéta Dóminum prophetárum preséntem exultándo revelávit, quem adhuc sermóne vocis predicáre non váluit. Mater quoque púeri Spíritu Sancto repléta Matrem Dei Maríam prophética laude conféssa est : fidem ejus cum fecunditáte comméndans, et florem cum fructu devóte benedícens. His evidénter pánditur incarnatiónis mystérium, cum sancta múlier Elízabeth angélice salutatióni confórmem se reddit, et tam egrégie et tam cóngrue perorándo propónit. Benedícta tu inquit inter mulíeres : et benedíctus fructus ventris tui. Sic prophetávit fémina sápiens celésti inspiratióne prevénta : cognovítque presentiáliter adésse Salvatórem, cujus in útero sensit gaudére precursórem. Tu autem Dómine miserére nostri.

5. Resp.
VI.

Hris-ti * sanctu- á- ri- um Spí-ri- tus sacrá- ri- um : Ma-ter pi- e- tá-tis. †Preg-nán- ti so-lá- ci- um cogná-

te subsí-di- um admí- nistrat gra-   tis.   ℣. Sic Ma- rí-

a nó-bi-lis formam ve-re sín-gu-lis dat humi-li- tá- tis.

†Preg- án-   ti.

Lectio vj.

EXultémus ígitur in hac die tot et tam excélsa fídei nostre sacraménta débita veneratióne recoléntes : in qua celébriter extóllitur beáte Vírginis Maríe Matris Dei gloriósa fecúnditas, advéntus Christi hóminis in carne predicátur, púeri exultántis nova sunt prelúdia, et sancte mulíeris Elízabeth grátia confirmátur. O María Virgo piíssima, quis potest digne tua reférre precónia, cujus singuláris humílitas in angélica collocutióne concéptum divínum habére proméruit ? Cujus gratíssima cháritas in cognáte sancte visitatióne mirábilis appáruit : cujus salutátio benígna púerum in ventre clausum exultáre predócuit, et matrem púeri prophetáre fecit. Nemo síleat a laude tua : cujus matéria mundum replet univérsum. Salutámus ergo te : multíplices et imménsas tibi reeréndo grátias. Tu nos vísita per frequéntes tuas et innúmeras misericórdias, ut tue beatitúdini congaudéntes regni Fílii tui mereámur esse partícipes. Tu autem Dómine miserére nostri.

6. Resp.
II.

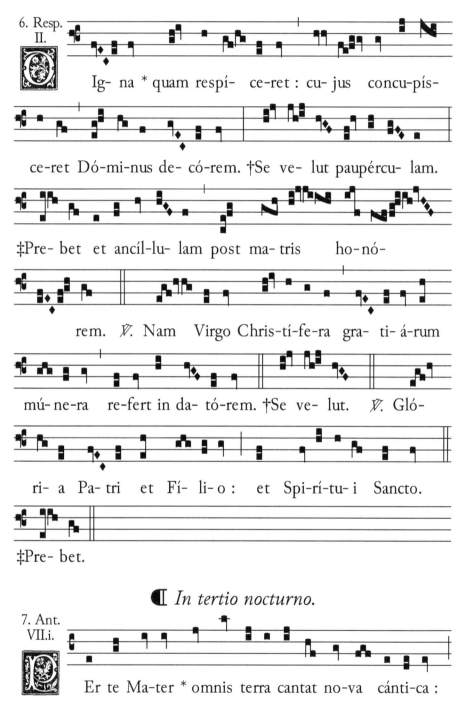

Ig- na * quam respí- ce-ret : cu- jus concu-pís-

ce-ret Dó-mi-nus de- có-rem. †Se ve- lut paupércu- lam.

‡Pre- bet et ancíl-lu- lam post ma- tris ho-nó-

rem. ℣. Nam Virgo Chris-tí-fe-ra gra- ti- á-rum

mú-ne-ra re-fert in da- tó-rem. †Se ve- lut. ℣. Gló-

ri- a Pa- tri et Fí- li- o : et Spi-rí-tu- i Sancto.

‡Pre- bet.

❰ *In tertio nocturno.*

7. Ant.
VII.i.

Er te Ma-ter * omnis terra cantat no-va cánti-ca :

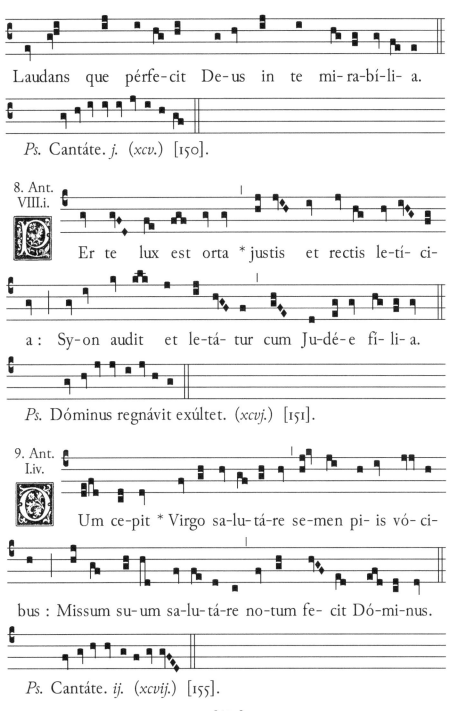

Laudans que pérfe-cit De-us in te mi-ra-bí-li- a.

Ps. Cantáte. *j.* (*xcv.*) [150].

8. Ant.
VIII.i.

Er te lux est orta * justis et rectis le-tí- ci-

a : Sy-on audit et le-tá- tur cum Ju-dé-e fí- li- a.

Ps. Dóminus regnávit exúltet. (*xcvj.*) [151].

9. Ant.
I.iv.

Um ce-pit * Virgo sa-lu-tá-re se-men pi- is vó- ci-

bus : Missum su-um sa-lu-tá-re no-tum fe- cit Dó-mi-nus.

Ps. Cantáte. *ij.* (*xcvij.*) [155].

℣. Adjuvábit eam Deus vultu suo.

℟. *privatim.* Deus in médio ejus non commovébitur.

❡ Léctio sancti Evangélii secúndum Lucam. *j. 39. Lectio vij.*

IN illo tempore, Exúrgens María ábiit in montána cum festinatióne in civitátem Juda : et intrávit in domum Zacharíe et salutávit Elízabeth. Et réliqua.

22. secundi libri excerptim. Omélia venerábilis Bede presbýteri.

POstquam fratres beáta María angélica visióne et allocutióne méruit sublimári, postquam se celésti onustándam partu dídicit, nequáquam se de donis celéstibus quasi ex se essent éxtulit : sed ut magis magísque donis esset apta divínis in custódia humilitátis gressum fixit, ita evangelizánti sibi ángelo respóndens, Ecce ancílla Dómini, fiat michi secúndum verbum tuum. Eándem vero quam ángelo exhibúerat humilitátem : homínibus quoque curávit exhíbere. Illa autem mox ut ángelus qui loquebátur ei ad celéstia rédiit : surgit ac montána conscéndit, gestánsque in útero Deum : servórum Dei habitácula pétiit ac requírit allóquia. Tu autem Dómine miserére nostri.

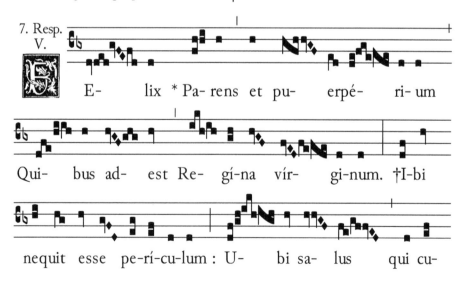

7. Resp.
V.

E- lix * Pa- rens et pu- erpé- ri- um

Qui- bus ad- est Re- gí-na vír- gi-num. †I-bi

nequit esse pe-rí-cu-lum : U- bi sa- lus qui cu-

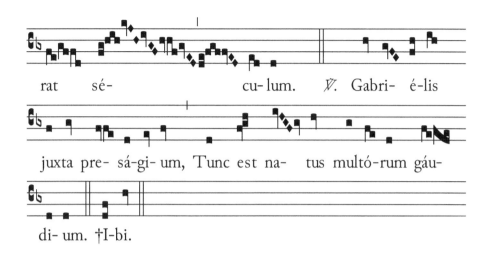

rat sé- cu-lum. ℣. Gabri- é-lis juxta pre- sá-gi- um, Tunc est na- tus multó-rum gáu-di- um. †I-bi.

Lectio viij.

INtrat ergo beáta María domum Zacharíe, atque Elízabeth quam servum atque percursórem Dómini paritúram nóverat salútat : non quasi dúbia de oráculo quod accéperat, sed ut congratulatúra de dono quod consérvam accepísse didícerat. Aperiénte vero beáta María os ad salutándum, repléta est Spíritu Sancto mox Elízabeth : et dixit, Benedícta tu inter mulíeres : per cujus partum virgíneum a natis mulíerum maledíctio prime matris exclúsa est. Et benedíctus fructus ventris tui : per quem et semen incorruptiónis et supérne hereditátis quam perdídimus in Adam fructum recépimus. Et vere ac singuláris benedíctus, qui non nostro more postquam natus est, grátiam a Dómino benedictiónis accépit : sed ipse ad salvándum mundum benedíctus qui venit in nómine Dómini. Tu autem Dómine miserére nostri.

8. Resp.
IV.

Lo-ri- ó-sa * ce-ló-rum Dó- mi-na Spon- sa Re-gis

et Ma-ter íncli- ta : Ce-li me-los mun-di fi-dú-ci- a.

†Nostra cle-mens au- di pre-cá- mi- na. ℣. Stel-

la ma-ris oc-cá-sus nés-ci- a Pla-ca no-bis mundi

certá- mi-na. †Nostra cle-mens.

Lectio ix.

Ere prophécie spíritu repléta Elízabeth, genitrícem ad se adventásse Salvatóris intélligit : sed humilitátis spíritu circunsépta, minus dignam se ejus advéntu deprehéndit dicens, Unde hoc michi ut véniat mater Dómini mei ad me ? Nos ergo fratres exémpla beáte Maríe semper ánimo retineámus : ut in conspéctu Dei húmiles invénti, et próximis débito honóre submíssi mereámur cum ipsa perpétuo sublimári. Si immoderátus temporálium rerum nos appetítus deléctat : reminiscámur quia Judex noster dívites dimísit inánes. Nunquam de impetránda admissórum vénia desperémus : quia misericórdie ejus a progénie in progénies timéntibus eum. Tu autem Dómine miserére nostri.

9. Resp.
VIII.

E-gá- lis * stir-pis Vírgi- nem Ob su- i pulchri-

tú- di-nem Rex summus a-damá- vit. †Clan-dés-

ti-num connú-bi- um. ‡In-fans per ma- tris ú- te-rum ex-

últans re- ve-lá- vit. ℣. Jo-seph no-li

me-tú- e-re Quod na-tum est in cónju-ge De Spí-ri-tu

ma- ná-vit. †Clan-dés- ti-num. ℣. Gló-ri- a Pa-tri

et Fí- li- o : et Spi-rí- tu- i Sancto. ‡In-fans.

Ps. Te Deum. [47].

❧ *Infra octavas visitationis.*

Quotidie infra octavas fiat servitium de visitatione cum regimine chori nisi festum ix. lectionum intercurrat.

❧ *Ad matutinas invitatorium, hymnus, antiphone et psalmi sicut in die, ℣. et ℟. secundum ordinem nocturnorum.*

❧ *Et notandum est quod in festo translationis sancti Martini fiant medie lectiones de apostolis : et non de octavis.*

❧ *Die ij. infra octavas.*

iij. Julii.

Lectio j.

Acrosáncte militánti ecclésie cóngruum rectúmque visum est, ut que Regíne celi glorióse Genitrícis Maríe visitatiónis grátiam in sue tribulatiónis angústia cógitur exoráre : piíssime visitatiónis illíus qua salutávit Elízabeth festivitátem débeat celebráre. Sic enim preces majestáti ejus venerabílius offerúntur : ut ex antíque benivoléncie decantatióne sua benivoléncia cóngrue est captánda. Magna hec festívitas dómui Zacharíe jocundíssima fuit. Et tanto nobis jocúndior esse debéret : quo ipsíus ineffabíliter humilitátem virginitatísque suavitátem in ea speciálius celebrámus. Tu autem Dómine miserére nostri.

℟. de j. nocturno. {476}.

Lectio ij.

Exúrgens María ábiit in montána cum festinatióne : ábiit Gemma vírginum, matrum Glória, mulíerum Decus, a quiétis vállibus, a thálami delíciis, ad labóres in móntibus, fons áffluens in montána ascendébat. Nunquid non sunt delície, virginitátis decus cum múnere fecunditátis humilitátis insígne charitátis ? Favus distíllans, misericórdie víscera plenitúdo grátie singuláris, sancte seni Elízabeth : sanctis ángelis speciósa facta est et suávis in hujúsmodi delíciis suis sancta Dei Génitrix. Mons myrrhe, mons thuris, cujus justícia sicut montes Dei, montes scandit córpore, et non minus mente conscéndit. Tu autem Dómine miserére nostri.

Lectio iij.

CErte non vanis aspéctibus, non ociósis fábulis intendébat : sed piárum meditatiónum sursum actiónibus, devótis oratiónibus, et universárum virtútum exercítiis quas, pigmentárius celéstis in ipsa commíscuit : ut fragrans virga fumi ex aromátibus ante conspéctum Dómini júgiter ascendébat. Strenuitátis judícium, prudéncie circunspéctio, virginális erubescéntia notántur, cum annéctitur, cum festinatióne. Fortitúdinis donum ipsa hábuit : quando abrúpta móntium festinánter ascéndit. Prudéncie circunspectiónem advértimus, quando vagis non est usa discúrsibus : sed sédula ceptis ínstitit devótis opéribus. Virginális étiam erubescéntia in ipsa claréscit : quia diu in público vidéri nóluit. Tu autem Dómine miserére nostri.

❡ *Tertia die de translatione sancti Martini, medie lectiones de apostolis.* {512}.

❡ *Die quarta.*

v. Julii.

Lectio j.

T intrávit domum Zacharíe. Felix Zacharíe domus que tanta hóspite letári proméruit : felix domus ubi est congregátio sanctórum felícium. Felix namque Elízabeth, felícior Johánnes felicíssima María : sed Jesus felícitas etérna. Et salutávit Elízabeth. Féstinat sancta senex in óbviam puélle : sed letícia Mater seréno vultu, puris mánibus, et devótis eam arrípuit ampléxibus : dulci voce, jocundóque elóquio, favo labiórum distillánte, mellíflua eam salutatióne prevénit. Fons mélleus scatúriens in útero, rivos mellífluos intus hábuit : et extérius mélleam lábiis virgíneis dulcédinem derivávit, ex charitátis fervóre fiébat, ut salutatiónem tante salútis effectívam non differret. Tu autem Dómine miserére nostri.

Lectio ij.

ET factum est ut audívit salutatiónem Maríe Elízabeth : exultávit infans in útero ejus. O vox vere salutatiónis veréque salútis. In hac voce salutífera, curátur infántulus a reátu peccáti originális : ante témporis usum accépit sanctificatiónis donum. Spíritu Sancto afflátur : Christum íntuens indicíbili replétur gáudio. In gestu exultatiónis membra infántula roborántur. Quid mirum si in útero matris, Verbi multa fuit efficácia ? Vere prophéta et plusquam prophéta, qui in matre prophétat. Vere tunc lucérna ardens et lucens, quem sic preoccupávit flamma celéstis : ut jam Christi sentíret advéntum, qui nec sentíre póterat vel seípsum. Tu autem Dómine miserére nostri.

Lectio iij.

NImírum novus ille ignis qui recens elápsus e celo per os Gabriélis in aurem Vírginis intráverat : rursum per os Vírginis ad Johánnis matris aurem introívit ad párvulum : et ab ea hora vas electiónis sue Spiritussánctus implèret, et lucérna Christo Dómino pararétur. Fuit ergo tunc lucérna ardens sed ínterim adhuc sub módio, donec super candelábrum ponerétur : ut lucéret ómnibus qui in domo sunt ecclésie. Solum adhuc illumináre pótuit módium suum intra matris víscera constríctus : sed lux erat mundi quando de hoc módio erat edúctus. O magnum pietátis sacraméntum. In ipso motu exultatiónis erat revelátum : dum latébat ardens lucérna sub tali módio, totum mundum paulo post illustratúra fulgóribus carismátum. Tu autem Dómine miserére nostri.

❡ *Die v. de octava apostolorum Petri et Pauli (vj. Jul.) vide infra.* {518}.

❡ *Die vj. de sancto Thoma (vij. Jul.) vide infra.* {523}.

❡ *Die septima.*

viij. Julii.

Lectio j.

T repléta est Spíritu Sancto Elízabeth. Consolári, confortáre, et opem salútis ei conférre : advénerat Virgo pia. Et ecce in prima obviatióne replétur Spíritu Sancto, Christum tácito expectátum desidério cernit adésse preséntem, et ejus genuísse cónspicit precursórem : qui óculos apéruit fílii, óculos apéruit et matris, ut et ipsa cérneret quid fílii exultátio designáret. Et si senem tédeat gravidári : quid est quod tanto inhabitánte Paráclyto, et in tantis novitátum gáudiis léviter non ferátur ? Clamávit voce magna : et dixit, Benedícta tu in muliéribus, et benedíctus fructus ventris tui. Múlier gratiósa invénit grátiam devotíssime visitatiónis et officiosíssime prevenientísque salutatiónis : glóriam digne proméruit vere laudis. Que se velut unam de céteris muliéribus ostendébat : que et quanta erat digne Spiritussánctus declarábat. Tu autem Dómine miserére nostri.

Lectio ij.

CLamávit voce magna : non tam clamósa, quam devóta. Nec solum ad intentiónem loquéntis reveréndum est quod dícitur voce magna : sed quod verba magni mystérii prolatúra esset insínuat. Magna enim vox : áliquod magnum sentíre demónstrat. Magna étiam voce dicénda est usa fuísse : quia illam vocem cum magna cordis exultatióne in commendatiónem magne Vírginis proferébat. Benedícta in virgínibus : que benedíci semper optábat. Offeréntur regi vírgines, sed post eam : nam sibi véndicat ipsa primátum. Si rerum précia de charitáte pensámus : que prima in terris propósuit angélicam vitam dúcere, super omnes est. Hec est que sola sine exémplo illibátam Deo vovit sanctimónie puritátem. Que étiam púritas virginitáti illi váleat comparári ? que tam aliéna ab omni impuritáte invénta est, ut digna judicarétur que sacrárium Spiritussáncti et Dei Unigéniti fieret habitáculum. Tu autem Dómine miserére nostri.

Lectio iij.

HEc est illa speciósa rosa cujus carnem Deus ipsam esse mundície puritátem indicávit : quod eam sue divíne puritáti uníre non despéxit. Proínde novum illud cánticum quod solis dábitur in regno cantáre virgínibus : ipsa Regína vírginum virginitátis primitíva est pre céteris cantatúra. Benedícta et in mátribus, in qua Eve maledíctio mutáta est : que sola a generáli maledictióne líbera, sine iniquitáte, sine corruptióne, Spíritu Sancto superveniénte concépit, sine gravámine tulit, sine dolóre Fílium partúriit. Quod si atténdimus cujus mater, que jam pótuit lingua (étiam si angélica sit) dignis extóllere láudibus Matrem Dei. Optima vero virgínitas fecundáta : Maríe privilégium est, non dábitur álteri, quia non auferétur hec singuláre ab ea in e-

térnum. Benedícta tu in muliéribus que sola es, in qua virgínitas et fecúnditas obviavérunt
sibi. Magnum est esse vírginem :
sed longe ámplius per omnem
modum majus est esse Dei matrem. Hoc unum est quia nullam
símilem visa est, nec habére sequéntem, gáudium matris cum
virginitátis pudóre : quia sola sine
exémplo plácuit Génitrix Virgo
Genitóri suo. Tu autem Dómine
miserére nostri.

❡ *Si dies domnicus infra octavas evenerit et vacaverit a festo ix. lectionum :*
ad matutinas hymnus, antiphone, psalmi, ℣. et ℟. sicut in prima die di-
cantur.

Lectio j.

Ostquam summi Regis
núcius salutíferum illud
Ave déferens, Elízabeth
cognáte miríficum concéptum,
Regíne Vírgini intimásset : exhi-
laráta est gáudio, et fervóre charitátis accénsa, exúrgens ábiit in
montána cum festinatióne. Exúrgens inquit a quiéte vidélicet
sancte contemplatiónis sui dilécti :
ampléxibus spirituálibus Sponsum
suum nichilóminus in sinu ferens.
Ipsóque suggerénte, hec speciósa
amíca Trinitátis de suo thálamo
Colúmba pudicítie, próperat de
cavérna non sine angélice comitátu milítie, ut pium offícium
charitátis persólveret : omnémque
justíciam, angelórum Dómina ad-
impléret. Virgo olim pátribus célitus promíssa, portans illud preciósum depósitum, portans onus
leve, portans a quo portabátur, de
cubíli jam innotescénda mundo
procéssit : et post umbram legis
quasi novi témporis grátie auróra
consúrgens, soléque justície montes illústrans, diem salútis advenísse monstrávit. Tu autem Dómine miserére nostri.

Lectio ij.

ET intrávit domum Zacharíe. Hec Domus Dómini, Templum Dei, Sacrárium Spiritussáncti. Et ipsíus divinitátis non solum spirituáli, verumétiam corporáli gloriósa habitatióne replétum. Hec est Archa Novi testaménti ipsum cóntinens Testatórem : que domum Zacharíe intrávit. O quam felix hec domus, multo namque felícior ad ejus benedicénda intróitum, quam domus olim Obédedom, ad véteris hujus figúre ingréssum. Sancta et immaculáta virgínitas in María, salutávit Elízabeth. Pulchrum erat et dignum omni admiratióne spectáculum, tam eminéntis atque amantíssime cognatiónis : devótum intuéri occúrsum. Salutatiónis obséquio prevénit servam dómina, seniórem puélla, plena celésti dulcédine cognátam dúlciter amplexátur : gáudium matris habens cum virginitátis decóre, matri pie congratulátur stérili, pro miraculóse fecunditátis honóre. Tu autem Dómine miserére nostri.

Lectio iij.

BEnedictus fructus in quo benedicénde sunt omnes gentes : qui est super omnes Deus benedíctus in sécula. Animárum esuriéntium et sitiéntium justíciam, ipsórum quoque angelórum esca et potus : ex cujus benedictiónis plenitúdine tu accepísti, a céteris muliéribus longe differéncius, ídeo benedícta in muliéribus quia ipse te prevénit in benedictiónibus suavíssime dulcédinis. Singulárem in muliéribus consecúta es benedictiónem : ut sola sis Virgo fecúnda, Mater non cujuscúnque sed Dei, nec Eve maledictióni súbjacens, aut legis, nec grávida cum gravámine, et páriens sine dolóre. Et factum est ut audívit salutatiónem Maríe Elízabeth : exultávit infans in útero ejus. Jocúnda vox, elóquium dulce : quod exultáre fecit in gáudio, quem matérna víscera claudunt. Mater salútat matrem : sanctíficat infans infántem, Christus baptístam Johánnem, in Spíritu Sancto baptizábat. Tu autem Dómine miserére nostri.

Lectio iiij.

JOhánnes vero precursóris officium, quod voce non póterat : exultatiónis gáudiis exhibébat. Et repléta est Spíritu Sancto Elízabeth. Mox supra rem mirábilem vírginis dignitátem, divinámque presénciam expavéscens : clamávit voce magna et dixit, Unde hoc michi, ut véniat mater Dómini mei ad me ? Non est hoc michi a me fámula tua ut fatigéris, et inveterátam vísites peccatrícem : sed ab ineffábilis tue dulcédinis humilitáte. O veri ligni vite celéstis planta preciósior cunctis, sánctior univérsis : que sola inveníris digna, fructum salútis portáre. Desponsávit te vir justus, sed adamávit te Dóminus meus, et clandestínum illud connúbium sub umbratióne deprehéndo. Ecce enim ut facta est vox salutatiónis tue in áuribus meis, divíno fulgóre illustrátus est venter meus, et tui fructus dulcédinem séntiens, tuéque vernántis flósculi pulchritúdine delectátus, o paradíse Dei : exultávit in gáudio infans in útero meo. Tu autem Dómine miserére nostri.

Lectio v.

ET beáta super ipsos quoque angelórum spíritus : que tam ineffábili promissióni magna fide credidísti, quóniam perficiéntur ea que dicta sunt tibi a Dómino. Et ait María, Magníficat ánima mea Dóminum. Magno quidem precónio, devóta humílitas beáte Vírginis nil sibi passa est ascríbi : sed in eum univérsa refúdit cujus in se benefícia laudabántur. O mater inquit venerábilis Spíritu Sancto plena, magníficas Matrem Dómini : sed magníficat ánima mea Dóminum. In voce mea fílium pérhibes exultásse in gáudio : sed exultávit spíritus meus, in Deo salutári meo.

{497}

Et ipse quoque tanquam amícus Sponsi : gáudio magno gaudet propter vocem Sponsi. Etiam me dicis esse, quia crédidi : sed beatitúdinis et credulitátis causa respéctus est supérne pietátis. Et

hoc beátam me dicent omnes generatiónes : quia respéxit Deus humilitátem ancílle sue in sua misericórdia, fáciens michi magna. Tu autem Dómine miserére nostri.

Lectio vj.

MAnsit autem apud illam, sibi útique sédula minístrans, non témpore brevi : sed ménsium quasi trium. Levis ígitur grávide labor que beátis sustentátur mánibus, fovétur ampléxibus, solátur verbis : recreátur aspéctibus : nec pótuit esse perículum, ubi salútis univérse ábstitit apothéca. Jam ergo Mater misericórdie per hunc sinceríssimum tue pietátis afféctum, Rachel mater ad te clamans tuum de excélsis

visitatiónis solácium deprecátur, ut que sola interemísti heréticam pravitátem intérimas et scismáticam : quátenus nos tranquíllam vitam ducéntes, pacis Auctórem, teque Mediatrícem rite glorificémus unánimes, débitas illi semper laudes alácriter persolvéntes, cum quo sedes Regína suáviter cuncta dispónens in sécula seculórum amen. Tu autem Dómine miserére nostri.

❡ Léctio sancti Evangélii secúndum Lucam. *j.* 39. *Lectio vij.*

IN illo témpore, Exúrgens María ábiit in montána cum festinatióne, in civitátem Juda : et intrávit in domum Zacharíe, et salutávit Elízabeth. Et réliqua.

Super Lucam lib. 2. cap. 3. Omélia beáti Ambrósii epíscopi.

MOrále est ómnibus, ut qui fidem ástruunt, áliquid credíbilis exémpli verbis annéctant, et ídeo ángelus cum abscóndita nunciáret (ut fides astruerétur) exémplo senióris fémine stérilis concéptum Vírgini Maríe nunciávit, ut possíbile Deo omne quod ei plácuit asséreret. Ubi audívit hoc María : non quasi incrédula de oráculo, nec quasi incérta de núncio, nec quasi dúbitans de exémplo, sed quasi leta pro voto, religiósa pro officio, festína pre gáudio in montána perréxit. Quo enim jam Deo plena nisi ad superióra cum festinatióne conscénderet, quia nescit tarda molímina Spiritussáncti grátia ? Díscite et vos mulíeres sedulitátem quam pregnántibus debeátis exhíbere cognátis. Máriam que ante sola íntimis templi penetrálibus versabátur, non a público virginitátis pudor, non a stúdio aspéritas móntium, non ab officio prolíxitas itíneris retardávit. In montána cum festinatióne Virgo officii memor, injúrie immémor, afféctu urgénte non sexu, relícta domo perréxit. Tu autem Dómine miserére nostri.

Lectio. viij.

Discite vírgines non circuncursitáre per aliénas edes, non demorári in platéis, non áliquos in público míscere sermónes, María in domo sera, féstinat in público. Mansit apud cognátam suam tribus ménsibus, étenim que propter officium vénerat : inherébat officio. Mansit tribus ménsibus, non quod domus delectáret aliéna : sed quia frequéntius vidéri in público sibi displicébat. Didicístis vírgines pudórem Marie : díscite húmiles humilitátem. Venit propínqua ad próximam : júnior ad senciórem. Nec solum venit : sed étiam prior salutávit. Docet enim, ut quanto virgo cástior sit, tanto humílior nóverit deférre honórem senióribus. Fit magístra humilitátis : in qua est proféssio castitátis. Est et causa pietátis. Est étiam norma doctríne. Contuéndum enim est quia supérior venit ad inferiórem ut inférior adjuvétur : María ad Elízabeth, Christus ad Johánnem. Dénique étiam póstea ut sanctificáret baptísmum, Dóminus venit ad baptísmum, cito

quoque advéntus Maríe et pre-
séncie Domínice beneficia decla-
rántur : simul enim ut audívit
salutatiónem Maríe Elízabeth,

exultávit infans in útero ejus, et
repléta est Spíritu Sancto. Tu
autem Dómine miserére nostri.

Lectio ix.

Ide distinctiónem : singulo-
rúmque verbórum proprie-
tátes. Vocem prior Elízabeth audívit : sed prior Johánnes grátiam
sensit. Illa natúre órdine audívit :
iste exultávit ratióne mystérii.
Illa Maríe, iste Dómini sensit advéntum : fémina mulíeris, et pig-
nus pignóris. Ista grátiam lóquitur, illi intus operántur : pietatísque mystérium patérnis adori-
úntur proféctibus duplicíque miráculo, próphetant matres spíritu
parvulórum. Exultávit infans in
útero : repléta est mater. Non
prius mater repléta est quam fílius, sed cum fílius replétus esset
Spíritu Sancto : replévit et matrem. Exultávit Johánnes, exultávit et Maríe spíritus : exultánte
Johánne, replétur Elízabeth. Ma-

ríam tamen non tunc repléri Spíritu Sancto : sed spíritum ejus
exultáre cognóvimus. Incompre-
hensíbilis enim incomprehensi-
bíliter operabátur in matre : et
illa post concéptum replétur, ista
ante concéptum. Benedícta tu
inter mulíeres : et benedíctus
fructus ventris tui. Novit sermónem suum Spiritussánctus, nec
unquam obliviscitur, et prophécia
non solum rerum complétur miráculis : sed étiam proprietáte
verbórum. Quis est iste ventris
fructus nisi ille de quo dictum
est, Ecce heréditas Dómini et fílii
merces fructus ventris ? Hec heréditas Dómini, et fílii merces
fructus illíus sunt : qui de Maríe
útero procéssit. Tu autem Dómine miserére nostri.

❡ *In octava die.*

ix. Julii.

Invitatorium triplex, tota cantetur hystoria ut in die. {471}.

Lectio j.

Eáta prius stérilis Elízabeth, cum gáudium in útero per presénciam Maríe gustáverit : premíssa mulíeris excellénti glória, súbdidit, Et benedíctus fructus ventris tui, in frúctibus benedíctus : sed signánter ventris tui paradísi voluptátis, areóle arómatum, orti conclúsi, consistórii Spiritussáncti. Benedíctus fructus Patérni úteri : est benedíctus fructus ventris tui. Hunc cernens ventris mei infántulus exultávit, preciósum fructum celi, cívium vitam perpétuam, sempitérnam per te datam homínibus, ut vivant in etérnum. Et unde hoc michi ut véniat mater Dómini mei ad me ? Non ignórat Elízabeth operatiónem Sancti Spíritus, quod prophéte mater a Matre Dómini ad proféctum sui pignóris salutétur : verum hoc non sui mériti sed divíni múneris esse fatétur. Illa namque quare inquit hoc michi : quibus méritis, qua justícia ? Nonne Mater Dómini mei jure exaltánda est super choros angelórum ? Unde michi tanta majéstas ? Cur ínfimam te éxhibes Dómini mei Mater ? Cur látere vis lucérna mundi, luna plena solári lúmine ? Sol in quo Sol justície pósuit Tabernáculum suum. Miráculum séntio : mystérium agnósco. Tu autem Dómine miserére nostri.

Lectio ij.

€Cce enim ut facta est vox salutatiónis tue in áuribus meis : exultávit in gáudio infans in útero meo. Revelánte Spíritu Sancto, quo impléta erat Elízabeth : intélligit quid infántis exultátio designáret, venísse scílicet sanctam matrem illíus, cujus precúrsor futúrus erat. Que ergo prius erubéscebat onus parturiéntis dum nescíret mystérium religiónis : jam nunc benedicébat. Et que se prius occultábat quia fílium concéperat : nunc quod prophétam génuit se declárat. Exultávit in gáudio inquit, non mediócre gáudium, hoc est Spíritu Sancto : sed tanto inténsius quanto infántulus adhuc inéptior naturáliter ad gaudéndum haberétur. Atténdant vani gáudii sectatóres quo dolóre admíxtum est illud, cujus extréma luctus óccupat : quam purum, quam deliciósum sit verum gáudium quod nondum nati párvuli cor liquéfacit, hujus gáudii partícipes solíus Dei amíci sunt. Tu autem Dómine miserére nostri.

Lectio iij.

ET beáta que credidísti fília Syon. Veri Salomónis superveniéntem singulárem et únicam vidit Colúmbam, unicámque perféctam et dignam predíctam beátam. Beáta es María in beatitúdine quam in te habes recumbéntem, beatíssima eris cum in regno ipsum associáveris recumbéntem. Fides magna beatitúdinem promerétur : et eo majórem quo fúerit fides major. Fides major ídeo dici potest : cum inestimabilióri assertióni crédere non recúsat. Et quid credídit Virgo fidélis ? quod Verbum Dei caro fieret per quod facta sunt ómnia, et Dóminus majestátis quem non capit univérsitas creatúre : intra víscera virgínea se claudéret factus homo. Nullum opus Dei majus incarnatiónis mystério. Hoc vere tam magnum, quod a cunctis infidélibus impossíbile judicátur. Tu autem Dómine miserére nostri.

Lectio iiij.

PErficiéntur ea que dicta sunt tibi a Dómino. O preclára prophécia, quando Elízabeth futúra ut preséncia cernit : hec secréta celéstis secretárii dicta cognóscit, futúra predícit. Perficiéntur inquit, concepísti ut dictum est, et pariéndo dicta pretérita perfícies : quem de celo tua pulchritúdine invisibíliter attraxísti ómnium Salvatórem visibíliter osténdens mundo. Perficiéntur in te : perficiéntur et in eo. Erit enim magnus, qui magnus est Deus noster : quia magnificábit eum in conspéctu regum ádeo ut adórent eum omnes reges terre. Omnes gentes sérvient ei : et Fílius Altíssimi vocábitur, non rapína sed natúra. Et dabit ei Dóminus sedem David patris ejus : non terrénam, sed veram sedem super alas chérubin et séraphin cum quo gloriósa regnábis in etérnum. Tu autem Dómine miserére nostri.

Lectio v.

ET ait María, Magníficat ánima mea Dóminum. Audítis Maríe Elízabeth precóniis dona que percéperat : ámplius tácere non váluit. Et que virgináli pudóre prius accéptum mystérium téxerat, jam cóngruo témpore patefécit nec pótuit se ultérius continére : cum Spíritum Sanctum quem intra cordis sui secréta tanta plenitúdine redundántem sentiébat per oris aliéni claustra erupísse cernébat. Nemo hujus cántici verba putet léviter exponénda que nimírum de tam profúnda investigatióne digne potérunt penetrári. Magníficat ánima mea Dóminum. Et in Dómino magna effécta Dóminum confitétur magnum : cujus magníficam poténciam non fatum, non casum, sed magníficat ánima mea Dóminum. Exultávit spíritus meus hílaris in Deo salutári meo. Tu autem Dómine miserére nostri.

Lectio vj.

IN eo qui est Deus et homo Jesus dulcíssimus fílius meus. Tanto múnere sublimávit me Deus, quod spíritus meus in illíus sola memória delectátur. Quia respéxit humilitátem ancílle sue : óculo misericórdie non nobilitátem géneris, non formam córporis, non eloquéncie suavitátem. Et quod natúra humána per supérbiam pérdidit : per humilitátem divína propiciátio reparávit. Vera humílitas beáte Vírginis que in judício suo ancílla erat húmilis, et solo grátie respéctu Sublímis : et que ancílla inquit sum, Mater Dei efficitur. Nec dúbitat se e-léctam ad incomprehensíbile hoc mystérium, ad mirábile commércium, ad inscrutábile sacraméntum : et nóminat se ancíllam. Nardus aromáticus, Flos rédolens, odorífera Humílitas, Virtus yma summis consílians, cujus odor inexháuste suavitátis Regem ab etérno Paternitátis sinu, tuum traxit ad cubíle. Ecce enim ex hoc : beátam me dicent omnes generatiónes. Tu autem Dómine miserére nostri.

℟ Léctio sancti Evangélii secúndum Lucam. *j. 39. Lectio vij.*

IN illo témpore, Exúrgens María ábiit in montána cum festinatióne in civitátem Juda : et intrávit in domum Zacharíe et salutávit Elízabeth. Et réliqua.

Omélia de divérsis tractátibus.

ECce Virgo beáta es propter beatitúdinis tue singulárem prerogatívam per síngulas generatiónes, tam cara es ómnibus, tam amábilis univérsis et tam devóta : ut dignum est quod omnes te beatíficent afféctu : ut si cuncti loqui géstiant, quicquid dicátur de indicíbili eo ipso quod dici potest vel pótuit : minus pláceat, minus acceptétur. Quia fecit michi magna qui potens est : et sanctum nomen ejus. Potens est sanctus Dóminus magna et sancta fecit, incarnatiónis vidélicet et redemptiónis mystéria que ómnia prius facta transcéndunt : et ipsa in me et michi fecit ad meam magnificatiónem singulárem. Mansit apud illam quasi tribus ménsibus. Felix parens Elízabeth, cui soli assístit univérsi mundi Creátor : cujus presídium ejus confórtat senectútem, cujus fons letície gémitus consolátur laborántis antíque. Hujus sanctíssime visitatiónis audívimus hystóriam : imitémur et formam. Tu autem Dómine miserére nostri.

SEdeat ánima fidélis cum María in conclávi consciéntie : vacans delíciis contemplatiónis supérne. Consolábitur eam celéstis núncius : deliciósus vidélicet sapor ferventíssime devotiónis. In propósito felíci concépit Christum : honésta vero operatióne prodeúnte in lucem, Christum páriet florénter perseveránte semper grátia castitátis post Verbi concéptum. Progréssa est Mater humilitátis ad montána ut Elízabeth parturiénti solácium dulce conférret : sic et ánima que jam honéstum concépit propósitum, tendat in montána virtútum diligéntis obséquii grátiam egéntibus collatúra. Tu autem Dómine miserére nostri.

IMitémur fratres caríssimi sanctam et húmilem Vírginem : in obséquio humilitátis. Imitémur et devótam Elízabeth in opéribus virtuósis : ut nunc in senectúte nostra honéstum propósitum concipiámus. Dulcis est enim miserátio divínus pietátis que felícibus fecúndet opéribus nostram senectútem : qui stérilem habúimus juventútem. Deprecámur te, Mater vivéntium : ut hec per tue visitatiónis grátiam consequámur. Copiósa cháritas tua nostrórum coopériat multitúdinem peccatórum : et tua fecúnditas gloriósa fecunditátem nobis cónferat meritórum. Fac o benedícta per grátiam quam meruísti, per preerogatívam quam invenísti, per misericórdiam quam peperísti : ut qui mediánte te fieri dignátus est párticeps infirmitátis nostre et misérie, te quoque intercedénte partícipes fáciat nos glórie et beatitúdinis sue Jesus

Christus Fílius tuus Dóminus noster qui est super ómnia Deus benedíctus in sécula amen. Tu autem Dómine miserére nostri.

Secundum antiquum usum.

❡ *Sanctorum Processi et Martiniani martyrum.*

ij. Julii.

Tres lectiones fiant, invitatorium duplex.

Lectio j.

Ódem quoque témpore nunciátum est Paulíno viro claríssimo, magístro officii, eo quod Procéssus et Martiniánus, magistriáni melli, Christiáni effécti fuíssent : misit mílites et ténuit eos, et jussit in custódia reclúdi. Alia autem die precépit sibi eos presentári. Qui cum addúcti fuíssent ante conspéctum Paulíni viri claríssimi : dixit eis Paulínus, Sic stulti facti estis : ut deseréntes deos et deas, quos invictíssimi príncipes colunt, et antíquitas nostra adórat sequéntes vana in audácia vestra, ut sacraménta milítie vestre amittátis ? Tu autem Dómine miserére nostri.

Lectio ij.

Espóndit Martiniánus clara voce : et dixit, Nos modo cépimus habére sacraménta milítie celéstis. Paulínus vir claríssimus magíster officii dixit, Depónite jam améntiam cordis vestri, et adoráte deos immortáles : quos a cunábulis vestris veneráti estis, et coluístis, et nutríti estis. Beáti mártyres Procéssus et Martiniánus respondéntes : una voce díxerunt, Nos Christiáni facti sumus. Tu autem Dómine miserére nostri.

Lectio iij.

POst tríduum autem súbito Paulínus arréptus a demónio expirávit. Tunc fílius ejus Pompínius cepit vociferándo clamáre : ad paláciam pergens, Moderatóres et gubernatóres reipúblice nostre subveníte : ut extinguántur arte mágica imbúti. Hoc áudiens preféctus urbis Cesárius : intimávit Neróni Augústo rem gestam. Nero autem imperátor precépit dicens, Non tardéntur : sed celérius extinguántur. Pompínius vero fílius Paulíni magístri officii : cepit fórtiter urgére preféctum urbis Cesárium. Tunc preféctus dedit in eos senténciam : et jussu ejus ejiciúntur de custódia. Et ducti foras muros urbis Rome, in via que Aurélia nuncupátur : ibi gládio cápite sunt amputáti pro nómine Christi, qui vivit et regnat in sécula seculórum, amen. Tu autem Dómine miserére nostri.

Cetera omnia de communi plurimorum martyrum. [281].

❡ *Dominica infra octavas apostolorum Petri et Pauli que varie contigerit : si a festo vacaverit fiant medie lectiones de apostolis : sinautem fiat de eis memoria tantum nisi in translatione sancti Martini : tunc fiant medie lectiones de apostolis quocunque die contigerit, cum responsoriis de communi apostolorum.*

❡ Quotidie infra octavas apostolorum quando de apostolis fit servitium.

Invitatorium. Regem apostolórum. *in communi.* [227].

Ps. Veníte. 7*.

Hymnus. Aurea luce. *ut supra.* {428}.

Ant. In omnem terram. [231].

Ps. Celi enárrant. (*xviij.*) [40]. *et cetere antiphone cum suis psalmis de communi apostolorum.* [232].

℣. *et* ℟. *secundum ordinem nocturnorum similiter de communi dicuntur.*

Lectio j.

Eatissimórum apostoló-rum pássio fratres, quo-rum hódie natálem so-lénniter celebrámus : cunctis ho-noránda est credéntibus quos pro justície pietatísque plenitúdine, Salvátor mundi humáno géneri, et patres esse dedit et júdices.

Quante autem integritátis quan-téve pietátis fúerint, hinc vel máxime providéndum est, quod ille eos ad emendatiónem corrúpti séculi : et ad mystérium sue vo-luntátis elégit : quem non fallébat eléctio. Tu autem Dómine mise-rére nostri.

Lectio ij.

Ocávit Dóminus Petrum ó-pibus páuperem : ópere pis-catórem. Qui a conversatióne po-pulári, et communióne úrbium segregátus, vitam inter fluctus agébat innócuam : et victum de simplicitáte querébat. Quem ta-men ut ita díxerim páuperem, ut cómpetens ei substáncia non de-

ésset : quem bene meréntem de Deo copiósi maris dives unda pascébat. Eléctus est ergo ad pre-dicatiónem verbi salutáris, ut mu-táta vice celéstis mystério sacra-ménti : qui captúra píscium ale-bátur, salúte hóminum pasceré-tur. Tu autem Dómine miserére nostri.

Lectio iij.

Loriosíssimum Paulum ad fidem nóminis sui : Chris-tus vocat e celo. Qui quod pér-

sequi videbátur ecclésiam : non impietáte irreligiósi ánimi sevi-ébat : sed nube ignoráncie novam non perspíciens grátiam, amóre antíque devotiónis errábat. Ideo dénique ab óculis ejus véteris umbre calígo detérsa est : ut verum illud lumen quod de celéstibus choruscábat, et sibi acquíreret, et ómnibus reveláret. Cecátus illumínátus est : non ália dispensatióne, nisi ut clausis carnálibus óculis spirituális ei aspéctus ad inspiciéndam Dei glóriam formarétur. Tu autem Dómine miserére nostri.

Ps. Te Deum. [47].

Alie lectiones de apostolis infra octavas.

Lectio j.

Eatissimórum apostolórum Petri et Pauli insuperábilem fidem passionémque germánam, omni nos devotióne fratres necésse est celebráre : quia et laudábilis eos vita ad gloriosíssimum perdúxit occásum, et miríficus óbitus perpétuam transmísit ad vitam. Et licet in Petro fides emíneat, in Paulo doctrína precéllat et magistérium : tamen Pauli fidei plenitúdo est, et credúlitas Petri doctríne est fundaméntum. Tu autem Dómine miserére nostri.

Lectio ij.

Hos tanta celéstis electiónis dignátio visitávit ut hic fíeret de piscatóre doctor : ille de persecutóre defénsor. Sed in hoc omnipoténtis Dei attollénda majéstas est : qui inspiratióne mirábili et docéndi grátiam tríbuit impérito, et inimícum fecit amáre quod óderat, et fidem quam impugnábat assérere. Illíus piscatiónem non ábstulit : sed mutávit. Hujus cecávit óculos : ut purgatióri recépto lúmine, claríssima mentis ácie, ultra humánum vidére posset aspéctum. Accépit autem et fidelíssimus Petrus hos

{509}

óculos, qui Christum Dóminum in carne pósitum : et divinitátem suam sub spécie assúmpti hóminis occultátam, Fílium esse Dei vivi, Sancti Spíritus rádio illuminátus inspéxit. Ait enim Dómino percunctánti quis esse ab homínibus putarétur. Tu es inquit Christus Fílius Dei vivi. Tu autem Dómine miserére nostri.

Lectio iij.

Uis non responsiónis plenitúdinem piscatórem protulísse mirétur, qui compéndio brevíssime confessiónis apéruit, et quod de Patre habébat Dóminus, et quod de humána nativitáte suscéperat ? Christus enim et Fílius Dei vivi utriúsque natúre indivísum cóntinet sacraméntum. Vere suscipiéndum cunctis et mirábilem piscatórem, qui dum maris profúnda rimarétur : ad altíssimum majestátis etérne pervénit archánum. Quanti ígitur mériti apud Deum suum Petrus erat ut ei post navícule parve remígium, totíus ecclésie gubernácula traderéntur ? Aut quantum in apostolátus sui ministério complacuísse Christo crédimus Paulum, qui tantum placére pótuit persecútor ? Plácuit enim quia non iníqui péctoris stúdio : sed símplicis ignoráncie incáuta devotióne certábat. Tu autem Dómine miserére nostri.

❡ *Item alie lectiones infra octavas.*

Lectio j.

Enique ut primum Pauli sénsibus Spíritus veritátis infúsus est : osténdit contínuo non se Christi sevísse ódio, sed amóre patérne legis innocénter errásse. De quo quid ego potíssimum dicam cum fidelíssimus ipse sibi sit testis, qui cum nec suas vellet jactitáre laudes, et Christi annunciáre cúperet majestátem : verecúndius quod in se gestum est confitétur. Ait enim velut de áltero quodam. Scio inquit hóminem in Christo

Jesu raptum usque ad tértium celum, raptum in paradísum : et audívit archána verba que non licet hómini loqui. Tu autem Dómine miserére nostri.

Lectio ij.

Uid hoc apóstolo magnificéntius, cui in médio mortálium constitúto, et supra celos ire datum, et ad terras redíre concéssum est ? Quid hoc beátius viro, qui inter secréta paradísi addíscere méruit, quod nec lingua hóminis loqui posset nec quisquam mererétur audíre ? Et cum tante sint sublimitátis illa que dócuit, ut comprehéndere ea mens humána non possit, quante illud putámus esse glórie, quod pródere sibi ásserit non lícere ? Quid étiam de Petro réferam, cujus tantum a Deo est approbáta justícia, tantáque ei potéstas attribúta est judicándi, ut in arbítrio ejus ponerétur celéste judícium ? Prospícite ergo et estimáte, quanto vobis sit Petrus apóstolus honóre reveréndus : cujus senténciam in terris prolátam, sempitérni Júdicis équitas non repéllat. Tu autem Dómine miserére nostri.

Lectio iij.

T ídeo diligénter considerándum est, quas sit ejus glórie magnitúdo, cui dum claves regni committúntur etérni : celum illi cláudere et aperíre permíssum est. Horum ítaque charíssimi per univérsum mundum veneránda hódie pássio celebrátur : horum hódie concúrsu letíssimo éxcolit Roma martýrium. Et quorum dudum ímpia persecúta est sánguinem : eórum nunc peculiári devóta patrocínio gloriátur. Hii ítaque sunt ecclesiárum colúmne, Petrus et Paulus, quos et vita sanctíssima venerábilem duxit ad mortem : et gloriósus occásus fecit esse perpétuos. Quos non solum honorámus ut mártyres : sed ut magístros patrésque mártyrum venerámur, qui ecclésiam Dei et celéstis predicatiónis doctrína, et pii sánguinis effusióne fundavérunt. Tu autem Dómine miserére nostri.

ℭ Translatio et ordinatio sancti Martini episcopi.

iv. Julii.

Novem lectiones, invitatorium duplex.

Lectio j. Sulpicius, lib. i. *de vita sancti Martini.*

Eátus Martínus cum ad episcopátum Turónice ecclésie peterétur, et érui a monastério suo non fácile posset : Rurícius quidam unus e cívibus, uxóris languóre simuláto ad génua illíus provolútus, ut egrederétur obtínuit. Itaque dispósitis jam in itínere cívium turbis : sub quadam custódia ad civitátem usque dedúcitur. Mirum in modum incredíbilis multitúdo, non solum ex illo óppido : sed étiam ex vicínis úrbibus ad suffrágia ferénda convénerat. Una ómnium volúntas, eádem vota, eadémque senténcia, Martínum episcopátu esse digníssimum : felícem fore tali ecclésiam sacerdóte. Jam autem sumpto episcopátu, qualem se, quantúmque prestíterit : non est nostre facultátis evólvere. Idem enim constantíssime perseverábat : qui prius fúerat. Eádem in corde ejus humílitas : eádem in vestítu ejus vílitas erat. Atque ita plenus auctoritátis et grátie implébat epíscopi dignitátem : ut non tamen propósitum monáchi virtútemque deséreret. Tu autem Dómine miserére nostri.

Lectio ij.

Gregorius Turonensis, Libro j. de miraculis sancti Martini.

Pereprécium est étiam illud insérere lectióni : quáliter beáti viri corpus in locum ubi nunc adorátur, fúerat ángelo annuénte translátum. Anno sexagésimo quarto post tránsitum gloriosíssimi dómini Martíni : beátus Perpétuus Turónice sedis cáthedram sortítus est dignitátis. Adeptúsque hunc ápicem, cum magno votórum consénsu : fundaménta templi amplióra quam fúerant super beáta membra locáre dispósuit. Quod sagáci insístens stúdio : mirífico mancipávit efféctu. Adveniénte ergo optáto témpore sacerdóti ut templum dedicarétur, et sanctum corpus a loco ubi sepúltum fúerat transferrétur : convocávit beátus Perpétuus ad diem festum vicínos pontífices, sed et abbátum ac diversórum clericórum non mínimam multitúdinem. Et quia hoc in kaléndis Júlii ágere volébat : vigiláta una nocte facto mane accépto sárculo terram que super sanctum erat túmulum cepérunt effódere. Quo detécto : manus ut eum commovérent injíciunt. Ibíque multitúdo tota labórans : nichil prorsus per totam diem profécit. Tu autem Dómine miserére nostri.

Lectio iij.

Igiláta dénique ália nocte, mane tentántes : íterum nichil omníno ágere potuérunt. Tunc conturbáti atque extérriti : quid fácerent nesciébant. Dicit eis unus ex cléricis, Scitis quia post hoc tríduum, natális episcopátus ejus esse consuéverat : et fórsitan in hac die se transférre nos ádmonet. Tunc jejúniis et oratiónibus ac jugi siléncio die noctúque insisténtes : tríduum illud continuatióne duxérunt. Quarta autem die accedéntes, ponentésque manus : non valébant pénitus movére sepúlchrum. Pavóre autem ómnibus extérritis, jam in hoc stantes ut terra vásculum quod detéxerant operírent : appáruit eis veneránda canície senex ad instar nivis candórem éfferens : dicens se esse abbátem, et ait eis, Usquequo conturbámini et tardátis ? Num vidétis dóminum Martínum stantem et vos juváre parátum, si manus appónitis ? Tunc jactans pállium quo utebátur, pósuit manum ad sarcóphagum cum réliquis sacerdótibus : crúcibus parátis et céreis. Impositáque antiphóna : dedérunt cuncti voces psalléntium in excélso. Tandem ad senis conátum, prótinus sarcóphagum in summa levitáte commótum : in locum ubi nunc adorátur : Dómino annuénte perdúcitur. Quod ad voluntátem sacerdótis compósitum, dictis étiam missis ut ventum est ad convívium : requiréntes sollícite senem, nequáquam repperérunt. Sed nec homo quidam éxtitit : qui eum de basílica exíre vidísset. Credo quod áliqua fuísset virtus angélica, que et beátum virum se vidísse pronunciávit : et deínceps nulli compáruit. Tu autem Dómine miserére nostri.

Medie lectiones de apostolis fiant.

Lectio iiij.

Eatissimórum apostolórum Petri et Pauli tríumphum hodiérna devotióne fidelíssime celebrémus : ut per quos inítium divíne cognitiónis accépimus, per eos usque in finem séculi capiámus regni celéstis augméntum. Qui in conspéctu géneris humáni mirábiles apparuérunt, dum in eórum agnitióne imitántur qui prevaléndo defíciunt persecúti : et deficiéndo preválent interémpti. Nec potest ullátenus explicári : quibus modis hec interféctio preciósa pensétur. Tu autem Dómine miserére nostri.

Responsoria de communi apostolorum. {232}.

Lectio v.

Oriúntur Petrus et Paulus abjécti : et orbis terrárum cápiunt principátum. Moriúntur mundáne eruditiónis ignári : et exístunt doctríne celéstis gnari. Moriúntur captóres píscium : et efficiúntur piscatóres hóminum. Moriúntur sóliti mária perscrutári mediócris artis offício : et reddúntur séculi examinatóres et júdices. Moriúntur terréne dignitátis extránei : et eórum pontifício celum aut reserátur aut cláuditur. Moriúntur aliquándo non moritúri : et predónes mortis efficiúntur etérne. O admiránda commércia : que nulla possunt estimatióne taxári. Tu autem Dómine miserére nostri.

Lectio vj.

PEr Petrum et Paulum Unigéniti sacrum corpus Deus exórnat : et in eis ecclésie sue fundaménta constítuit. Nam unus dies duórum mártyrum est, et duórum apostolórum : quantum ecclésie traditióne percépimus. Nam non divérso sicut herétici gárriunt, sed uno témpore, uno eodémque die, gloriósa morte in urbe Roma sub Cesáre Neróne agonizántes coronáti sunt : et páriter sanctam Románam ecclésiam Christo Deo nostro consecravérunt. Equávit méritum in passióne, qui eos unum quidem de equóris piscatióne : álium vero ex predícte sancte ecclésie persecutióne : ad etérnam vocávit redemptiónem. Hoc enim egit de eis qui in eis patiebátur, qui adjúvit decertántes et coronávit vincéntes : Jesus Christus Dóminus noster. Tu autem Dómine miserére nostri.

❡ Léctio sancti Evangélii secúndum *Lucam. xij. 32. Lectio vij.*

IN illo témpore, Dixit Jesus discípulis suis, Nolíte timére pusíllus grex : quia complácuit Patri vestro dare vobis regnum. Et réliqua.

Omélia beáti Augustíni epíscopi.

PUsíllum gregem eléctorum, vel ob comparatiónem majóris númeri reprobórum, vel pótius ob humilitátis devotiónem nóminat : quia vidélicet ecclésiam suam, quantálibet numerositáte *Sermo ex commentario venerabilis Bede presbyteri. Et est Lib. 4. super Lucam, cap. 53.*

jam dilatátam, tamen usque ad finem mundi humilitáte vult créscere, et ad promíssum regnum humilitáte perveníre. Ideóque contra labóres blande consolátus, quia tantum regnum Dei quérere précipit : eídem regnum a Patre dandum complácita benignitáte promíttit. Véndite que possidétis : et date elemósynam. Nolíte inquit timére ne propter regnum Dei militántibus hujus vite necessária desint : quinétiam posséssa propter elemósynam véndite. Quod tunc digne fit,

quando quis semel pro Dómino suis ómnibus spretis nichilóminus post hec labóre mánuum, unde et victum transígere et elemósynam dare queat, operátur. Unde gloriátur Apóstolus dicens, Argéntum aut aurum aut vestem nullíus concupívi, ipsi scitis : quóniam ad ea que michi opus erant : et his qui mecum sunt, ministravérunt manus iste. Omnia osténdi vobis : quóniam sic laborántes opórtet suscípere infirmos. Tu autem Dómine miserére nostri.

Lectio viij.

FAcite vobis séculos qui non veteráscunt : elemósynas vidélicet operándo : quarum merces in etérnum máneat ubi non hoc precéptum est, ut nichil pecúnie reservétur a sanctis vel suis scílicet vel páuperum úsibus suggerénde : cum et ipse Dóminus cui ministrábant ángeli, tamen ad informándam ecclésiam suam, lóculos habuísse legátur, et a fidélibus obláta consérvans, et suórum necessitátibus aliísque indi-

géntibus tríbuens, sed ne Deo propter ista serviátur, et ob inópie timórem justícia deserátur. Thesáurum non deficiéntem in celis : quo fur non apprópiat, neque tínea irrúmpit. Sive simplíciter accipiéndum est quod pecúnia serváta deficiat, vel vidélicet a fure thesáuris erépta, vel in thesáuris ipsa sui fragilitáte fedáta, data autem pro Christo perénnem misericórdie fructum cónferat in celis : seu certe ita intelligéndum est, quod thesáurus boni óperis si cómmodi terréstris occasióne condátur, fácile corrúptus intéreat, ac si solum celésti intentióne congerátur, non extérius hóminum favóre, non intus inánis glórie váleat labe maculári. Fur enim de foris rapit : tínea scindit intérius. Fur ábstulit divítias eórum : de quibus Dóminus ait, Recepérunt mercédem suam. Tínea corrúmpit vestes eórum : quos Psalmísta redárguens ait, Quóniam Deus díssipat ossa hóminum sibi placéntium. Ossa enim : virtútum robur appéllat. Tu autem Dómine miserére nostri.

Lectio ix.

UBi enim thesáurus vester est : ibi et cor vestrum erit. Hoc non solum de pecúnia : sed et de cunctis possessiónibus sentiéndum est. Gulósi deus venter est. Ibi ergo habet cor : ubi et thesáurum. Luxuriósi thesáuri épule sunt : lascívi lúdicra, amatóris libído. Huic servit unusquísque a quo víncitur. Sint lumbi vestri precíncti : et lucérne ardéntes. Quia multos osténderat : vel in totum século súbditos, vel seculáris intúitu cómmodi Dómino serviéntes : pulchre breviterque suos docet et lumbos precíngere propter continénciam ab amóre rerum seculárium, et lucérnas ardéntes habére, ut hoc ipsum vero fine et recta intentióne fáciant. Aliter. Lumbos precíngimus : cum carnis luxúriam per continénciam coartámus. Lucérnas autem ardéntes in mánibus tenémus : cum per ópera bona próximis nostris lucis exémpla monstrámus. Redemptóri étenim nostro unum sine áltero nequáquam placére potest, si aut is qui bona agit adhuc luxúrie inquinaménta non déserit : aut is qui castitáte preéminet, necdum se per bona ópera exércet. Sed et si utrúmque ágitur : restat ut quisquis ille est spe ad supérnam pátriam tendat, et nequáquam se a víciis pro mundi hujus honestáte contíneat, sed totam spem in

Redemptóris sui advéntu constí- | rére nostri.
tuat. Tu autem Dómine mise- |

Cetera omnia de communi unius confessoris et pontificis. [315].

❦ *Septima die infra octava apostolorum lectio j.* Beatissimórum apostolórum Petri et Pauli insuperábilem. {509}.

❦ *In octava apostolorum Petri et Pauli.*

vj. Julii.

Novem lectiones fiant, invitatorium triplex.

Invitatorium. Regem apostólorum. [227].

Ps. Veníte. 7*.

Hymnus. Aurea luce. *ut supra.* {428}.

Antiphone et cetera omnia de communi hystoria unius apostoli. [231].

Lectio j.

Loriosíssimos Christiáne fidei príncipes ánnuis solennitátibus honorántes fratres charíssimi : ipsum Dóminum ac Deum nostrum, qui hujus Auctor est fídei, débita religióne venerámur. Apóstoli enim, sermóne Latíne dicúntur Missi. Qui ergo honórant missos, maniféstum est eos honoráre mitténtem : quóniam dígni-tas que defértur minístris, illi sine dúbio cujus minístri sunt exhibétur. Quápropter de supplíciis patrum nostrórum, pro Christi confessióne suscéptis, fidélibus gáudiis exultémus : quóniam qui de mártyrum morte letátur, mártyres non dúbitat cum Christo regnáre post mortem. Tu autem Dómine miserére nostri.

Lectio ij.

Nos ergo fratres ecclesiárum ómnium reverendíssimos patres, Petrum dico et Paulum piíssimis stúdiis honorémus : quibus Christi prestánte grátia, factus est de morte natális : quibus finis vite, vivéndi inítium dedit. Quibus (ut ipse ait apóstolus Paulus) vívere Christus erat : et mori lucrum. Erat útique eis Christus vívere : quia totum proficiébat Christi ecclésiis quod vivébant. Erat eis et mori lucrum : quorum corruptióni incorrúptio succedébat, et damna preséntium témporum lucra perpétua sequebántur. Hic est Petrus : cui Christus Dóminus communiónem sui nóminis libénter indúlsit. Petra enim erat Christus : et per Christum Petrus factus est petra. Sicut enim in desérto sitiénti pópulo aqua fluxit de petra : ita univérso mundo perfídie ariditáte lassánti de ore Petri fons salutífere confessiónis emérsit. Tu autem Dómine miserére nostri.

Lectio iij.

Hic est Petrus, cui Christus ascensúrus ad Patrem pascéndas ovículas suas, agnósque comméndat : ut quos ille pietátis miseratióne redémerat, hic fídei sue virtúte serváret. In beatíssimo étiam Paulo Dóminus fidem nóminis sui dum ipsam fidem persequerétur elégit : et dum velut acérrimus persecútor Christiánam vastat ecclésiam, inimíco adhuc ejus in péctore, amícum sibi cor Christus invénit.

Cum ígitur omnes beáti apóstoli parem grátiam apud *Augustini Sermo* Dóminum sanctitátis obtíneant : néscio tamen quo pacto *27. de Sanctis.* Petrus et Paulus vidéntur pre céteris peculiári quadam in Salvatóre fidei virtúte precéllere. Nam Petro sicut bono dispensatóri clavem regni celéstis dedit : Paulo tanquam idóneo doctóri, magistérium ecclesiástice institutiónis injúnxit, scílicet ut quos iste erudíerit ad salútem, ille suscípiat ad quiétem, et quorum patefécerit corda doctrína verbórum, eórum animábus Petrus apériat regna celorum. Clavem enim sciéncie : et Paulus a Christo accépit. Clavis enim dicénda est : qua ad fidem pectórum dura corda reserántur, et méntium secréta pandúntur. Tu autem Dómine miserére nostri.

Lectio iiij.

AMbo ígitur apóstoli claves a Dómino percepérunt : sciéncie Paulus, poténcie Petrus. Divítias immortalitátis ille dispénsat : sciéncie thesáuros iste largítur. Ergo beáti Petrus et Paulus éminent inter univérsos apóstolos : et peculiári quadam prerogatíva precéllunt. Verumétiam inter ipsos quis cui preponátur incértum est. Puto enim equáles esse méritis, qui equáles sunt passióne : et símili eos fidei devotióne vixísse, quos simul vidémus ad martýrii glóriam pervenísse. Non ígitur sine causa factum putémus, quod hi beáti apóstoli, una die, uno in loco, uníus tyránni tolerávere senténciam. Tu autem Dómine miserére nostri.

Lectio v.

UNa die passi sunt : ut Christum páriter pervenírent. Uno in loco : ne álteri Roma deésset. Sub uno persecutóre : ut equális crudélitas utrúmque constríngeret. Dies ergo pro mérito, locus pro glória : persecútor decrétus est pro virtúte. Et in quo tandem loco martýrium pertulérunt ? In urbe Roma, que principátum et caput óbtinet natiónum : scílicet ut ubi erat caput superstitiónis, illic caput quiésceret sanctitátis. Et ubi géntium príncipes habitábant : illic ecclésiárum príncipes moreréntur. Cujus autem sint mériti beatíssimi Petrus et Paulus hinc póssumus intellígere : quod cum Dóminus oriéntis regiónem pró-

{520}

pria illustráverit passióne, occidéntis plagam ne quid minus esset, vice sui apostolórum sánguine illumináre dignátus est. Et licet illíus pássio nobis sufficiat ad salútem : tamen étiam horum martýrium nobis cóntulit ad exémplum. Tu autem Dómine miserére nostri.

Lectio vj.

HOrum ítaque charíssimi per univérsum mundum veneránda pássio celebrátur : horum concúrsu letíssimo éxcolit Roma martýrium, et quorum dudum ímpia persecúta est sánguinem, eórum nunc peculiári devóta patrocínio gloriátur. Hi ergo sunt beatíssimi Petrus et Paulus : qui sacraméntum celéstis regni uno spíritu predicántes, sub uníus passióne diéi doctrínam suam pio sánguine et morte fortíssima consecrárunt. Qui étiam tanquam ecclesiárum ómnium príncipes facti, dispensatióne celésti Romam pétere non timuérunt, quo omnis innocéntia sub Nerónis laborábat império, qui primus nómini Christiáno atrocitátem persecutiónis inférre exórsus est : quasi per neces sanctórum grátia Dei posset extíngui, cujus hoc ipsum erat máximum lucrum, ut contémptus vite hujus occídue percéptio fieret felicitátis etérne. In hac ergo urbe sacratíssima apostolórum córpora recóndere divínitus fuit dispósitum : que totíus orbis obtinébat principátum, quátenus ubi mundus caput habébat impérii, ibi Christus collocáret regni sui príncipes. Tu autem Dómine miserére nostri.

❧ Léctio sancti Evangélii secúndum Mathéum. *xiiij. 22. Lectio vij.*

IN illo témpore, Jussit Jesus discípulos suos ascéndere in navículam, et precédere eum trans fretum : donec dimítteret turbas. Et dimíssa turba : ascéndit in montem solus oráre. Et réliqua.
Omélia beáti Augustíni epíscopi.

Um sanctum Evangélium legerétur : audívimus navículam periclitántem, Christum periclitántibus subveniéntem, Petrum veniénti Christo occurréntem. In quibus ómnibus miráculum expectávimus : mystérium requirámus. Quando enim póssumus de divínis opéribus que legúntur intelléctum alícujus mýstice significatiónis exscúlpere : quasi de abstrúsis favórum cellis mella prodúcimus. Vel Christi discípulos imitántes spicas mánibus confricámus : ut ad laténcia grana perveniámus et in eis vitam inveniámus. Tu autem Dómine miserére nostri.

De verbis Domini, in Mattheum, sermone 14.

Lectio viij.

Scéndit ergo Dóminus noster Jesus Christus ut lectum est : in montem solus oráre. Mons altitúdo est. Quid enim in hoc mundo áltius celo ? Quis vero in celum ascéndit : óptime novit fides vestra. Cur autem solus ascéndit ? Quia nemo ascéndit in celum nisi qui descéndit de celo : Fílius hóminis qui est in celo. Quamvis et in fine cum vénerit et nos omnes sua membra collégerit, ac leváverit in celum, étiam tunc solus ascéndet : quia caput cum córpore suo unus est Christus. Nunc autem solum caput ascéndit : Mediátor Dei et hóminum Homo Christus Jesus. Christus ascéndit solus oráre : quia ipse ascéndit ad Patrem pro nobis interpelláre. Verúntamen dum ille charíssimi orat in excélso : navícula turbátur flúctibus in profúndo, quia insúrgunt fluctus. Tu autem Dómine miserére nostri.

Lectio ix.

Otest ista navícula turbári : sed quia Christus orat non potest mergi. Navicéllam quippe istam fratres ecclésiam cogitáte : turbuléntum mare hoc séculum. Quando áliquis ímpie voluntátis maximéque potestátis persecutiónes indúcit ecclésie, et quantum in ipso est Christiánum nomen conátur extingúere : super navículam Christi grandis unda consúrgit. In tentatiónibus ergo erigátur anténna : ut suspénsa arbóri, crucem figúret. Hanc Christiánus respíciat : et non defíciet. Quia sicut dixit apóstolus Petrus, Christus pro nobis passus est, nobis relínquens exémplum : ut sequámur vestígia ejus. Dicit étiam beátus Johánnes, Sicut enim Christus pro nobis ánimam suam pósuit : sic et nos debémus pro frátribus ánimas pónere. Huic ergo anténne, id est cruci Christi, simplex conversátio et pura conféssio tanquam candéntia vela religéntur : et hec vela nostra flúctibus abluántur, vestísque tendátur ut sine mácula et ruga inveniátur. Quantúmlibet mare séviat et ventus incúmbat inter flatus et fluctus navis ista turbétur tantum non mergátur : et currit. Tu autem Dómine miserére nostri.

ℭ *Translatio sancti Thome martyris.*

Festum minus duplex.

vij. Julii.

ℭ *Ad matutinas et ad alias horas omnia fiant ut in alio festo.*

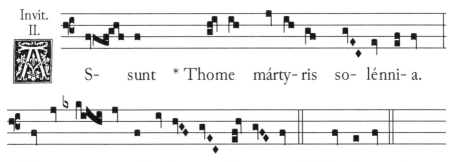

Invit.
II.

S- sunt * Thome márty- ris so- lénni- a.

†Virgo ma- ter jú-bi-let ec-clé-si- a. *Ps.* Ve-ní-te. 4*.

Hymnus. Marty Dei qui únicum. *in communi.* [243].

❡ *In primo nocturno.*

1. Ant.
I.v.

Ummo * sa-cerdó- ti- o Thomas sublimá- tus : Est

in vi- rum á- li- um sú-bi-to mu-tá- tus. *Ps.* Beátus vir. (*j.*)
[16].

2. Ant.
II.i.

Onáchus * sub clé- ri-co clam ci-li-ci- á- tus Carnis

carne fórti- or édomat co-ná-tus. *Ps.* Quare fremuérunt. (*ij.*)
[16].

3. Ant.
III.ii.

Ul- tor * agri Dó-mi-ni trí-bu-los a- vél-lit : Et

vulpes a ví- ne- is arcet et ex-pél- lit. *Ps.* Dómine quid multi-
plicásti. (*iij.*) [17].

℣. Glória et honóre coronásti eum Dómine.

℟. *privatim.* Et constituísti eum super ópera mánuum tuárum.

Lectio j.

Loriosíssimi mártyris Thome translatiónem fratres charíssimi, dignis in Dómino láudibus recenséntes, pio mentis pensémus afféctu : que quasi felíci preságio, in ipsíus translatióne concurrébant. Licet enim a nonnúllis sancte Románe ecclésie pontificibus translátio ejus prius fuísset affectáta, et sancte Cantuariénsi ecclésie pro témpore presidéntibus demandáta : non pótuit tamen quod demandátum fuit ante témpora infra notáta impléri. Quod quidem dispensatióni divíne ascribéndum est : non humáne. Dóminus enim ac Redémptor noster in sapiéncia cuncta dispónens hec ipsa témpora preelégit : ut translátio sicut et pássio ejus ecclésie sacrosáncte esset profutúra. Tu autem Dómine miserére nostri.

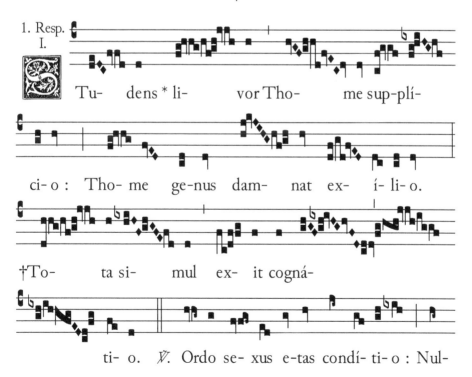

1. Resp. I.

Tu- dens * li- vor Tho- me sup-plí-ci- o : Tho- me ge-nus dam- nat ex- í- li- o. †To- ta si- mul ex- it cogná-ti- o. ℣. Ordo se- xus e-tas condí- ti- o : Nul-

lo gaudet hic pri-vi- lé- gi- o. †To-　　ta.

Lectio ij.

NE ígitur pósteris véniat in dúbium que in translatióne ejus provenérunt : attendámus quoto anno a passióne sua, quo die, quorum tempóribus, et quáliter gloriósi mártyris Thome corpus inclúsum, a loco húmili translátum sit in sublíme. Síngula vero bréviter percurréntes : ut hodiérne solennitátis contemplatióni ad honórem ipsíus mártyris nobis diútius líceat immorári. Tu autem Dómine miserére nostri.

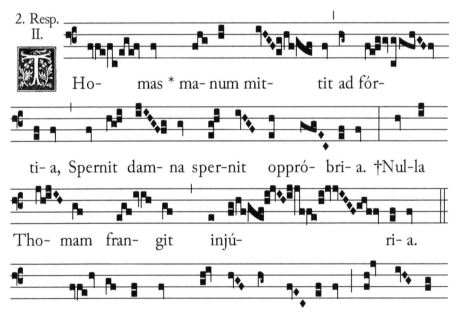

2. Resp.
II.

THo-　　mas * ma- num mit-　　tit ad fór-

ti- a, Spernit dam- na sper-nit　oppró- bri- a. †Nul-la

Tho- mam fran- git　injú-　　　ri- a.

℣. Cla- mat cunctis Tho-me　constán-ci- a : Omne so-

lum est for-ti pá-tri- a. †Nul-la.

Lectio iij.

ANno ígitur quinquagésimo a pássione sua : translátio beatíssimi mártyris Thome est adimpléta. Pensémus dilectíssimi, mystéria anni quinquagésimi. Annus quinquagésimus : annus jubiléus est. Jubiléus autem re-missiónis annus vel remissívus interpretátur. Sicut enim in lege, anno jubiléo fiébant remissiónes : sic et in anno jubiléo translatiónis ipsíus mártyris ónera peniténcium remittúntur. Tu autem Dómine miserére nostri.

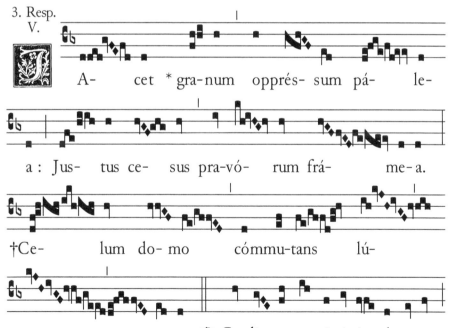

3. Resp.
V.

JA- cet * gra-num opprés- sum pá- le- a : Jus- tus ce- sus pra-vó- rum frá- me- a. †Ce- lum do- mo cómmu-tans lú- te- a. ℣. Ca-dit custos vi-tis in ví-ne- a :

Dux in cas- tris, cultor in á- re- a. †Ce- lum.

℣. Gló-ri- a Pa-tri et Fí- li- o : et Spi- rí- tu- i Sanc- to.

†Ce- lum.

❡ *In secundo nocturno.*

4. Ant.
IV.ii.

Ec in ag-nos * sús-ti-net lupos de-se- ví-re :

Nec in ortum ó-le-rum ví-ne- am tran- sí- re.

Ps. Cum invocárem. (*iiij.*) [17].

5. Ant.
V.i.

X-u- lat * vir óptimus sa-cer et insíg- nis :

Ne ce-dat ecclé- si- e díg- ni- tas in- dígnis.

Ps. Verba mea. (*v.*) [18].

6. Ant.
VI.i.

X-u- lán-tis pré- di- a * pre- da sunt ma- líg-nis :

Sed in igne pó-si- tum non ex-ú- rit ig- nis.

Ps. Dómine Dóminus noster. (*viij.*) [22].

℣. Posuísti Dómine super caput ejus.

℟. *privatim.* Corónam de lápide precióso.

Lectio. iv.

Unde pius pater Honórius papa tértius in signum anni jubiléi accessúris ad translatiónis solennitátem beatíssimi Thome mártyris, annuátim de injúnctis peniténtiis remissiónem talem indúlsit : qualem retroáctis tempóribus nusquam memínimus Romános pontífices alíquibus indulsísse. Unde non incóngrue dicat beátus martyr : quod dixit Redémptor noster, O vos omnes qui laborátis et oneráti estis : veníte ad me, et ego refíciam vos.

Et ut antíque possessiónes sicut et in lege ad antíquos possessóres redírent : constítuit predíctus pater, quod ecclésie in Anglia Románis vel extráneis colláte, post mortem eórum ad veros patrónos redírent. Dicámus ergo cum Prophéta, Elevátus est sol : et luna stetit in órdine suo. Tu autem Dómine miserére nostri.

4. Resp.
VI.

E X summa * re- rum le-tí- ci- a Summus

fit planc- tus in ecclé- si- a De tanti patró- ni ab-

sén- ci- a. †Sed cum ré-de- unt mi-rá- cu- la : Re-dit

pópu-lo le- tí- ci- a. ℣. Concúrrit tur-ba langui-

dó- rum : Et conséqui-tur grá- ti- am be-ne-fi-ci- ó-rum.

†Sed cum.

Lectio v.

AD memóriam étiam revocémus quod beatíssimi mártyris Thome translátio : die Martis sit primo celebráta. Néscio enim quo rerum preságio, si tamen preságium pótius quam evéntus dici débeat : quedam circa beátum mártyrem diébus Martis speciáliter evenérunt. Ex quibus quedam : et si non ómnia, memórie commendémus. Beátus ígitur Thomas die Martis ab útero matris : quasi ad Martem in lucem procéssit. Die Martis sedérunt primo príncipes : et advérsus eum loquebántur. Actus est étiam die Martis in exílium. Die Martis appáruit ei Dóminus apud Pontiniácum : cum dixit, Thoma Thoma : ecclésia mea glorificábitur in sánguine tuo. Die étiam Martis : ab exílio revérsus est. Die étiam Martis : martýrii palmam adéptus est. Die étiam Martis : glorióse translátus est. Die étiam Martis dilectíssimi : septem que jam díximus, non sine preságio provenérunt, ut qui diébus Martis pugnam sénserat et conflíctum, diébus Martis devíctis hóstibus gloriósum reportáret tríumphum. De istis septem intélligi potest : quod dicit Dóminus per Prophétam, Super lápidem unum : septem óculi sunt. Tu autem Dómine miserére nostri.

5. Resp.
VII.

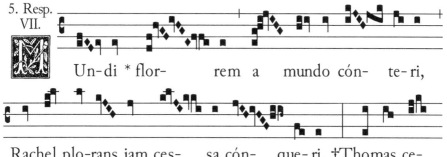

Un-di * flor- rem a mundo cón- te-ri,
Rachel plo-rans jam ces- sa cón- que-ri. †Thomas ce-

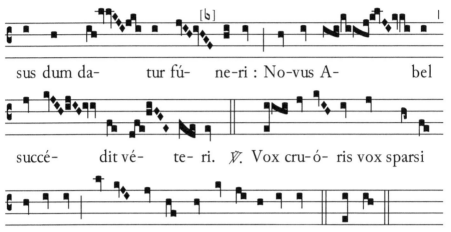

sus dum da- tur fú- ne-ri : No-vus A- bel

succé- dit vé- te- ri. ℣. Vox cru-ó- ris vox sparsi

cé-rebri : Ce-lum replet clamó-re cé-lebri. †Thomas.

Lectio vj.

BEátus martyr est lapis ille quem reprobavérunt edificántes : qui et factus est in caput ánguli. Quia sicut lapis anguláris duos paríetes ex divérso veniéntes conjúngit in unum : sic gloriósus martyr regnum et sacerdótium quasi ex advérso veniéntia, per passiónem suam consentíre fecit in unum. Septem óculi sunt illa septem : que diébus Martis ex dispositióne Spiritussáncti provenérunt. De quibus étiam intélligi potest quod dícitur in Apocalýpsi, quod Johánnes vidit Agnum tanquam occísum : habéntem córnua septem, et óculos septem. In hac ígitur translatióne tanti mártyris exúltet in Dómino gens Anglórum univérsa : quam Rex celéstis speciáliter pre céteris insignívit, dum ex ea virum sine mácula preelégit, ut sit unus ex Anglicis inter ángelos constitútus, qui intercéssor sit pro salúte populórum. Tu autem Dómine miserére nostri.

6. Resp.
VIII.

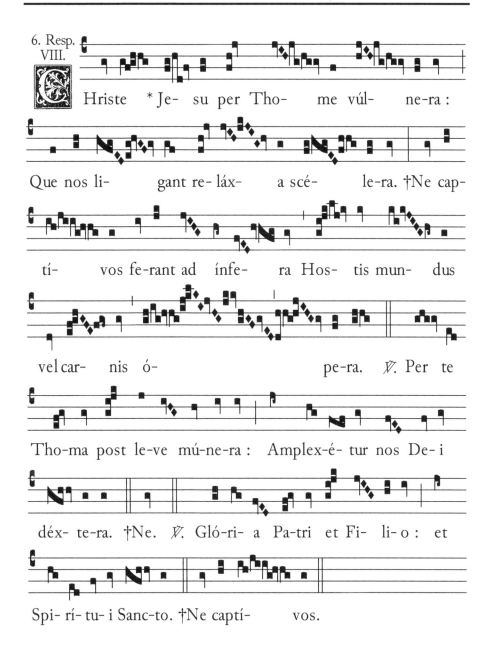

Hriste *Je- su per Tho- me vúl- ne-ra :

Que nos li- gant re- láx- a scé- le-ra. †Ne cap-

tí- vos fe-rant ad ínfe- ra Hos- tis mun- dus

vel car- nis ó- pe-ra. ℣. Per te

Tho-ma post le-ve mú-ne-ra : Amplex-é- tur nos De- i

déx- te-ra. †Ne. ℣. Gló-ri- a Pa-tri et Fi- li- o : et

Spi- rí- tu- i Sanc-to. †Ne captí- vos.

❧ *In tertio nocturno.*

7. Ant.
VII.iv.

Atha- ne * sa-tél- li-tes irrumpén-tes tem-

plum : In-audí- tum pérpetrant scé-le-ris ex-ém-plum.

Ps. In Dómino confído. (*x.*) [24].

8. Ant.
VIII.i.

Tric- tis * Tho-mas énsi-bus ób-vi- am pro-cé- dit :

Non mi-nis, non glá- di- is sed nec mor-ti ce- dit.

Ps. Dómine quis habitábit. (*xiiij.*) [28].

9. Ant.
I.v.

E- lix * lo-cus, fe-lix ecclé-si- a : In qua Thome

vi-get memó-ri- a : Fe-lix ter-ra que de-dit pré-su-lem :

Fe-lix il-la que fo-vit éx-u- lem : Fe-lix pa-ter suc-

cúrre mí-se-ris : Ut fe-lí- ces jungámur sú-pe-ris.

Ps. Dómine in virtúte. (*xx.*) [45].

℣. Justus ut palma florébit.

℟. *privatim.* Sicut cedrus Líbani multiplicábitur.

❦ Léctio sancti Evangélii secúndum Lucum. *xix.*12. *Lectio vij.*

IN illo témpore, Dixit Jesus discípulis suis parábolam hanc. Homo quidam nóbilis ábiit in regiónem longínquam : accípere sibi regnum et revérti. Et réliqua.

Sermo ex commentário venerábilis Bede presbýteri.

HOmo nóbilis ille est : cui cecus supra clamábat, Fili David : miserére mei. Et cui veniénti Hierosólymam : concinébant, Osánna Fílio David : benedíctus qui venit in nómine Dómini. Longínqua régio : est ecclésia ex géntibus, de qua eídem nóbili hómini qui lóquitur, Ego autem constitútus sum rex ab eo : dícitur a Patre, Póstula a me : et dabo tibi gentes hereditátem tu- *Super Lucam lib. 5.*

am et possessiónem tuam términos terre. Que vidélicet heréditas et posséssio : biphária rátione, régio longínqua vocátur. Vel quia a finibus terre clamat ad Dóminum : vel quia longe est a peccatóribus salus. Et cum Deus ubíque sit presens : longe tamen ab eórum sensu, qui ydóla colunt, verus Deus abest. Sed qui erant longe facti sunt prope in sánguine Christi. Vocátis autem decem servis suis : dedit illis decem mnas. Denárius númerus ad legem pértinet : propter decalógum. Tu autem Dómine miserére nostri.

7. Resp.
I.

Ho- me *ce- dunt et pa- rent óm-

ni- a : Pes- tes, morbi, mors et demó- ni- a.

†Ignis, a- er, tel- lus, et má-

ri- a. ℣. Thomas mundum replé-vit grá-ti-

a : Thome mun- dus pre-stat obsé- qui- a. †Ignis.

Octava lectio et nona legantur de proprietate sancti Thome. Lectio viij.

Anta multitúdo episcopórum, abbátum, et priórum, cómitum et barónum, dívitum, et páuperum apud Cantuáriam confluébat ut translatióni interéssent : quod ipsa cívitas et ville circunjacéntes, eos vix cápere potuérunt. Adveniénte ígitur die translatióni prefixo : venerábiles patres Pandúlphus apostólice sedis legátus, Cantuariénsis et Reménsis archiepíscopi epíscopi et abbátes ac nóbilis vir Hubértus de Burgo tunc justiciárius, cum comítibus et barónibus nonnúllis capsam predíctam super húmeros suscepérunt : in preséncia illústris Anglórum regis Henríci tértii, qui propter etátis minóris imbecillitátem et tumúltum pópuli non suscépit cum eis deferéndam. Detulérunt ígitur super húmeros suos in conspéctu pópuli : cum lácrymis exultatiónis et hymnis jubilatiónis ante altáre sancte Trinitátis. Quam diligentíssime et securíssime collocavérunt sub ália capsa lígnea : auro et lapídibus preciósis incomparabíliter coopérta. Quicquid ígitur devotiónis et honóris tanto mártyri posset impartíri : non solum majóres : sed et minóres devotíssime impendérunt, quod de die supérerat in láudibus mártyris et letícia deducéntes. Tu autem Dómine miserére nostri.

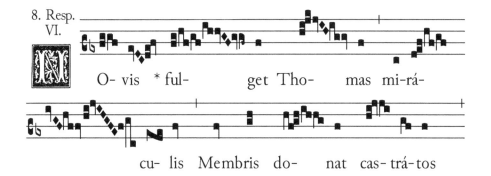

8. Resp. VI.

O- vis * ful- get Tho- mas mi-rá-cu- lis Membris do- nat cas-trá-tos

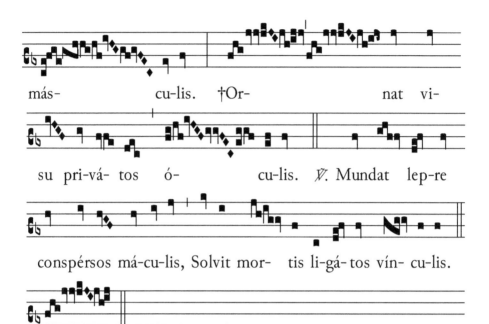

más- cu-lis. †Or- nat vi-

su pri-vá- tos ó- cu-lis. ℣. Mundat lep-re

conspérsos má-cu-lis, Solvit mor- tis li-gá- tos vín- cu-lis.

†Ornat.

Lectio ix.

Beatíssimus ígitur martyr sue grátie solácia quasi vicem impéndens, suis fidélibus non subtráxit. Signis enim miraculísque preámbulis comitántibus et sequéntibus, totam sue translatiónis solennitátem adornávit, cecis ad visum, claudis ad gressum, mutis ad loquélam, mórtuis ad vitam restitútis. Gáudeant ígitur univérsi qui tante translatióni interésse meruérunt. Exúltet in Dómino gens Anglórum, quam Rex celéstis speciálius céteris insignívit : dum ex ea virum sine mácula preelégit, ut sic unus ex Anglicis inter ángelos constitútus, intercéssor fíeret pro salúte populórum. Magníficet étiam Dóminum et exúltet in Dómino salútari suo spíritus sanctíssimi patris Stéphani Cantuariénsis archiepíscopi, qui tante translatiónis solennitátem et procurávit, et gloriósum dedúxit ad efféctum. Hec est dies fratres charíssimi quam fecit Dóminus : exultémus et letémur in ea. Tante diéi solennitátem dignis in Dómino láudibus venerémur : certi quod ad Dei glóriam in cujus nómine translátus est pertíneat, quicquid tanto mártyri devotiónis impénditur vel honóris. Perácta est ígitur sanctíssima translátio preciósi córporis Thome in ecclésia Cantuariénsi : anno grátie millésimo ducentésimo decimonóno, Nonis Júlii, hora quasi tértia, a passióne ipsíus mártyris anno quinquagésimo. Glória omnipoténti Deo : qui talem exaltávit. Glória unigénito ejus Fílio : qui talem redémit. Glória Spirítui Sancto : qui talem sua grátia illumINÁvit. Uni soli vivo et vero Deo laus et gratiárum áctio : per infiníta sécula seculórum amen. Tu autem Dómine miserére nostri.

9. Resp.
II.

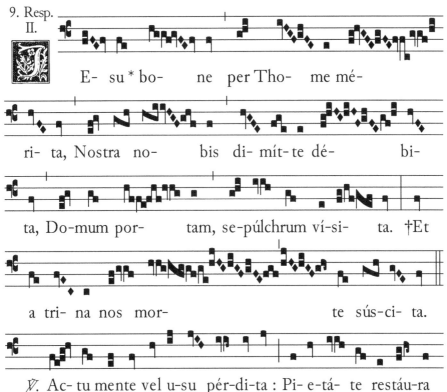

E- su * bo- ne per Tho- me mé-

ri- ta, Nostra no- bis di- mít-te dé- bi-

ta, Do-mum por- tam, se-púlchrum ví-si- ta. †Et

a tri- na nos mor- te sús-ci- ta.

℣. Ac- tu mente vel u-su pér-di-ta : Pi- e-tá- te restáu-ra

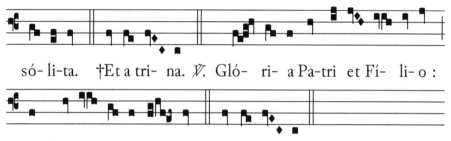

só- li-ta. †Et a tri- na. ℣. Gló- ri- a Pa-tri et Fí- li- o :

et Spi-rí- tu- i Sanc-to. †Et a tri- na.

❡ *Notandum est quod semper in proxima dominica post festum translationis sancti Thome martyris celebratur festum reliquiarum secundum usum Sarum ecclesie : quod nuper celebratum fuerat in octava die nativitatis beate Marie et est celebrandum sub majori duplici festo, ubicunque reliquie habentur vel corpora mortuorum sunt humata : quia licet sancta ecclesia et clerici in eorum laude nichil solennizent : tamen cujus honoris sunt apud Deum nescitur.*

❡ *In festum reliquiarum.*

Festum majus duplex.

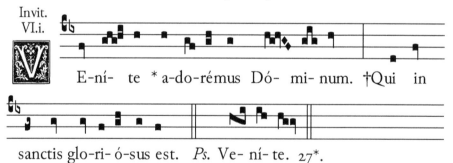

Invit.
VI.i.

E-ní- te * a-do-rémus Dó- mi- num. †Qui in

sanctis glo-ri- ó-sus est. *Ps.* Ve- ní- te. 27*.

Hymnus. Sanctórum méritis. [282].

ℂ *In primo nocturno.*

1. Ant.
IV.i.

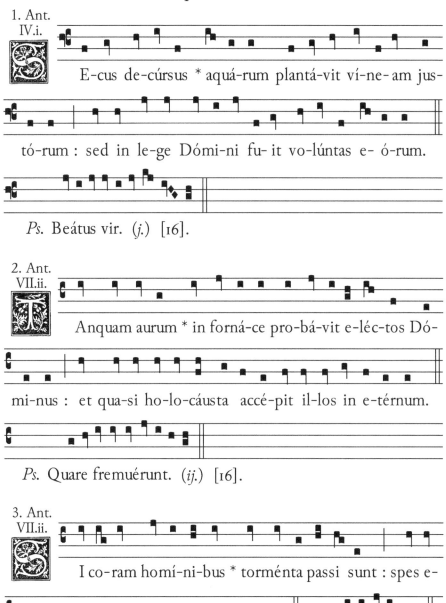

E-cus de-cúrsus * aquá-rum plantá-vit ví-ne-am jus-

tó-rum : sed in le-ge Dómi-ni fu-it vo-lúntas e-ó-rum.

Ps. Beátus vir. (*j.*) [16].

2. Ant.
VII.ii.

Anquam aurum * in forná-ce pro-bá-vit e-léc-tos Dó-

mi-nus : et qua-si ho-lo-cáusta accé-pit il-los in e-térnum.

Ps. Quare fremuérunt. (*ij.*) [16].

3. Ant.
VII.ii.

I co-ram homí-ni-bus * torménta passi sunt : spes e-

lectó-rum est immortá-lis in e-térnum. *Ps.* In Dómino confído. (*x.*) [24].

{541}

℣. Letámini in Dómino et exultáte justi.

℟. *privatim.* Et gloriámini omnes recti corde.

Lectio j. Augustini Sermo 37. de Sanctis.

Odie dilectíssimi ómnium sanctórum quorum relíquie in hac continéntur ecclésia, sub una solennitátis letícia celebrámus festivitátem : quorum societáte celum exúltat, quorum patrocíniis terra letátur, quorum tríumphis ecclésia sancta coronátur, quorum conféssio quanto in passióne fórtior, tanto est clárior in honóre. Quia dum crevit pugna, crevit et pugnáncium glória : et martýrii tríumphus, multíplici passiónum adornátur supplício. Perque gravióra torménta, grandióra fúere et prémia, dum cathólica mater ecclésia per totum orbem longe latéque diffúsa, in ipso suo cápite Jesu Christo edócta est contumélias crucis et mortem non timére, magísque roboráta non resisténdo, sed perferéndo, cum univérsos quos ágmine ínclito carcer penális inclúsit, pari et símili calóre virtútis ad geréndum certámen glória triumphális inspirávit. Tu autem Dómine miserére nostri.

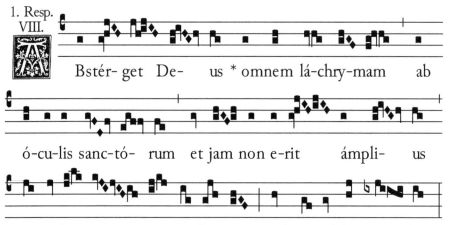

1. Resp. VIII.

Bstér-get De-us * omnem lá-chry-mam ab ó-cu-lis sanc-tó-rum et jam non e-rit ámpli-us neque luc-tus, ne-que cla-mor : sed nec ul-lus do-lor.

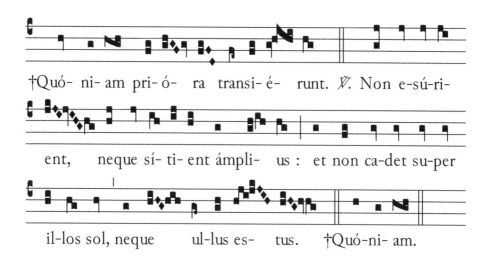

†Quó- ni- am pri- ó- ra transi- é- runt. ℣. Non e-sú-ri-

ent, neque sí- ti- ent ámpli- us : et non ca-det su-per

il-los sol, neque ul-lus es- tus. †Quó-ni- am.

Lectio ij.

O vere beáta mater ecclésia : quam sic honor divíne dignatiónis illúminat, quam vincéntium gloriósus mártyrum sanguis exórnat, quam invioláte confessiónis cándida índuit virgínitas. Flóribus ejus nec rose nec lília desunt. Certent nunc charíssimi sínguli ad utrósque honóres, ut amplíssimam accípiant dignitátem : corónas vel de virginitáte cándidas, vel de passióne purpúreas. In celéstibus castris pax et ácies habent flores suos : quibus mílites Christi coronántur. Tu autem Dómine miserére nostri.

2. Resp.
VII.

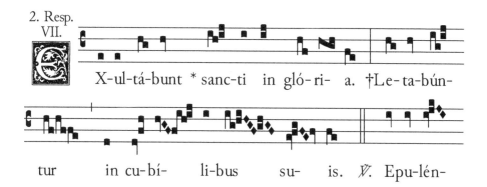

X-ul-tá-bunt * sanc-ti in gló-ri- a. †Le-ta-bún-

tur in cu-bí- li-bus su- is. ℣. Epu-lén-

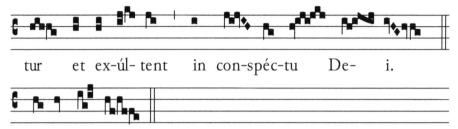

tur   et ex-úl- tent   in con-spéc-tu   De-   i.

†Le- ta-bún-tur.

Lectio iij.

Ei enim ineffábilis et imménsa bónitas étiam pré-
vidit, ut labórum quidem tempus
et agónis non exténderet, nec
longum fáceret aut etérnum, sed
breve et ut ita dicam momen-
táneum : ut in hac brevi et exígua
vita agónes essent et labóres, in
illa vero que etérna est, coróna et
prémia meritórum, ut labóres
quidem cito finiréntur : meritórum vere prémia sine fine du-
rárent, ut post hujus mundi ténebras visúri essent candidíssi-
mam lucem, et acceptúri majórem passiónum cunctárum acer-
bitátibus beatitúdinem, testánte
hoc apóstolo ubi ait, Non sunt
condígne passiónes hujus témporis : ad futúram glóriam que
revelábitur in nobis. Quam leto
sinu de prélio reverténtes celéstis
excépit letícia : de hoste prostráto
trophéa feréntibus occúrrit. Tu
autem Dómine miserére nostri.

3. Resp.
VII.

Us-   ti * in per- pé-tu- um vi- vent,   et a-

pud Dó- mi-num est merces e-ó- rum. †Et   co-gi- tá-ti-

o e-ó- rum. ‡Apud Altís- si-mum.

℣. I-de-o accí-pi- ent regnum de-có-ris et di- a-dé-

ma spe-ci- é- i de ma-nu Dó-mi- ni. †Et.

℣. Gló-ri- a laus et honor de-cus po-tés-tas et ju-bi-lá-

ti- o : Pa-tri ac Na- to et Spi-rí- tu- i Sancto. ‡Apud.

❧ *In secundo nocturno.*

4. Ant.
VIII.i.

Abo sanctis me- is * lo-cum nomi-ná-tum in regno

Pa-tris me- i di-cit Dó-mi-nus. *Ps.* Dómine quis. (*xiiij.*) [28].

5. Ant.
IV.i.

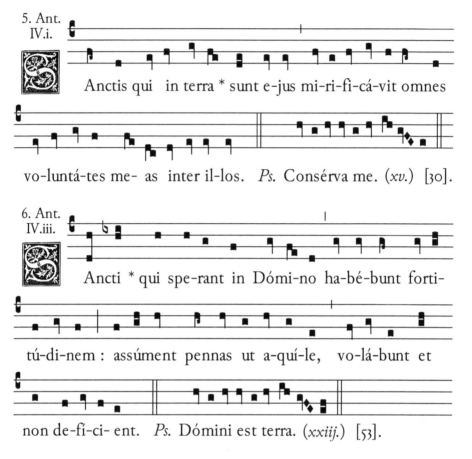

Anctis qui in terra * sunt e-jus mi-ri-fi-cá-vit omnes

vo-luntá-tes me- as inter il-los. *Ps.* Consérva me. (*xv.*) [30].

6. Ant.
IV.iii.

Ancti * qui spe-rant in Dómi-no ha-bé-bunt forti-

tú-di-nem : assúment pennas ut a-quí-le, vo-lá-bunt et

non de-fí-ci- ent. *Ps.* Dómini est terra. (*xxiij.*) [53].

℣. Exúltent justi in conspéctu Dei.

℟. *privatim.* Et delecténtur in letícia.

Lectio iiij.

CUm triumphántibus viris et fémine véniunt, que cum século sexum quoque vicérunt : et gemináta glória milítie vírgines cum púeris, téneros annos virtútibus transeúntes. Sed et cétera fidélium turba aule perpétue régiam intrávit : qui sinceritátem fídei inconcússis preceptórum celéstium disciplínis, uníta pace observavérunt. Ergo ágite nunc fratres, aggrediámur iter vite : revertámur ad civitátem celéstem, in qua scripti sumus et cives decréti. Non sumus hóspites, sed cives sanctórum et doméstici Dei : étiam illíus herédes, coherédes autem Christi. Hujus nobis urbis jánuas apériet fortitúdo : et fidúcia latum prebébit ingréssum. Considerémus ergo ínclytam illíus urbis felicitátem : inquántum consideráre possíbile est. Ut enim vere est : comprehéndere nullus sermo sufficiet. Dícitur de ea in quodam loco sic : quod aufúgiet ibi dolor, et tristícia, et gémitus. Tu autem Dómine miserére nostri.

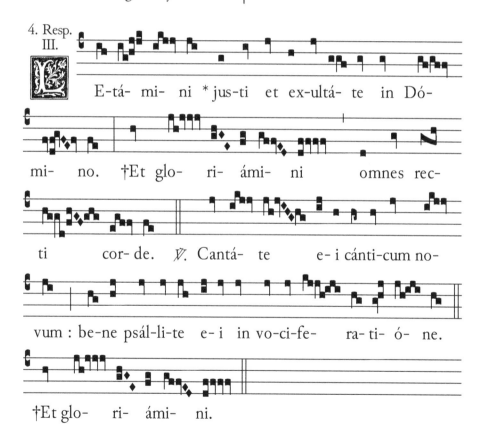

4. Resp. III.

Lætámini *justi et exultáte in Dómino. †Et gloriámini omnes recti corde. ℣. Cantáte ei cánticum novum : bene psállite ei in vociferatióne. †Et gloriámini.

Lectio v.

Quid hac vita beátius ubi non paupertátis metus, non egritúdinis imbecíllitas ? Nemo léditur, nemo iráscitur, nemo ínvidet : cupíditas nulla exardéscit. Nullum cibi desidérium : nulla honóris pulsat, aut potestátis ambítio. Nullus ibi dyáboli metus, insídie demónum nulle : terror gehénne procul. Mors neque córporis neque ánime : sed glória immortalitátis múnere jocúnda. Nulla erit tunc usquam discórdia, sed cuncta cónsona, cuncta conveniéncia : quia ómnium sanctórum una concórdia, pax cuncta, et letícia contínua. Tranquílla sunt ómnia et quiéta. Jugis splendor, non iste qui nunc est : sed tanto clárior, quanto felícior. Quia cívitas, ut légitur illa non egébit lúmine solis : sed Dóminus omnípotens illuminábit eam, et lucérna ejus est Agnus. Ubi sancti fulgébunt ut stelle in perpétuas eternitátes : et sicut splendor firmaménti qui erúdiunt multos. Quápropter nox ibi nulla, nulle ténebre, concúrsus núbium nullus, nec frigóris, ardóris ve aspéritas ulla : sed talis quadam erit rerum tempéries quam nec óculus vidit, nec auris audívit, nec in cor hóminis ascéndit, nisi illórum qui ea pérfrui digni inveniúntur, quorum nómina scripta sunt in libro vite, qui et lavérunt stolas suas in sánguine Agni, et sunt ante sedem Dei, serviúntque ei die ac nocte. Non est senéctus ibi, neque senectútis miséria : dum omnes occúrrunt in virum perféctum, in mensúram etátis plenitúdinis Christi. Tu autem Dómine miserére nostri.

5. Resp.
VII.

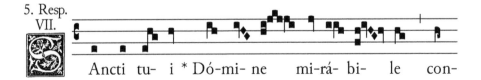

Ancti tu- i * Dó-mi- ne mi-rá- bi- le con-

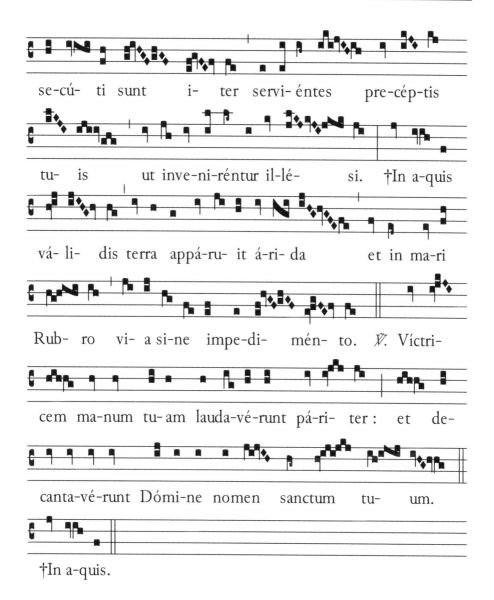

se-cú- ti sunt i- ter servi- éntes pre-cép-tis

tu- is ut inve-ni-réntur il-lé- si. †In a-quis

vá- li- dis terra appá-ru- it á-ri- da et in ma-ri

Rub- ro vi- a si-ne impe-di- mén- to. ℣. Víctri-

cem ma-num tu- am lauda-vé-runt pá-ri- ter : et de-

canta-vé-runt Dómi-ne nomen sanctum tu- um.

†In a-quis.

Lectio vj.

Verum super hec ómnia est consociári angelórum et archangelórum cétibus, thronis étiam et dominatiónibus, princi-pátibus et potestátibus, omniúmque celéstium supernarúmque virtútum contubérniis pérfrui : et intuéri ágmina sanctórum splendídius sidéribus micántia, patriarchárum fide fulgéncia, prophetárum spe letáncia, apostolórum in duódecim tríbubus Israel orbem judicántis, mártyrum purpúreis victórie corónis lucéntia, vírginum quoque choros candéntia serta gestántes inspícere. De Rege autem qui horum médius résidet : dícere vox nulla sufficiet. Effúgit enim omnem sermónem, atque omnem sensum, humáne mentis excédit decus illud : illa pulchritúdo, illa virtus, illa glória, illa magnificéntia, illa majéstas. Ultra enim ómnium sanctórum est glóriam ipsíus inestimábilem adipísci conspéctum, et splendóre majestátis ejus irradiári. Si enim quotídie opórteret nos torménta perférre, si ipsam gehénnam parvo témpore toleráre ut Christum vidére possémus in glóriam veniéntem, et sanctórum ejus número sociári : nonne erat dignum pati omne quod triste est, ut tanti boni tantéque glórie partícipes haberémur ? Que erit illa fratres charíssimi justórum

glória, quam grandis sanctórum letícia, cum unaquáque fácies fulgébit ut sol, cum ordínibus distínctis pópulum suum Dóminus in regnum Patris sui céperit recensére, et méritis atque opéribus singulórum prémia promíssa restitúere, pro terrénis celéstia, pro temporálibus sempitérna, pro módicis magna prestáre, addúcere sanctos in visiónem patérne glorié, et fácere in celéstibus consédere, ut sit Deus ómnia in ómnibus eternitatémque amatóribus suis et immortalitátem largíri, ad quam eos sánguinis sui vivificatióne reparávit, dénuo ad paradísum redúcere, regna celórum fide et veritáte sue pollicitatiónis aperíre ? Hec héreant firmiter sénsibus nostris, hec intelligántur plena fide, hec corde toto diligántur : hec indesinéntium óperum magnanimitáte acquirántur. Res pósita est in potestáte faciéntis : quia regnum celórum vim pátitur. Res ista o homo, id est regnum celéste : áliud non querit précium nisi teípsum. Tanti valet quantum es tu. Da te : et habébis illam. Quid turbáris de précio ? Christus semetípsum trádidit : ut acquíreret te regnum Deo Patri. Ita et tu teípsum da : ut sis regnum ejus, ac non regnet peccátum in mortáli tuo córpore, sed Spíritus in acquisitiónem vite. Ad hanc ígitur óperum salutárium delectétur palmam, quicúnque desíderat habére prémia repromíssa, in etérna sécula seculórum amen. Tu autem Dómine miserére nostri.

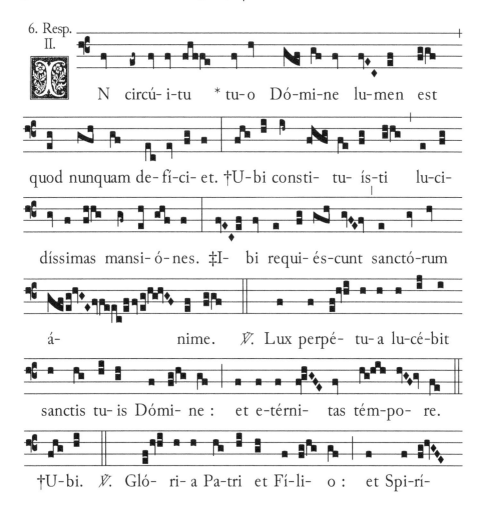

6. Resp.
II.

IN circú- i-tu * tu-o Dó-mi-ne lu-men est quod nunquam de-fí-ci- et. †U-bi consti- tu- ís-ti luci- díssimas mansi- ó- nes. ‡I- bi requi- és-cunt sanctó-rum á- nime. ℣. Lux perpé- tu-a lu-cé-bit sanctis tu- is Dómi- ne : et e-térni- tas tém-po- re. †U-bi. ℣. Gló- ri- a Pa-tri et Fí-li- o : et Spi-rí-

tu- i   Sanc-to.   ‡I- bi.

❧ *In tertio nocturno.*

7. Ant.
IV.i.

Usti   au tem * in perpé-tu- um vi-vent : et a-pud

Dómi-num est merces e-ó-rum.   *Ps.* Exultáte justi. (*xxxij.*) [65].

8. Ant.
VIII.i.

Ra-di-dé- runt * córpo-ra su- a propter De-um ad sup-

plí-ci- a :   ut he-ré-des fí- e-rent in domo Dómi-ni.

Ps. Benedícam. (*xxxiij.*) [67].

9. Ant.
VI.

quam glo-ri- ó-sum * est regnum in quo cum

Chris-to gaudent omnes sancti : a-míc-ti sto-lis al- bis sequún-

tur Agnum quo-cúnque í- e-rit. *Ps.* Quam dilécta. (*lxxxiij.*)

[137].

℣. Justórum ánime in manu Dei sunt.

℟. *privatim.* Et non tanget illos torméntum malície.

❦ Léctio sancti Evangélii secúndum Mathéum. *v.* 1. *Lectio vij.*

IN illo témpore, Videns turbas Jesus : ascéndit in montem. Et cum sedísset : accessérunt ad eum discípuli ejus. Et réliqua.

Omélia venerábilis Bede presbýteri.

Augustini libro 1. *de sermone Domini in monte, capitulo* 1.

MOns in quo sedet Dóminus mýstice signíficat majóra precépta justície : quia minóra erant que Judéis data sunt. Unus tamen Deus per sanctos prophétas et fámulos suos secúndum ordinatíssimam distributiónem témporum dedit minóra precépta pópulo quem timóre adhuc alligári oportébat : et per Fílium suum majóra pópulo quem charitáte jam liberári convénerat. Cum autem minóra minóribus, majóra majóribus dantur : ab eo dantur, qui solus novit congruéntem géneri humáne exhíbere medicínam. Sedens autem docet : quod pértinet ad dignitátem magistérii. Et accessérunt ad eum discípuli ejus : ut audiéndis verbis illíus hi essent étiam córpore vicinióres, qui precéptis impléndis étiam ánimo propinquábant. Mýstice étiam séssio Dómini incarnátio ejus est : quia nisi Dominus incarnátus esset, humánum genus accédere ad eum non potuísset. Tu autem Dómine miserére nostri.

7. Resp.
I.

Or-po-ra * sanctó- rum in pa-ce se-púlta sunt. †Et vi-vent nómi-na e-ó- rum in ge- ne- ra-ti- ó- ne et ge-ne- ra- ti- ó- nem. ℣. Sa-pi- énci- am sanc- tó-rum narrá-bunt omnes pópu- li, et laudem e- ó-rum pro- núnci- at omnis ecclé-si- a sanctó- rum. †Et vi-vent.

Lectio viij.

ACcessérunt autem discípuli, non tantum loco sed étiam fide et devotióne : ut suscíperent pacem pópulo suo. Nisi enim illi accessíssent : sánitas ad nos non venísset. Et apériens os suum : docébat eos. Non vacat quod nunc eum dictum est aperuísse os suum : qui in lege véteri aperíre solébat ora prophetárum. Per os quoque, verus designátur homo. Quod autem dicit, docébat eos : per auctoritátem doctríne divínam osténdit natúram, que humánam in se suscípere dignáta est formam, per quam docéret. Beáti páuperes spíritu : quóniam ipsórum est regínam celórum. Ne quis putáret paupertátem, que nonnúnquam necessitátem pátitur a Dómino predicári : adjúnxit spíritu, ut humilitátem intelligerémus non penúriam. Beáti mites : quóniam ipsi possidébunt terram. Non terram Judée, nec terram hujus mundi, nec terram maledíctam spinas et tríbulos afferéntem, quam crudelíssimus quisque et bellátor magis póssidet : sed terram quam Psalmísta desíderat dicens, Credo vidére bona Dómini : in regióne vivórum. Beáti qui lugent : quóniam ipsi consolabúntur. Luctus hic non mortuórum pónitur commúni lege natúre : sed peccátis et víciis mortuórum. Tu autem Dómine miserére nostri.

8. Resp.
I.

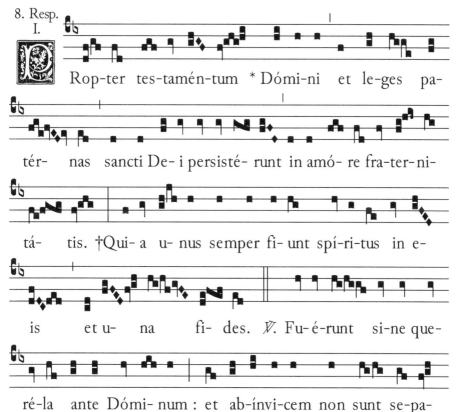

Rop-ter tes-tamén-tum * Dómi-ni et le-ges pa-tér- nas sancti De- i persisté- runt in amó- re fra-ter-ni-tá- tis. †Qui-a u- nus semper fi- unt spí-ri-tus in e-is et u- na fi- des. ℣. Fu-é-runt si-ne que-ré-la ante Dómi- num : et ab-ínvi-cem non sunt se-pa-

rá- ti. †Qui- a u- nus.

Lectio ix.

BEáti qui esúriunt et sítiunt justíciam : quóniam ipsi saturabúntur. Non súfficit velle justíciam, nisi justície patiámur famem : ut sub hoc exémplo nunquam nos satis justos, sed semper sitíre justície ópera intelligámus. Beáti misericórdes : quóniam ipsi misericórdiam consequéntur. Misericórdia enim non solum in elemósynis intellígitur : sed in omni peccáto fratris, si altérius ónera ut nostra portémus, si ínscium doceámus, si errántem corrigámus. Misericórdia enim non solum in donis corporálibus : sed étiam in animábus sanándis exercénda est. Beáti mundo corde : quóniam ipsi Deum vidébunt. Mundi corde sunt : quos non árguit ulla consciéntia peccáti. Nam mundus mundo corde conspícitur : sicut scriptum est, In simplicitáte cordis quérite illum. Hec enim est mundum cor : quod est simplex cor. Beáti pacífici : quóniam fílii Dei vocabúntur. Pacífici illi rite vocántur, qui primum in corde suo : deínde inter fratres dissidéntes pacem fáciunt. Quid enim prodest per te álios pacári, cum in tuo ánimo sint bella viciórum ? Beáti qui persecutiónem patiúntur propter justíciam : quóniam ipsórum est regnum celórum. Signánter áddidit propter justíciam : multi enim propter sua peccáta patiúntur persecutiónem, et non sunt justi. Simúlque consídera quod octáva vere circuncisiónis beatitúdo : martýrio terminátur. Tu autem Dómine miserére nostri.

9. Resp.
I.

Oncé-de * no-bis Dó- mi-ne qué- su-mus vé-

ni- am de- lictó- rum : et interce-dén-

ti-bus sanctis quo-rum hó- di- e so-lénni- a ce-le-

brá- mus. †Ta-lem no-bis trí-bu-e de- vo-ti-ó- nem.

‡Ut ad e-ó-rum per- ve-ní- re me-re-á- mur

so- ci-e- tá-tem. ℣. Adju-vent nos e-ó-rum mé-ri-

ta quos própri- a impé-di- unt scé-le- ra, excú-

set intercéssi- o accú-sat quos ácti- o : et qui e- is

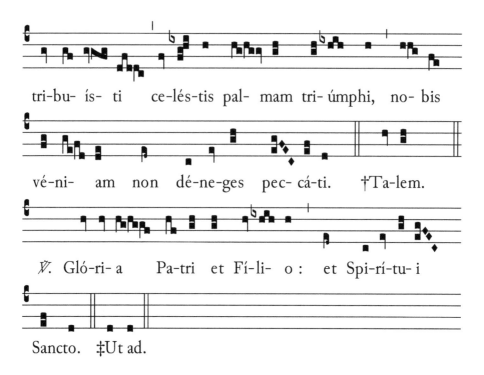

tri-bu- ís- ti ce-lés-tis pal- mam tri- úmphi, no- bis

vé-ni- am non dé-ne-ges pec- cá-ti. †Ta-lem.

℣. Gló-ri- a Pa-tri et Fí-li- o : et Spi-rí-tu- i

Sancto. ‡Ut ad.

Quodcunque festum ix. lectionum hac die contigerit differatur in crastinum. Si aliquod festum trium lectionum hac die contigerit, nichil de eo fiat.

ℂ *Sanctorum septem fratrum martyrum.*

x. Julii.

Tres lectiones, invitatorium duplex.

Lectio j.

Empore Antoníni impe-ratóris a prefécto urbis Públio : compellebátur beáta Felícitas cum filiis suis ad sacrificándum ydólis. Cui Felíci-tas respóndit, Nec blandíciis tuis dissólvi pótero : nec terróribus frangi. Hábeo enim Spíritum Sanctum : qui me non permíttet vinci a dyábolo. Et ídeo secúra sum quia viva te superábo : et si interfécta fúero, mélius te vincam occísa. Tu autem Dómine mi-serére nostri.

Lectio ij.

DEínde ália die sedit preféctus pro tribunáli in foro Martis : et jussit eam addúci cum fíliis suis. Cui et dixit, Miserére fíliis tuis juvénibus bonis : et flore prime juventútis floréntibus. Respóndit beáta Felícitas, Misericórdia tua impíetas est : et exhortátio tua crudélitas. Et convérsa ad fílios suos dixit, Vidéte, fílii celum et aspícite : ibi vos expéctat Christus cum sanctis suis. Pugnáte pro animábus vestris, et fidéles vos in ejus amórem exhibéte. Audiens hec Públius : jussit eam álapis cedi. Tu autem Dómine miserére nostri.

Lectio iij.

TUnc cónvocans preféctus fílios beáte Felicitátis : cepit cum eis ágere ut sacrificárent. Qui videns eórum immóbilem in fide Christi constánciam : scriptis Antoníno innótuit. Quos ille jussit divérsis supplíciis interíre. E quibus Januárius post vérbera virgárum et cárcerem, ac plumbátas occísus est : Felix et Philíppus fústibus mactáti, Silvánus precipítio interémptus, Alexánder, Vitális, et Marciális capitáli senténcia sunt puníti. Mater vero eórum : ad últimum gládio juguláta est. Tu autem Dómine miserére nostri.

℟. Hec est vera fratérnitas. [299].
Cetera omnia de communi plurimorum martyrum. [281].

❡ *Translatio sancti Benedicti abbatis.*

xj. Julii.

Novem lectiones fiant : nisi facte fuerint in xl. tunc fiant hic tres lectiones : et invitatorium duplex dicatur.

Lectio j.

Um diu gens Longobardórum infidelitátis sue ténebris carére noluísset, et jugum Dómini ferro detréctans, eos qui ferébant impugnáre decrevísset : Itáliam venit nóminis Christiáni impugnándi grátia et suo eam domínio subjugándi. Unde et inter cétera facinóra sua, monastérium exímii patris Benedícti depópulans, rebus ómnibus inhabitábile réddidit : sicut ante idem pater prophécie spíritu cognovérat atque pronuciáverat, ablátis rebus ómnibus, idem monastérium evérsum iri. Hac ítaque patráta eversióne, et multis effluéntibus annórum currículis, idem locus ad herémum redáctus, cepit esse ferárum, qui prius fúerat habitátio hóminum : úsquequo regni Francórum gubernácula adéptus est Clodovéus filius Dagobérti. Tu autem Dómine miserére nostri.

Lectio ij.

Refátus ergo rex cum egrégiis pólleret móribus, petitionibúsque justis et servício Dei aptis assénsum prebéret : interpellátus est a bone memórie Leodebódo patre monastérii sancti Aniáni, quod est situm prope ménia urbis Aureliáne ut monastérium órdini monástico cóngruum sibi líceret constrúere in agro Floriacénsi : datis pro eódem agro in mútua vicissitúdine prédiis : que sibi a paréntibus jure hereditário relícta possidébat. Quibus audítis rex libentíssime ejus précibus ánnuit, et desidérium illíus compléri judicávit. Predíctus ergo vir Dómini Leodebódus in supradícto agéllo edificávit basílicam in honóre sancti Petri : itémque áliam in honórem sancte Maríe. Ut vero preparáta habitátio est : ne inánis esset atque sine habitatóribus : collégit ibídem quam-plúres ad serviéndum Dómino sub norma régule vívere parátos, patrémque et abbátem his prefécit nómine Númmolum. Tu autem Dómine miserére nostri.

Lectio iij.

QUi Númmolus gregis sibi commíssi custódias óptime servans et lectióni stúdium dans : inter cétera répperit in libris beáti Gregórii : quómodo sanctus ac Deo dilectíssimus Benedíctus agónis sui cursum in Beneventána consummáverit província. Recórdans ergo Númmolus quia venerábilis pater Benedíctus predíxerit illud monastérium fúnditus everténdum : et quod ille spirituálibus óculis, iste cárneis patrátum conspiciébat : misit per revelatiónem divínam admónitus ad predíctam provínciam unum ex commilitónibus suis monáchum, nómine Aigúlphum ut illuc pergens corpus jam dicti beáti transférret Benedícti. Non dispar intérea huic in Cenománnica urbe appáruit vísio, ut scílicet pergéntes et ipsi in eándem provínciam corpus inde transférrent soróris sancti Benedícti Scolástice nómine : ut quos uníus urne habébat spácium : simul transférendi ostenderéntur. Tu autem Dómine miserére nostri.

Lectio iiij.

CUm ígitur utrúmque laborárent : quátenus visiónis maniféste non segnes executóres inveniréntur : a Cenománnica urbe missi núncii divertérunt se in monastérium Floriácum hospitándi grátia : compererúntque venerábilem Aigúlphum préceptis sui abbátis obsequéntem idem voléntem iter arrípere. Commúni ígitur decréto : ceptum iter simul státuunt perágere. Qui simul Romam veniéntes : cum beáti Petri ecclésiam oratúri intrássent : Aigúlphus omíssa dilatióne expeditióni óperam dedit certans ócius perfícere : quod sibi injúnctum fúerat sanctum mandátum. Tandémque pervéniens ad locum castri quod vocátur Cassínum : expectábat evéntum rei, orans illum qui se ad hoc opus destináverat ut non in vácuum tantum iter consúmi vellet : sed sicut promíserat, thecam thesáuri sui ei reveláre dignarétur. Tu autem Dómine miserére nostri.

Lectio v.

CUm ítaque Aigúlphus huc illúcque circunspíciens oculórum orbes vólveret sédulus explorátor : conspíciens eum homo multórum annórum crebro id agéntem sic eum prior affátur. Heus tu inquit : quibus ab oris nostras adiísti sedes : cujus ve negócii grátia ? Ad hec ille non est ausus indágini illíus propaláre commíssum secrétum. Sed cum iteráto super ipsa re interrogarétur : cógitans quia in antíquis est sapiéncia : et rerum preteritárum cognítio, réputans étiam sicut res erat pro hoc ipso eum Dóminum misísse : compellénti ex órdine rei geste texit hystórias. Ad hec senex páululum terre defigens aspéctus, sic demum ora resólvit. Si michi prémia digna repéndis, Deo favénte puto me ócius negócio tuo finem imponére : quátenus his pro quibus labórem tanti itíneris assumpsísti peráctis : ovans remeáre ad própria queas. Cum ígitur vir Dei Aigúlphus peroróntis senis verba audísset, nulla inquit erit in múnere dando difficúltas : si promissiónis tue memor dicta factis recompénses. Ad hec ille, Cum inquit lucífuge noctis témpora propinquáre perspéxeris, nudo ab áeris axe indeféssus speculátor adésto. Tu autem Dómine miserére nostri.

Lectio vj.

CUnque solitúdinis hujus locum áliquem lúmine claríssime radiáre conspéxeris nívei montis instar : notáto certíssime locum. Nam ibi inveniéndum est unde tue cure finis imponátur. Igitur venerábilis vir verbis senis fidem dans et desidério ardens primo quiétis somno stratu sese excútiens : ac predíctis solitúdinis plagam explórans : cónspicit éminus locum lúmine claro micántem : ceu cum lumináribus facibúsque densis locus áliquis perfúsus illustrátur. Quibus visis : seculórum Rectóri benedicébat : et in ejus láudibus noctis términum expectábat. Cum ergo diu prestolátus dies affuísset ad locum intrépidus Aigúlphus próperat : cujus notátor extíterat. Ibíque sicut longe ante optáverat cuncta invéniens, prosperatóri itíneris sui grates innúmeras repéndit. Locúmque ádiens : lóculum ibídem invénit, extérius quidem vilem : intérius autem retinéntem magni précii margarítas. Pro fóribus autem prefixa erant notámina quorum intérius busta jacébant. His sicut optáverat invéntis patefácto a látere, evacuatóque locéllo : thesáurum invéntum uníus sportélle conclúsit sinu. Quibus patrátis ómnibus eximprovíse assunt sócii : quos supra sermo prótulit a Cenománnica urbe proféctos. Tunc síbimet mútuo patefécere sui itíneris causam : quia scílicet revelátione divína admóniti ad corpus beáte Scolástice íerant deferéndum. Moxque cum festinatióne retrográdum iter arripiéntes : festináto simul regrédi curábant, portántes quas invenérant dono divíno preciosíssimas margarítas. Tu autem Dómine miserére nostri.

Cum vero fiunt ix. lectiones tunc legantur tres ultime de expositione Evangelii Nemo accéndit lucérnam. *in communi.* [347].

Cetera omnia de communi unius confessoris abbatis. [352].

❡ *Translatio sancti Swithuni sociorumque ejus episcoporum et confessorum.*

xv. Julii.

Novem lectiones, invitatorium duplex.

Cetera de communi plurimorum confessorum. [356].

❡ *In festo translationis sancti Osmundi.*

xvj. Julii.

Novem lectiones, invitatorium duplex.

In cathedralis Sarum festum principale duplex.

Invit. IV.v.

Mní-po- tens * Dómi- nus laudé- tur Tri-nus et

U-nus. †Qui de- dit Osmún-do ce-lésti- a reg-na be-

á- to. *Ps.* Ve-ní-te. 21*.

Hymnus. Iste conféssor Dómini. *in communi.* [316]-[319].

❡ *In primo nocturno.*

1. Ant.
I.i.

A- tus * mox re-nás- ci-tur   Os-mún-dus fonte

lo-tus   A cunc-tis pi- á- cu-lis   efféctus mundus

to-   tus. *Ps.* Beátus vir. (*j.*) [16].

2. Ant.
II.i.

- do-léscens * pró-fu- it sco- la li- te-rá-li

Et ty-ró-nes sú-pe- rat ar-te mi-li- tá- ri.

Ps. Quare fremuérunt. (*ij.*) [16].

3. Ant.
III.i.

Uventú-tis * térmi-nos pru-dens transi-gé- bat

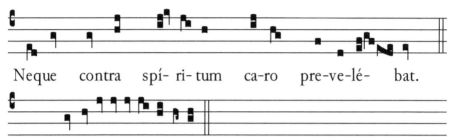

Neque contra spí- ri- tum ca-ro pre-ve-lé- bat.

Ps. Dómine quid multiplicáti. (*iij.*) [17].

℣. Amávit eum Dóminus et ornávit eum.
℟. *privatim.* Stola glórie índuit eum.

Lectio j.

Revénimus dudum nova solennitáte dies natalícios Salvatóris beatíssimi présulis Osmúndi festívum celebrándo natálem : jamque illucescénte nobis translatiónis sue veneránda celebritáte quasi novam ejus in mundum nativitátem cum pleno cleri ac plebis júbilo solénniter renovámus. Hódie namque devóta mater Sarisburiénsis ecclésia dulcíssimum alúmnum quem intra sua víscera plúrimo annórum deflúxu ab humáno aspéctu recóndidit : hódie glorióso ejus córpore in sublíme transláto desiderátum diu géntibus palam profúdit in lucem. Et quem quondam ut granum mortificátum cadens in terram suscépit : deínceps multíplici miraculórum fructu gravidáta : hodiérna tandem die apérto útero édidit, sanctorúmque confessórum collégio apostólica pridem auctoritáte ascríptum : sub veneratióne cóngrua demonstrávit. Tu autem Dómine miserére nostri.

1. Resp.
I.

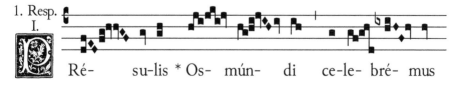

Ré- su-lis * Os- mún- di ce-le- bré- mus

fes- ta jo- cún- di. Qui pi- us et pru- dens

húmi- lis so-bri- úsque pu- dí- cus. †Explé- tis

cu- ris intrá- vit gáu- di- a lu- cis.

℣. Aux- it per mé-ri- ta si-bi trá-di-ta quinque ta- lén-ta.

†Explé- tis.

Lectio ij.

IN sacre translatiónis festi- vitáte assístimus : et tamen nóviter mundo exórtum sanctum reveréntes, nativitátis vocábulum usurpámus. Sed quorum forsan objícitis spectat hec rerum con- fúsio ? Quid sibi vult in rebus váriis tam patens abúsio nómi- num ? Rursum si stupéndum vi- debátur príncipi Judeórum hómi- nem nasci cum sit senex : qua fidúcia ducámur crédere ex útero natum ac demum fonte renátum post mortem renásci ? Verum si in hac re proprietátes discúrrere docuérimus : propáginis naturális : facíle transuméntium licéntia per- suásum iri arbitrámur jam mystérium apud nos agi diu expectáte nativitátis. Aggrediámur ígitur diligénter evisceráre parábolam istam : interímque quóniam presénti die prolátis almi viri relíquiis ad gloriósum in quo pausat scrínium : quasi ad tripúdia novi partus concúrrimus. Deléctet queso deléctet pro fescénninis sédulo intermíscere orgána divíni laudis. Tu autem Dómine miserére nostri.

2. Resp.
II.

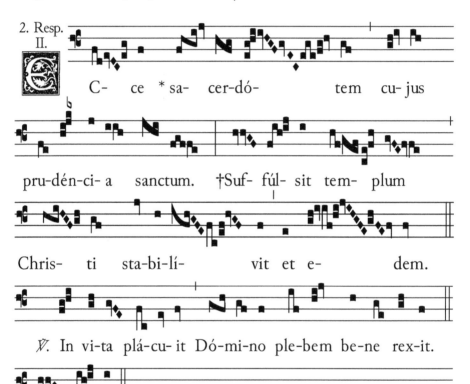

C- ce * sa- cer-dó- tem cu- jus pru-dén-ci- a sanctum. †Suf- fúl- sit tem- plum Chris- ti sta-bi-lí- vit et e- dem.

℣. In vi-ta plá-cu- it Dó-mi-no ple-bem be-ne rex-it.

†Suf- fúl- sit.

Lectio iij.

UT ergo a primórdio cujúsvis generatiónis inítium sumámus : opórtet ut postquam intellexérimus matrem hujus fecúndi gérminis ecclésiam sanctam, in cujus viscéribus devotíssimus presul requiévit humátus : Deum quoque, qui solus secúndum apóstolum admínistrat semen, tam egrégii repulluláminis patrem credámus. Cujus imménsa bónitas ubi de spíritu beatíssimi patris novo inter súperos colláto tunc celum ditávit, volens et in terris de mortificáto grano fructum fácere : éxiit semináre semen suum spargens in terra bona hoc semen magne ubertátis, corpus vidélicet sanctíssimi viri miráculis copiósum. De quo sémine prophétam non immérito locútum fuísse putándum est : cum virum metuéntem Dóminum in Psalmis descrípsit, Beátus vir inquit qui timet Dóminum : in mandátis ejus volet nimis. Potens in terra erit semen ejus. Potens útique erat hoc semen : dum intra occúlta subteránee matrícis receptácula volvebátur. Potens inquam ad demónes abijciéndos : potens ad morbos depelléndos : potens quidem suo suffrágio ac nostris quantíslibet méritis : grátiam Dei abundáre fácere in nobis. Tu autem Dómine miserére nostri.

3. Resp. III.

pre- sul * nos- ter te cónde-cet ut gra-tu-lé- mur qui mundo mó- ri- ens non dé-si-vis esse sa-cér- dos. †Ce-lésti vi- ta frú- e- ris.

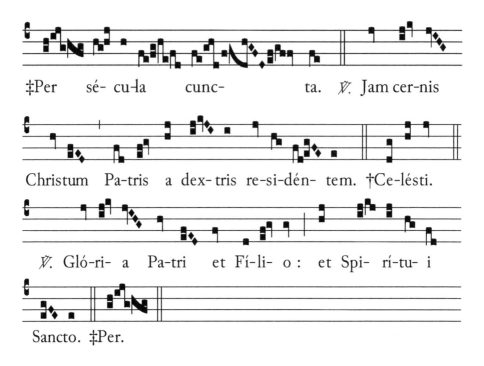

‡Per sé- cu-la cunc- ta. ℣. Jam cer-nis

Christum Pa-tris a dex- tris re-si-dén- tem. †Ce-lésti.

℣. Gló-ri- a Pa-tri et Fí-li- o : et Spi- rí-tu- i

Sancto. ‡Per.

❡ *In secundo nocturno.*

4. Ant.
IV.iii.

Ir ef-féctus * próspe-re Néustri- am re-gé- bat,

Tandem partes Angli- e po-tens de-fendé- bat.

Ps. Cum invocárem. (*iv.*) [17].

5. Ant.
V.i.

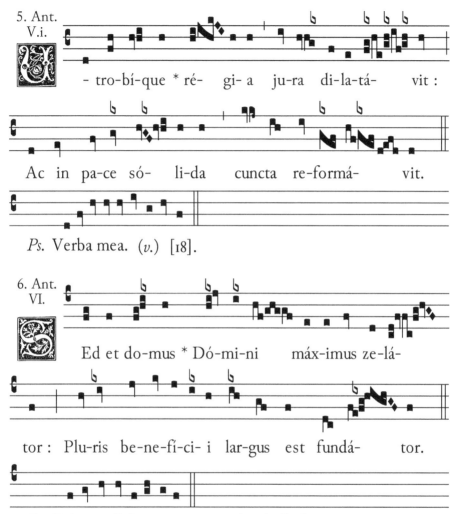

- tro-bí-que * ré- gi- a ju-ra di-la-tá- vit :

Ac in pa-ce só- li-da cuncta re-formá- vit.

Ps. Verba mea. (*v.*) [18].

6. Ant.
VI.

Ed et do-mus * Dó-mi-ni máx-imus ze-lá-

tor : Plu-ris be-ne-fí-ci- i lar-gus est fundá- tor.

Ps. Dómine Dóminus noster. (*viij.*) [22].

℣. Justum deduxit Dóminus per vias rectas.

℟. *privatim.* Et osténdit illi regnum Dei.

Lectio iiij.

Is plénius devotíssime cétera tam mire propagatiónis se- créta pandámus ? Háctenus didi-císti quod sancta Sarisburiénsis ecclésia preclári pontíficis Osmúndi córpore tanquam viríli sémine fecundáta est. Verum quia juxta institúta est natúre : non mox suscépto sémine sed multo post progréssu fetus convaléscit in perféctum : ita méritum beáti viri successívis miraculórum signis cepit índies fidélium méntibus magis innotéscere. Ac sicut matéria illa seminária frequénti sui alteratióne certis labéntibus diérum currículis nunc láctea, post sanguínea : demum in modum masse cárnea, ac póstremo apte figuratiónis lineaménta ut spíritus vitális eam infórmet suscípere indicátur : pari órdine sustínuit Dóminus paulátim créscere sanctum suum ac eo nondum de corde terre leváto quotidiána pene novitáte signórum accurrénte pópuli multitúdine úterum matris in quo tanto témpore repausávit ubérius gravidári constítuit. Tu autem Dómine miserére nostri.

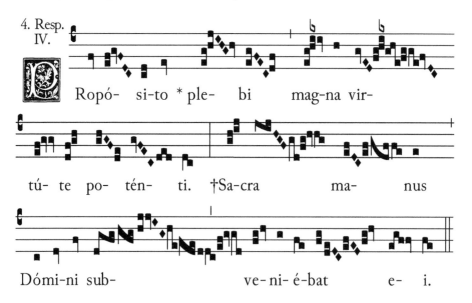

4. Resp.
IV.

Ropó- si-to * ple- bi mag-na vir-

tú- te po- tén- ti. †Sa-cra ma- nus

Dómi-ni sub- ve-ni-é-bat e- i.

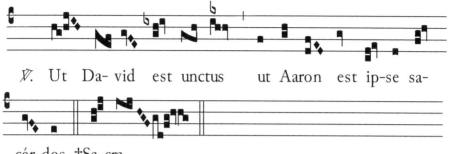

℣. Ut Da- vid est unctus ut Aaron est ip-se sa-

cér-dos. †Sa-cra.

Lectio v.

JAm intellécta fecunditáte matris : súperest ut superiórem órdinem natúre nostro propósito adaptémus. Tunc enim sancta Sarisburiárum ecclésia lacteo tantum coágulo fovéri visa est : quando beáta Dei Génitrix cujus cándida virgínitas láctei dulcóris similitúdinem habet : sola ipsíus ecclésie patróna constitúta est. Sed ubi étiam per mérita sacerdótis sui cui quondam incumbébat immolándo carnem et sánguinem Christi peccáta pópuli expiáre non cessávit Altíssimus, conférre lánguidis benefícia sanitátis : exínde post dignam veneratiónem rutilantíssime Dei matris cepit étiam atque étiam corpus gloriósi pontíficis ab innúmera plebe devótis afféctibus visitári. Ita quidem efféctum est ut beáta Virgo cujus inestimábilis candor ab humánis nequit comprehéndi obtútibus : peculiárem pópuli devotiónem ad relíctam in terris massam cárneam servi sui Osmúndi pro repéndio non indígne transtulérit. Tu autem Dómine miserére nostri.

5. Resp.
V.

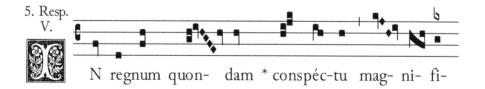

N regnum quon- dam * conspéc-tu mag- ni- fi-

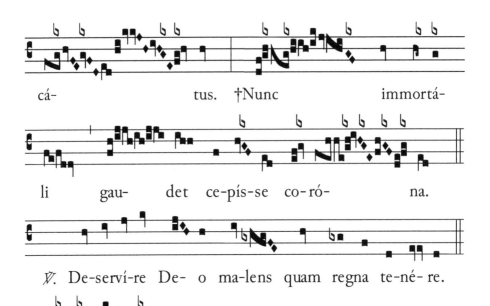

cá- tus. †Nunc immortá-

li gau- det ce-pís-se co-ró- na.

℣. De-serví-re De- o ma-lens quam regna te-né- re.

†Nunc.

Lectio vj.

CUm tandem continuáta frequéncia signórum in ejus magnitúdinis molem excrévit ut talis diútina sancti tantáque virtus diútius celári non posset : cepit super his semel iterúmque sedes apostólica consultári. Sed tot heu annis totque precedéntium tempóribus tum ignávia tum negligéncia multórum qui sollicitándum missi sunt id negócium tamétsi plane satis instrúctum pro infécto dimíssum est : ut a cápite dénuo sepe resúmere informaréque procéssum oblívio témporum mediórum compulérit. Dénique postquam ex íntegro recensítis superióris vite ac miraculórum testimóniis, auctáque índies fama pontíficis nichil matérie seu forme quod tante rei pondus exigébat deésse videbátur : novíssimis diébus istis anno vidélicet grátie quadringentésimo quinquagésimo sexto super mille, felícis recordatiónis Calíxtus papa tértius, prídie nonas Decémbris decrétum futúre canonizatiónis legítime promulgávit. Quo quidem die providéncia divína magis quam fortúitu id accidísse arbitrámur : ut is dies qui Osmún- dum depósito carnis ónere íncolam fecit in celis : idem intervolútis plurimórum annórum currículis primus eum judicánte ecclésia judicáret pro sancto venerándum in terris. Tu autem Dómine miserére nostri.

6. Resp. VI.

Con-fés- sor * Chris-ti fe-lix fe-lí-ci-ter au- di nos ti-bi de-vó- tos lau-díque tu-e famu- lán- tes. †Ast impetrá-tam vé- ni- am pro crími-ne nos-tro. ‡Qué-sumus ut no-bis cé- li-tus obtí-ne- as. ℣. O pa- ter Osmún-de

cla-rum de-cus urbis et or-bis Servó-rum gémi-tus tristes

tu sús-ci-pe cle- mens. †Ast. ℣. Gló- ri- a Pa-tri

et Fí-li- o : et Spi-rí- tu- i Sanc-to. ‡Qué-sumus.

❡ *In tertio nocturno.*

7. Ant.
VII.i.

Omes * factus Sá-gi- e cum succéssit pa-

tri, Cuncta dat ecclé-si- e bo-na su- e ma-tri.

Ps. Dómine quis habitábit. (*xiiij.*) [28].

8. Ant.
VIII.i.

Ostremo * Dor-sé- ti- e nactus co- mi-tá- tum

Spre- to mundo trá- hi- tur mox ad pre-su- lá- tum.

Ps. Dómine in virtúte. (*xx.*) [45].

9. Ant.
I.i.

Am ce-lés-tem * ób-ti- nens pas-tor pre- la-tú-

ram Ser-vis tu- is ímpetres vi-tam permansú- ram.

Ps. Dómini est terra. (*xxiij.*) [53].

℣. Justus ut palma florébit.

℞. *privatim.* Sicut cedrus Líbani multiplicábitur.

Lectio vij.

Tatútis ergo próximis extunc kaléndis Januárii pro término tam sancti óperis perficiéndi : prefátus Románus póntifex quem ántea grandéva senéctus ac decrépita imbecíllitas incurvábat mirum in modum : instánte prefixe celebritátis die speciáli ut pie créditur Osmúndi patrocínio repénte conváluit : ita ut stupéntibus cunctis qui contínuam ejus invalitúdinem expértam habuére, divína officia ceteráque tanta necessária mente roborátus et córpore própria in persóna solénniter execútus sit. Verum quid multis ista strinxérimus ? Sufficiat in ejus laudem vel id presértim ceterórum pace sanctórum audácter profitéri, non fácile repértum pro quo Deus tot centenáriis annis tanque indesinénter curam pópuli operátus sit. Tu autem Dómine miserére nostri.

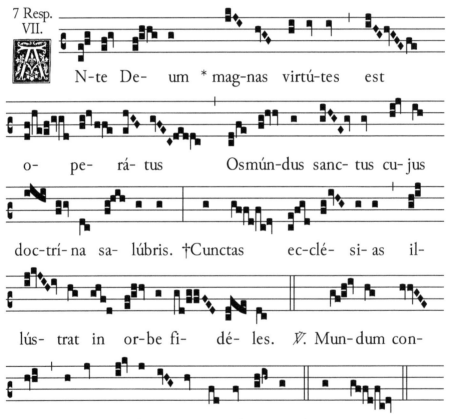

7 Resp.
VII.

A-Nte De- um * mag-nas virtú-tes est o- pe- rá- tus Osmún-dus sanc- tus cu- jus doc-trí- na sa- lúbris. †Cunctas ec-clé- si- as il- lús- trat in or-be fi- dé- les. ℣. Mun-dum con- témp-sit jam cé- li-ca regnat sub-íntrat. †Cunctas.

Lectio viij.

INterea sancta sepefáta Saris-buriénsis ecclésia tanquam gravidíssima parens vicína pártui : plúrimis punctiónibus et pressúris afflécta, itémque cupído evidéndi sancti plebis póndere fatigáta : antecéptum hodiérne festivitátis officium, illud Hieremiánum pro-phéticum júgiter ingeminándo clamávit : Ventrem meum dóleo, ventrem meum dóleo : acsi apér-tius voce queribúnda dixísset, Satis ne michi soli est plusquam trecéntis annis ánxiam et dolo-rósam hoc post genitúre mee nó-bile onus clam intra víscera con-tinuísse ? Vidéte céteras sponsas regni quam expedíte pignóra sua edídere, vidéte inquam eas vidéte et me. Ego eárum áliquas gene-rándo prevéni : sed ab eis pari-éndo prevénta sum. Quod sane intélligens nóbilis vir Richárdus de Bello Campo, qui ejúsdem tunc ecclésie magno fungebátur sacerdótio, adjúnctis sibi decáno ac frátribus paratíssimis ejúsdem loci canónicis, more vigilantíssime obstétricis non tam prudénter ob-servávit quam accelerávit témpora partus. Quorum impénsis devoti-óne ac indústria elaborátum est, quod intra eúndem annum sacre canonizatiónis decimoséptimo ka-léndas séxtilis translátio ejus so-lénniter compléta est. Cui síqui-dem festivitáti copióse intérerant primas totíus Anglie, présules ac príncipes regni cum inferióris plebis multitúdine admiránda. Tu autem Dómine miserére nostri.

8. Resp. VIII.

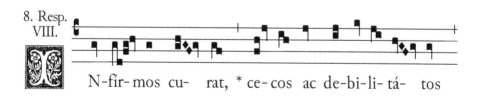

N-fír-mos cu- rat, * ce-cos ac de-bi-li-tá- tos

membris con-só- li-dat par-tim ge- nus om- ne do-

ló- ris. †Do- nat e- i Dó- mi-nus ut re-mo-

vé- re que- at. ℣. An feb-ris, an pes- tis,

an sit pressú- ra pa- rén-tis. †Do- nat e- i Dó- mi-nus.

Lectio ix.

ISte ergo est dies fratres di-lectíssimi expectáte letície : dies exultatiónis, términus meróris, princípium consolatiónis nostre. Hódie namque apértis viscéribus terra prótulit confessórem, hódie Osmúndum tanquam mundo íterum exórtum gaudémus, hódie capsam reliquiárum ejus quasi cunábula novi nascéntis devótis gréssibus frequentámus. Ad póstremum ut tuam veneránde póntifex sanctitátem familiárius alloquerémur : percunctántibus jam nobis quo sermóne hodiérne celebritátis tue officium áptius concludámus : nichil utílius decrétum occúrrit quam ut omnipoténciam Dei in vita tua laudábili ac miraculórum gestis admirándam colendámque devótis precóniis attollámus. Ejus namque grátia ex fragíli umbra seculíque pompa ad eléctum sacerdótium vocátus es : ejus virtúte sanctis profuísti opéribus, ejus poténcia claríssimis post mortem signis effúlseras. Eya ergo jam, magne sacérdos agnósce hanc prerogatívam virtútis tue : et céteris more plorántis Rachélis desinéntibus aliquándo consolári fílios suos : tu nunquam expetíta suffrágia precántibus impartíri cessa. Esto ergo ámodo súpplices quésumus pro pópulo et pro civitáte ista intervéntor assíduus, pacem obtíneas, languóres cures, nephándi reátus, máculas tergas, quátenus tandem tecum in beátam transláti réquiem hujus temporáliter celebráte translatiónis tue fructum in etérni Patris convívio suáviter degustémus. Tu autem Dómine miserére nostri.

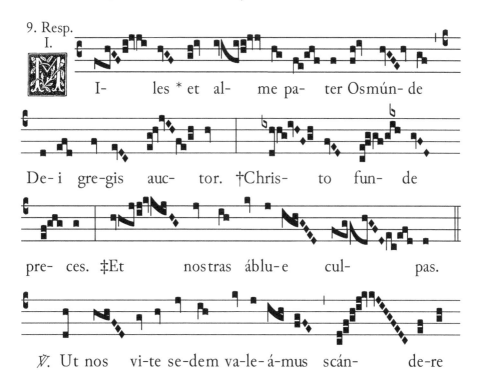

9. Resp. I.

Mi- les * et al- me pa- ter Osmún- de De- i gre-gis auc- tor. †Chris- to fun- de pre- ces. ‡Et nos tras áblu-e cul- pas.

℣. Ut nos vi-te se-dem va-le-á-mus scán- de-re

cel-sam. †Chris- to. ℣. Gló-ri- a Pa-tri et Fí-li-

o et Spi- rí- tu- i Sanc-to. ‡Et.

Vel omnia de communi unius confessoris et pontificis. [315].

❧ *Infra octavas sancti Osmundi.*
❧ *Secunda die.*

Lectiones de miraculis gloriosi confessoris et legantur per octavas quando a festo vacaverit cum regimine chori ut festum Margarete virginis, et festum Marie Magdalene, que sunt cum regimine chori.

Lectio j.

Ostquam transcúrso preséntis vite stádio gloriósus Sarisburiénsis ecclésie ántistes Osmúndus, ad supérne pátrie brávium devotíssime aspirásset : mox osténsis per ejus suffrágia innúmeris miraculórum signis, haud diu latébat hómines in terris quanti eum Omnípotens faciébat in celis. Nam si de ómnium morbórum génere cui preváluit : si de furiósis et mente alienátis e quibus plúrimi ab eo curáti erant : si de claudis et cecis, si dénique de unda submérsis ac áliis váriis infortúniis vita functis ad locum sepultúre illíus prístine incolumitáti restitútis, per síngula dicerémus, facílius nos tempus quam cópia fúgeret. Habéntes ígitur multa et multo équidem plura quam hujus celebritátis officium dicénda pátitur : pauca de his mirabílibus que Dóminus fecit et osténdit nobis, ecclesiásticum morem débite exequéntes fidélium áuribus in médium proferámus. Tu autem Dómine miserére nostri.

Lectio ij.

ERat in véteri burgo múlier quedam Agatha nómine : que dum fovéndi diligénter infántuli sui pro maternáli officio curam habéret, súbito avescéntibus mammis nichil in eis lactis invénit. Et quóniam muliércule nímie paupertátis ónere presse, conducénde nutrícis aut cujúslibet comparándi nutriménti facúltas non áffuit, liquóre tantum cervísie ut ipsíus pátrie potus est, septem diébus púerum suum cogebátur álere. Videns tandem inútili pastu púerum suum deficere, ac de salúte ipsíus désperans : memor meritórum présulis Osmúndi audácter ad ipsíus sepúlchrum confúgit : illícque divínum auxílium hac voce quérula flebíliter implorávit, Dómine Deus qui formásti púerum in útero meo et dedísti ei ut hanc lucem vidéret : ob amórem Osmúndi pontíficis da michi oportúnum illi auxílium ne péreat. Adjúncta ílico oratióne Domínica, vixque ea compléta mirum in modum ádeo turgéncia úbera sua lactéque copiósa redundábant : ut tam felícem se matrem congáudens, Deo ac beáto confessóri grátias agens domum voti compos cum gáudio remeáret. Tu autem Dómine miserére nostri.

Lectio iij.

JOrdánus cléricus tam egra quam deformióri moléstia multo témpore afféctus est : ut lábiis illíus ad unam fere aurem contráctis et loquéndi officium et edéndi masticandíve necessitátem máxima quidem ex parte perdíderat. Hic autem cum nulla medicórum arte sibi póterat subveníri : demum ad sepúlchrum beáti viri oratiónibus insístens : quodam esse pútrido quod novo et invíso more álteri maxílle super excréscere videbátur, in eódem loco prótinus liberátus est. Quo facto omnis decor et habitúdo faciéi restitúitur : recti sermónis módulus datur, et edéndi instruménta líbere largiúntur. Tu autem Dómine miserére nostri.

Quoque infra octavas. Lectio j.

Anguidus quidam quem inveteráta parálysis diutíssime incurvábat : aliquándo ex longínquo ad Cesáris burgum more vage mendicitátis advéctus, coáctus est urgénte inédia post breve dimísso hospítio ad portam languidórum se transférre illic cum céteris víctui suo necessária mendicátum. Hujus quem díximus lánguidi membrórum tantus stupor vitam omnem et sensum adémit : quod ad ig-nem applicáta neque vivi ardóris nec ferro confíxa cruóris éxitum aut cruciátum áliquem sentiébant. Cujus dénique notóriam imbecillitátem áliqui ipsíus urbis íncole pietáte laudábili compatiéntes : locum in quo elemósynas petitúrus de more consédit : ne a cánibus aut céteris béstiis non valénti se deféndere nocerétur : quadam cláusura ex vírgulis facta sepe valláre fecérunt. Tu autem Dómine miserére nostri.

Lectio ij.

Vir iste post biennálem prope ibídem expectatiónem clara voce protestátus apparuísse sibi in visióne Osmúndum epíscopum, jussa ipsíus plúribus patefécit, pro recuperánda sanitáte ad tumbam ipsíus debére deférri. Et licet áliqui primum tanquam pro vano sómnio hóminem deríderent : póstea tamen re secúta opéribus crédere compellebántur. Impetráto ígitur tandem ut cujúsdam viri vehículo injéctus abhinc mánibus et bráchiis hóminum (ut qui suórum áctuum destitútus offício stare aut pérgere non posset) donec ad sepúlchrum beáti viri pervenirétur sustentátus est. Inníxus ergo lápidi et fidúciam habens in Dómino : sequéntem noctem tum vigíliis tum oratiónibus ibídem devóte transégit. Mane autem facto surgit eger, non tamen eger, sed pleníssime rédditus sanitáti : qui ad monuméntum in moménto per se mirabíliter eréctus ac consequénter sanus in laudem Dei multis concomitántibus ad altáre procédens, ipsum Deum in sui curatióne mirábilem prédicat in sanctis suis. Tu autem Dómine miserére nostri.

Lectio iij.

FUit in eádem urbe fémina quedam Alícia nómine : que cecitátis infortúnio per triénnium laborábat. Hec cum multa loca sanctórum devótis gréssibus visitásset : semper in eódem statu pérmanens, qualis exívit talis revérsa est. Volens ergo Deus osténdere mulíerem ipsam intus habére quod foris quesívit : fecit veníre in mentem suam ad tumbam Osmúndi prodésse sólvere vota. Quod cum fecísset : mox ibi optátum visum miraculóse suscépit. Tu autem Dómine miserére nostri.

❡ *Dominica infra octavam.*

Lectio j.

Enrícus primum Sarisburiénsis decánus póstea Bajocénsis epíscopus, quemdam in sua domo servitórem hábuit ruptúra intestinórum virílium que ad bursam descendérunt pregravátum miserabíliter. Tanta fuit in hómine hujus casus moléstia ut preter inépti loci gibbositátem ob quam incédere non posset : étiam ténuis pellícule que ponderósa víscera continébat, ruptiónem índies formidábat. Quid plura ? Vis egritúdinis plúribus nota est : sed ipsa curándi via nova et inaudíta est. Tu autem Dómine miserére nostri.

Lectio ij.

VEniénte hómine in témplum Dómini ac ad monuméntum gloriósi confessóris decubánte : post vigílias uníus noctis revérsis intéstinis in locum suum, omnis ab eo evánuit egritúdo. Mira res. Ascendénte ad te Dómine orati-óne viri : méritis beáti Osmúndi ascéndunt et víscera, omnis fractúra et erúptio solidátur. Ascéndit inquit ad te orátio sua : et descéndit super eum misericórdia tua. Tu autem Dómine miserére nostri.

Lectio iij.

UT autem majóra repeténdo de morbis ad mortem, de morte ad vitam sermónem vertámus : ex ore infáncium et lacténcium qui aquis demérsi méritis Osmúndi multi número restitúti sunt : celebritátis nostre laudem dúximus cumulándam. Dum adhuc corpus memoráti pontíficis in véteri castro pausáret : puélla párvula per fontem quendam ibi solivága tránsitum fáciens : in ipsum casuáliter labebátur. Tu autem Dómine miserére nostri.

Lectio iiij.

DEnique compérta re ipsa ex abísso leváta, non tam frígida quem secúndum legem vere mortis rígida et exánimis pro astántium judício reputáta est. Cujus quidem rei signum videbátur, quóniam cálidis póstea induméntis circunvolúta est, atque ad ignem váriis attractionibus ab hora nona usque ad vésperam sepe versa in eádem habitúdine per-mánsit : et non erat in ea neque vox neque sensus. Cunque jam tunc multi de exéquiis tantúmmodo cogitárent : et paréntes tamen et nutrix ejúsdem sóbolis quorum incúrie tam miserándus casus ascríbi viderétur postquam ómnia extréma inutíliter tentássent : tandem beatíssimo confessóri vota cum multis deprecatiónibus et láchrymis ingéminant.

Tu autem Dómine miserére | nostri.

Lectio v.

Irum in modum cum nocte média matutinárum primum insónuit officium ecclésie cathedrális : ad ingéntem consolatiónem astántium proles ipsa se aliquántulum movére videbátur.

Sed heu mox in priórem mortem (an extásim dicam néscio) resolúta : tam perseverándi paréntibus causam dedit : quam fuit gáudium illud breve. Tu autem Dómine miserére nostri.

Lectio vj.

ILlucescénte ígitur auróra déferunt ad ecclésiam exánime prorsus ut visum eis est corpus : ipsóque intérea ad sepúlchrum beatíssimi présulis collocáto supra petram ad precum instáncias ílico se convértunt. Et ecce mox puérula óculos apériens : alácri fronte manum erga nutrícem pórrigens palam ómnibus subrídere visa est. Ex quo die paulátim íntegre con-

valéscens vixit felíciter annis multis. Quis ergo nisi incrédulus máximum non mirétur miráculum, ad gélidi mármoris tactum vitam pótius redíre : quam ignis naturális calóre ? Sed hoc totum non ália re crédimus esse factum : nisi ut manifesténtur ópera Dei voléntis mirificáre sanctum suum. Tu autem Dómine miserére nostri.

❡ *Quando festum sancti Osmundi sabbato contigerit : tunc in dominica sequenti legantur iste sex lectiones ut supra in tribus : et fiant medie lectiones de sancto Kenelmo rege et martyre. Et quando dominica a festo vacaverit : tunc legantur sex lectiones ut supra cum expositione Evangelii.* Homo quidam péregre. [334]. *vel Evangelium.* Viqiláte quia néscitis. [342]. *Et legantur alternis vicibus.*

❡ *Die sexta.*

Lectio j.

Um ex augústo Augústi Cesáris burgo : ad spaciósum amenitátis campum Sarisburiénsis ecclésia cum suis minístris : sicut Deo plácuit transláta est : corpus gloriósi confessóris Osmúndi quod superióri loco centum ac vigínti annis miráculis chorúscum requiévit tanquam precípuus ipsórum thesáurus non póterat post terga relínqui. Ad cujus dénique monuméntum novum vidéres índies eo frequentióra mirácula : quo natúra loci ad consuetióra in párvulis presértim ut sunt incáuti disponébat infortúnia. Nam cum vetus illud castéllum super édita et montána fundaménta promináret constitútum : hec profécto novélla cívitas in loco demissióri et aquóso váriis torréntibus ac flúviis vicátim distíncto notórie sita vidétur. Ex quo proculdúbio sepe número áccidit ut parvulórum etas dúbiis expósita cásibus vim ibi aquárum exundáncium étiam ad multórum ut visum est intéritum miserabíliter experirétur. Sed si intélligas quótiens hoc infortúnio lapsos virtus hujus sancti ad vitam resuscitávit : fatéberis plane non esse ante lectum id álii sanctórum tótiens contigísse. Tu autem Dómine miserére nostri.

Lectio ij.

Uer quidam apud novam Sarisbúriam in vico cui nomen est Ricárdus interminábilis flumen mersus, cum ex aquis levabátur : invéntus est sine ullo signo vite. Hinc ad tumbam beáti Osmúndi (ita enim ab íncolis appellári consuévit) círciter horam sextam post merídiem addúctus : orántibus ínterim amícis usque post noctis médium exánimis jacére visus est. Inter primam autem horam extunc et secúndam : exaudíta est orátio deprecántium ipso ibídem púero vite prístine restitúto. Alius quoque puérulus duórum etátis annórum in quodam alto et rotúndo púteo, juxta mansiónem patris sui profúndis áquis absórptus : binas círciter horas ubílibet inquisítus : tandem ibi invéntus mórtuus extráctus est. Pro cujus obtinénda vita Deo et beatíssimo présuli emíssis votis demum post duas álias horas revíxit puer : ac cúidam eum bajulánti in ulnis hec verba loquebátur, Thoma eámus ad ecclésiam. Ibi ergo consequénter ab amícis Deo ac beáto viro grátiis actis conváluit : et crevit puer benedícens Deum in sanctis suis. Tu autem Dómine miserére nostri.

Lectio iij.

Hanc grátiam resuscitatiónis parvulórum tot vícibus ad declaránda confessóris sui mérita Dóminus ostendébat, ut si quémlibet evéntum singuláriter exponerémus viderétur proféfecto ex pluralitáte cásuum res éadem plúries refricáta. Conténti ergo exémpli grátia istis paucis : audácter étiam profitémur eádem vite benefícia adúltis plúrimis casus et status suos póstea confiténtibus : divíno múnere ac sancti viri mérito fuísse colláta. Quorum nempe álii cum hóstili ferro transfíxi, álii massis metállicis ad cérebrum usque percússi, álii rápido flúminis cursu submérsi, álii fébribus acútis ac céteris infirmitátibus exánimes effécti : profúsis per amícos ad sanctum oratiónibus atque votis vite ac incolumitáti desideratíssime restitúti sunt. Tu autem Dómine miserére nostri.

❡ *Septima die de solennitate sancte Marie Magdalene, ix. lectiones.*

Si dies dominicus infra octavas evenerit, fiant tres prime lectiones de dominica : videlicet lectiones suprascripte, {585}. et inde legantur bine et bine : et sic de illis sex lectionibus fiant tres. Et tres medie lectiones de sancto qui contigerit in illa dominica, et sic per totas octavas quarta die excepta : que sola a festo vacat. Tres ultime lectiones de expositione Evangelii ut supra. {587}.

❡ *In octava translationis sancti Osmundi.*

xxiij. Julii.

Lectio j.

Um sédulo mente capti ad sepúlchrum beáti viri restítui meruérunt : Johánnes quidam intolerábili furóre labórans ad capéllam beáta Vírginis ubi sanctum corpus jacébat témpore celebráto misse officio de ipsa eádem Vírgine cathénis et vínculis férreis mánibus colligátis ab amícis dedúctus est. Coáctus ígitur dum álii orássent se intra concavitátem túmuli inclináre stupéndo evéntu cum Agnus Dei Deo Patri pro peccatóribus immolátur víncula de bráchiis sponte cadunt : et ille seípsum érigit mente sanus. Céterum cum álias uxor cujúsdam pre nímio dolóre déntium mentis quasi exílium passa, in eódem loco cum márito suo ad oratiónem esset constitúta : súbito dens mórbidus ab ore illíus exíliit, ipsa contínuo ab omni dolóre efficáciter liberáta. Tu autem Dómine miserére nostri.

Responsoria sicut in die. {566}.

Lectio ij.

Octe quadam cum Thomas cléricus sanus ut sibi videbátur et incólumis se sopóri dedísset : súbito evígilans sensit álteram tíbiam contráctis nervis ad posterióra curvátam nec in rectam posse reflécti. Ex ipsa ergo parte de cétero báculo se susténtans : triduánis tandem oratiónibus ob spem salútis sue monuméntum venerándi présulis visitávit. Nocte vero diéi tértie visus est Osmúndus sibi in somnis apparére : apprehensóque illíus pede crura et póplites nervórum restrictióne dissolúta ad prístinum modum fórtiter reclináre. Mane autem facto cernens se cléricus pleníssime restitútum, abjécto báculo, erécto gressu procédit ad ecclésiam, Deo et liberatóri suo grátias agens. Alius ínsuper cléricus étiam Thomas nómine, ádeo tertiána febre diu infirmátus et exinanítus est : ut per unam horam mórtuus aut mórtuo símilis pénitus viderétur. Qui repénte in magnum clamórem prorúmpens : beátum Osmúndum trina recitatióne nóminis invocávit. Interrogátus quid sibi visum esset : Osmúndus inquit cum cúspide báculi sui ómnia ea que anhélitum meum impediébant amóvit : et me vite et sanitáti restítuit. Tu autem Dómine miserére nostri.

Lectio iij.

AGnes quedam adolescéntula nove urbis cum forte apud domum paréntum in édito constitúta festinabúnda descéndere nitebátur in quoddam superacútum veru illic ante imprudénter eréctum ignára ruit : ac de sub umbílico per totum médium córporis ad scápulas usque letáliter perforáta transfígitur. Cujus dénique mater tam miserándum plangens evéntum : extrácto ferro vóluit filiam consolári : sed non erat in ea cujúsquam judício sensus aut vita. Jamque horréndi casus immanitáte omnem humánam artem et ingénium excedénte : omnes qui astábant divínum beáte Vírginis ac beáti Osmúndi patrocínium provolúti in terram devóte ac supplíciter invocábant. Et facto re vera brevi intervállo puélla revíxit : et intra paucíssimos dies integérrimam sanitátem accépit. Que ámmodo cúpiens hanc novam sibi concéssam vitam securióre conversatióne transígere : postquam ad sepúlchrum beáti présulis sua et paréntum vota pro tanto miráculo persolvísset :

mundo renúncians apud Ambrósii burgum in monastério moniálium séptimo prope ab eádem urbe miliário sacrum est indúta vélamen. Tu autem Dómine miserére nostri.

Medie lectiones de sancto Apollinare.
Lectio j. Beátus Apollináris. *&c.* {626}.
Tres ultime lectiones de expositione Evangelii Homo quidam péregre. [334]. *vel de expositione Evangelii.* Vigiláte. [342]. *de communi unius confessoris et pontificis : et legantur ut prenotatum est.*

ℂ *Sancti Kenelmi regis et martyris.*

xvij. Julii.
Tres lectiones fiant, invitatorium duplex.

Lectio j.

Enúlphus gloriosíssimus et piíssimus rex Merciórum anno Dómini octingentésimo nonodécimo, impérii vero sui vicésimo quarto migrans ad sidéreum regnum patérno afféctu herédem propósitum relíquit fílium Kenélmum. Erant Kenélmo régie germáne Quendrída (que póstea fratérnum sánguinem hausit) et Burgenílda : que fratrem sorória affectióne diléxit. Puer inter cándida Anglórum pignóra : speciósus forma : illustránte supérna grátia Deo et homínibus florébat etátula. Pre-

véntus a Deo spíritu dilectiónis ac benignitátis : multis carismátibus gratiárum apparébat fílius divíne adoptiónis. Hunc evo párvulum sed ánimo ac pietáte magníficum : in regem elégerat amor sui pópuli juxta natalícium privilégium et testaméntum patris Kenúlphi. At Quendrída sevo livóre et regnándi ambitióne stimuláta insidiabátur illi : ut Heródias Johánni, ut Helíe Hiézabel, ut Cayn Abel. Quem cum venéno non posset extingúere : ejus nutrícium et procurátorem íntimum nómine Ascebértum (quia non est perniciósior pestis : quam familiáris inimícus) ingéntibus prémiis et spe consórtis impérii armat in fratérnum júgulum. Tali modo ínvicem consiliáti, abscondérunt láqueos : intendérunt arcum : paravérunt sagíttas suas in pháretra : ut sagíttent in obscúro rectum corde. Tandem Ascebértus ut ille alter Scárioth pródítor dómini sui capta occasióne scéleris maturándi Kenélmum addúxit in silvam grátia venándi : quasi oblectándum amóre stúdii patérni. Ille vero imitátor Dómini ut agnus ductus ad víctimam : presága mente cruéntum hostem comitabátur ad coróne glóriam. Septem círciter annórum etáte tunc puer fuísse descríbitur. Ubi vero silve approximárunt, tenéllus púsio somno pregravánte equo delábitur : ibíque récubans secúrus malórum totus soporátur. Tunc cruentíssimus nutrícius pro cunis et léctulo fossam parat : in qua eum cítius óbruat. Tu autem Dómine miserére nostri.

Lectio ij.

Sanctus puer Kenélmus postquam expergíscens consílium prevénit laníste : fertur prophética mente sapiénciam párvulis prestánte Dómino : dixísse, Frustra hanc mólitus es michi spelúncam : non enim hic ut cógitas, sed remotióri loco ubi Deus présidit occúmbam. Unde certum dabit tibi signum hec virga (nam virgam manu gestábat et terre affíxerat) si modo plantáta fróndeat. Hec eo pronunciánte : statim radicáta virga cepit frondéscere. Unde adhuc ingens fráxinus osténdítur : que in memóriam beáti Kenélmi célebris habétur. Asséritur quod jam decollándus beátus Kenélmus sacrum hymnum Te Deum laudámus : te Dóminum confitémur incéperit atque in illo versu Te mártyrum candidátus laudat exércitus : jugulátus occubúerit. Illíco autem ímpius percússor cesum innocéntem terra óbruit : nec quicquam ratus quod illa desérti vástitas scelus suum abscónderet cum Véritas clamet, Nichil opértum quod non revelétur. Dénique qui celo teste erat martyrizátus : celo teste est declarátus : quátenus fúlgida lucis colúmna ab étheris árcibus sepe viderétur super eum effúsa. Quem étiam ab humána notícia abscóndere nitebátur inhumánitas beluína : illum prodébat homínibus pecuális diligéncia. Cándida namque bos cujúsdam ut fortur vídue relícta pública páscua ab alto monte ad ínfimum sepúlti monuméntum decúrrit : ibíque inseparábilis ad-

hésit mira vidélicet oblectatióne divínitus attrácta et allécta ut nullíus inde avélli posset instáncia sive invénta, sive ignóta. Quótiens vero nota stábula domi repetísset plena totum arméntum duplo lactis superábat cópia, tam salúbri circa sanctam glebam pascebátur herba et grátia. Miróque modo quod vésperi detónsum erat : recrescénte viróre mane abundáncius inveniebátur. Hinc autem locus idem vacce vallis appellári assuévit. Tu autem Dómine miserére nostri.

Lectio iij.

QUendrída empto per fratricídium regno potíta : tali edícto omnes térruit, ut si quis Kenélmum requíreret vel indicáret vel étiam nomen loquerétur : sine dilatióne cápite plecterétur. Hinc est quod de celo indicábant clara luminária : et in terris quodámmodo muta loquebántur animália, nec mutíre audébat humána ignávia et gémitum extíncti dómini premébant ab indictióne terrífica. Verum prefúlgida lucér-

na que obfuscabátur in Anglica pátria, clárius emícuit in arce mundi Roma, quátinus látius diffúnderet illa excelléncia : quod claudébat angústa invídia. Nam cum Leo papa júnior missárum solénnia innumerábili pópulo astánte celebráret : ecce colúmba super nivem cándida désuper palam ómnibus appáruit que níveam membránam áureis lítteris Anglice inscríptam blando rostro ferens : super altáre beáti Petri depósuit :

sicque in altum subláta dispáruit. Sacer autem apostólicus cum tremóre respíciens novam cédulam ignótis verbis ac lítteris éditam : pópulum diversárum natiónum ad beátum Petrum cónfluum obtestátur quátinus indicárent : si quis inter eos áliquid hujus epistoláris relatiónis cognovísset. Intérerant tot terrárum convéntibus pleríque Anglici atque Mércii : sive in Anglica scola a superióribus Anglórum régibus Rome ordináta constitúti : sive ab ipsa Anglia recénter adventícii. Ab his recitátur sacra epístola : cujus interpretátio est ista. In Clenco vacce valle Kenélmus régius natus : jacet sub spina cápite truncátus. Tunc vero obníxius papa insisténte, postpósito femineárum minárum terróre : Anglígene cives ómnia suo órdine et signa super eum visa exposúere. Dehinc memorátus papa mittit cum Anglicis fidélibus legátos cardináles : cum lítteris et potestáte apostólica ad archiprésulem Wilfridum Dorobérnie : ceterósque pontífices Anglórum.

Ipsum quoque célitus alláte epístole mittit indícium, quátinus de indígno latíbulo in ecclésiam Deo plácitam probábilem Dei mártyrem transférrent Kenélmum : in patrocínium vidélicet multórum venerándum. Itaque ad auctoritátem apostólicam et archiprésulis poténtem grátiam tota plebe Merciórum atque Anglórum conspiránte : excípitur sacrum corpus Kenélmi cum supérna laude : quátinus transferrétur ad beátum genitórem suum Wynchelcúmbe, ubi idem Deo amábilis rex requiéscit in templo : quod ipse Dei Genitríci regáliter cóndidit : ac régiis ópibus éxtulit cum ibi firmáverit óppidum muro cinctum. Impiíssima autem Quendrída eódem témpore manifestáta Dei ultióne cecáta, et post multos cruciátus péssima morte defúncta : plúribus locis sepúlta, nusquam remanére pótuit, donec angélica revelátione in quandam semótam profunditátem projécta est. Tu autem Dómine miserére nostri.

Cetera de communi unius martyris. [243].

❧ *Sancti Arnulphi episcopi et martyris.*

xviij. Julii.

Tres lectiones fiant, invitatorium duplex.

Cetera de communi unius martyris et pontificis. [271].

❧ *Sancte Margarete virginis et martyris.*

xx. Julii.

Novem lectionum, invitatorium duplex, sine expositione.

Lectio j.

Dest nobis dilectíssimi, beáte Margaréte vírginis et mártyris optátus dies, ídeo cum summa exultatióne congáudeat ecclésia nostra : tante vírginis illustráta natáli. Jocúnda sane fieri debet de hac vírgine et ejus integritáte festívitas : ex qua velut spéculo spécies refúlget castitátis, et forma virtútis. Decet ítaque fílios ecclésie preséntis diéi solennitátem devótius celebráre, ut cujus memóriam digne frequentáverint in terris : patrocínia sentíre mereántur in celis. Nos ergo licet infructuósi ópere, licet impériti sermóne, talis tantéque vírginis veneránda solénnia débitis láudibus prosequámur : ut cujus vita forma fuit disciplíne : ejus pássio exémplum sit patiéncia. Tu autem Dómine miserére nostri.

Lectio ij.

Uit ítaque beáta Margaréta Antiochénis ingénuis orta natálibus : Theodósii ydolórum príncipis filia. Que cum primo pubésceret evo et castis pudicítie móribus adolésceret : audítis mílite Christiáne pugnis, tríumphis, miráculis, relícto ydolátrie ritu : salutíferam Christi fidem sitibúndo amplexátur afféctu. Hec

{596}

virgo pulchra fácie : sed púlchrior fide, virgo erat non solum córpore, sed étiam mente : que nullo doli ámbitu sincérum adulterávit afféctum. Fuit autem beáta virgo timóris Dei instáncia prédita, religióne compta, compunctióne profúsa, honestáte laudábilis, patiéncia singuláris. Nichil erat in óculis torvum, in verbis ásperum, in áctibus inverecúndum : non gestus fráctior, non incéssus solútior, non vox petulántior, ut ipsa spécies córporis, simuláchrum fúerit mentis et figúra probitátis. Tu autem Dómine miserére nostri.

Lectio iij.

Um virgo sacratíssima humilitátis opéribus inténta, circa nutrícis sue gregem custódia tenerétur : preféctus quidam Olýbrius nómine, a senátu Románo in illas partos dirígitur. Qui truculénta tormentórum edícta ortodóxe fídei cultóribus írrogans : de Asia in Anthióchiam proféctus, Christi nomen impróbe persequebátur, et nulla pópuli Christiáni strage pertérritus, Christi membra incessánter vel premébat, vel perimébat. Qui hujus vírginis venustátem vultus egrégiam, non stíbio conféctam : sed speciositáte natíva depíctam contémplans o-culórum lenocínio captus labéscit in luxum : et stímulis clandestínis inflammátus féstinat ad cóitum. Missis ergo apparitóribus : jussit eam suis conspéctibus presentári. Cápitur ítaque a minístris dyáboli civis celi : et inter lupínam vesániam ovis mansuéta dedúcitur hac Deum oratióne interpéllans, Ne perdas cum ímpiis Deus ánimam meam. Preses eam nunc móllibus palpans, nunc mordéntibus secans, nunc promíssa multíplicans, nomen invéstigat, genus intérrogat, cóitum petit, cultum inquírit. Illa vero nomen détegit, pandit oríginem, lenocínii detestátur feditátem, Christiánam profitétur religiónem. Ad quam preféctus, Ergo ínvocas nomen Christi : quem patres nostri crucifixérunt ? Que respóndit, Patres tui interfecérunt eum : et ídeo periérunt, maláque eórum áctio nostra fuit redémptio. Ipse autem pérmanet in etérnum : et regni ejus non erit finis. Irátus preses obscuríssimo trudit ergástulo. Ingressúsque Antióchiam, ydólis thura incéndit, victimásque ímmolat execrándas. Tu autem Dómine miserére nostri.

Lectio iiij.

POstera die sedens pro tribunáli, accersíri sacram vírginem jubet, hortans eam Christi fidem respúere : deos suos colére : ampléxibus suis inclináre, propónens in médium : vel vite brávium pro consénsu, vel mortis supplícium pro contémptu. Sed vicit matériam formídinis vis amóris, nec cóncipit moriéndi metum, dum ad solum Christi aspírat aspéctum. Respóndens ítaque beáta virgo : dixit, In nullo horum tibi conséntio. Christus enim verus est Deus et Dóminus ómnium. Dii vero tui : ydóla surda, et muta, et falsa sunt atque falléncia. Ego corpus meum tradam : ut cum justis virgínibus requiéscam. Christus pro nobis semetípsum trádidit in mortem. Ego pro ipso mori non dúbito, qui mórtuos súscitat : et indeficiéntis evi thesáuros admínistrat. Tu autem Dómine miserére nostri.

Lectio v.

HIs audítis : preféctus felle amaritúdinis motus ad minístros dixit, Atrocíssimis carnes ejus flagris discérpite, et intestínis corde tenus patefáctis deórum nostrórum blasphémiam vindicáte. Expoliátam ígitur véstibus vírginem, sed fídei lórica vestítam in áerem suspéndunt, et virgis subtilíssimis cedunt : tolléntem óculos in celum et dicéntem, Dómine Jesu Christe in te sperávi non confúndar in etérnum : neque irrídeant me inimíci mei. Ipsa vero in oratióne perseveránte : questionárii cedébant ténerum corpus ejus. Sanguis autem cum tanta effusióne decurrébat : ut flerent astántes, compateréntur persequéntes. Cunque jam particulátim carnes ejus carnifícibus succedéntibus decidérent Olýbrius dixit, Cónsule tibi Margaréta : et hanc superstitiósam désere sectam, deósque poténtes cole : ne adhuc quod súperest preséntis amíttas vite. Christi sponsa respóndit, Tu facis ópera patris tui Sáthane. Ego autem non áudio te : nec adóro deos tuos surdos et mutos hóminum mánibus factos, sed glorífico et adóro Dóminum meum Jesum Christum factórem et rectórem ómnium. Ille enim ex níchilo cuncta creávit. Ille ce-lum solis rádiis illustrávit : et váriis stellárum chóreis depínxit. Ille verus de Deo Deus pro homínibus homo factus, nocéntis mundi crímina próprii cruóris effusióne detérsit : et justus pro injústis moriéndo calcáto mortis império, die tértia semetípsum a mórtuis suscitávit : et solúto quod opórtuit pro scelérum expiatióne précio, cultóres et dilectóres suos glórie Patérnas coherédes effécit. Quo audíto : Acutíssime inquit préfectus afferántur úngule : quibus supérstites sacrilége dirumpántur carnes. Mox ejus jussa compléntur : et detéctis víscerum íntimis mactátur hóstia Christi. Tu autem Dómine miserére nostri.

Lectio vj.

Idens ítaque preféctus quod nichil proficéret donec exquisíta torménta excogitáret quibus eam perímeret : in latebróso cárceris fundo sanctam vírginem inclúdit, sed furvam calíginem celéstis splendor irrádiat. Dum autem carcerálibus vínculis artarétur, vir quidam Christiníssimus nómine Theóphimus : et nutrix beáte vírginis panem et aquam ei in cárcere ministrántes, per fenéstram aspiciébant, et oratiónes ejus scribébant, et ómnia

que ei contingébant cum Dei timóre diligénter considerábant.
Valláta ítaque sáncta virgo cárceris
munímine : flexis génibus alácri
vultu Dóminum precabátur, Grátias tibi ago Dómine Jesu Christe
qui michi in perículis semper
súbvenis, in supplíciis júvamen
impéndis : et quicquid miníster
iniquitátis congéssit in penam :
tua Dómine miserátio commútat
in glóriam. Jube ergo Dómine ut
inimícus qui me laténter im-
púgnat effígie visíbili michi as-
sístat quátinus fácie ad fáciem
cum eo conflígam : et te in me
vincénte tríumphum obtíneam.
Surgens ergo ab oratióne dracó-
nem terríficum conspéxit : qui
erécto cápite, rictu fáucium apérto : sýbilis terribílibus et squamá-
rum stridóribus máximum metum vírgini incússit. Cumque
jam pene ab ipsis bélue hyátibus
paténtibus absorberétur : vexíllo
Domínice crucis appósito, serpens
squálidus crépuit médius. Eádem
hora respíciens in partem sinís-

tram, vidit Ethýopem fulígine
tetriórem manus ad génua col-
lígatas habéntem : quem insértis
in capíllos mánibus, pédibus suis
subégit clamántem et dicéntem,
Parce michi ancílla Dei : incéndunt me láchryme tue, et tor-
quent me oratiónes tue. Videns
illum beáta virgo orávit et dixit,
Laudo et glorífico nomen tuum
Dómine Jesu Christe : vera vincéntium victória, per quem mundum contémpsi, et in frágili sexu
constitúta cállidi tentatóris insí-
dias superávi. Cum autem hec et
multa ália díceret : súbito lumen
refúlsit in cárcere, et crux Christi
videbátur usque in celum, et colúmba sedit super eam : et dixit,
Beáta es virgo Margaréta : te
sancte expéctant porte paradísi.
Illa Deo grátias agens, investigáta
dyáboli natúra : et fráudibus tentatóris expósitis : dixit ad eum,
Vade decéptor animárum Sáthana :
et terra dehíscens suscépit eum.
Tu autem Dómine miserére
nostri.

Lectio vij.

ALtérnis succéssibus sole terris diem reddénte júdicis nephárii tribunálibus presentátur : quam hoc sermóne aggréditur, Jam vel sero in artículo mortis pósita, sacrífica diis : ne florem amíttas gratíssime juventútis. Beáta virgo respóndit, Deum celi et terre Conditórem adóro, eíque soli placére totis viscéribus concupísco : ydóla tua surda et muta : corde íntegro contémno. Ad hec preféctus fúria invéctus : minístris dixit, Lámpades ardéntes circa látera ejus applicáte ut exústis cárnibus discat deos non blasphemáre. Uritur ítaque hóstia Christi in odórem suavitátis flammis visibílibus : sed invisíbili refrigerátur rore Spiritussáncti. Et quóniam virtúte constáncie fervórem parvipéndit incéndii : festinátur ad novitátem supplícii. Affértur ítaque cuppa aqua repléta : in quam ligátis mánibus et pédibus demérgitur : ut aquis intercépta, nece tetérrima damnétur. Illa vero in médiis flúctibus has ad Deum preces effúdit. Dírumpe Dómine víncula mea : et tibi sacrificábo hóstiam laudis, et hanc aquam tua benedictióne sanctífica : ut fiat michi fons baptísmi in remissiónem peccatórum, et cognóscant astántes et credant, quia tu es solus Deus benedíctus in sécula. Compléta oratióne terremótus factus est magnus, et colúmba de celi cacúmine ádvolans, áuream in oro ferens corónam : cápiti beáte vírginis insédit. Tunc solúte sunt manus ejus et pedes : et exívit de aqua laudans et benedícens Deum. Vox quoque de supérnis sédibus per ampla áeris audítur spácia, Constánter certa Margaréta : quia omnis chorus sanctórum tuum prestolátur advéntum. Astántes autem pópuli terremótum vidéntes, et vocem audiéntes : voce unánimi clamábant, Magnus est Deus Christianórum. Eádem hora credidérunt in Dómino quinque mília hóminum : excéptis muliéribus et párvulis. Qui in

Aurélia prefécti jussu ducti : sánguine próprio baptizáti in campo qui vocátur Lymeth, pro Christi nómine cápitis senténciam accepérunt. Tu autem Dómine miserére nostri.

Lectio viij.

Ost hec preféctus mártyris Christi fidem invincíbilem prospéctans : eam cápitis animadversióne puníri precépit. Ducta ítaque extra civitátem in locum in quo rei puniebántur a spiculátore Malco nómine : sibi petit locum oratiónis concédi. Flexísque génibus : has súpplices mittit ad Deum preces, Altíssime seculórum Redémptor Deus grátias corde et ore tibi réfero, qui me de mundi hujus colluvióne abstraxísti : et ad hanc glóriam impollúto córpore perduxísti. Réspice ígitur piíssime Pater ad deprecatiónem meam, et presta, ut si quis supplícia que pro tui nóminis confessióne viríliter pértuli, scrípserit aut légerit : vel mei memóriam fécerit, críminum suórum promereátur véniam : et in futúro immarcessíbilem percípiat corónam. Deínde qui in exámine distrícto me invocáverit : tua illi Dómine assit tuítio, eum de mánibus exactóris erípiens. Quicúnque étiam basílicam in honóre nóminis mei tibi dedicáverit, vel qui de justo labóre suo michi luminária ministráverit : adipiscátur quicquid útile salúti sue petíerit. Et si in domo cujuscúnque me invocántis múlier pregnans partu laboráverit : ab imminénti éripe eam perículo. Infans quoque ex útero fusus : lúmine potiátur séculi hujus, absque suórum áliquo detriménto membrórum. Tu autem Dómine miserére nostri.

Lectio ix.

Iníta oratióne facta sunt tonítrua magna, et colúmba a stellífero celi missa sólio : tétigit illam dicens, Beáta es Christi sponsa Margaréta, que miserórum causas agis : et tui mémorum reminísceris. Ecce que petísti et que non petísti : usque in finem séculi concéssa sunt tibi. Veni ígitur in réquiem pátrie celéstis : quia satis est quod huc usque certásti. Jam tibi debéntur prémia perpétue remuneratiónis : ut sociáta choris vírginum cum Christo regnes in evum. Pópuli autem qui astábant : tonítrui concussióne pavefácti, in terram velut mórtui cecidérunt. Erigens dénique se virgo Christi : ímperat spiculatóri perfícere jussa prefécti. Qui máximam Dei virtútem circa vírginem perspíciens : rénuit dicens, Absit a me : ut mánibus viruléntis périmam te. Cui virgo respóndit, Si hoc non égeris : partem mecum habére non póteris. At ille tremefáctus dixit, Dómine ne státuas michi hoc in peccátum. Et exémpto gládio caput ejus amputávit. Qui ad pedes vírginis décidens : statim spíritum exalávit. De beáte autem vírginis córpore glorióso colúmba exíliens

vidéntibus cunctis celi secréta ministério angélico penetrávit. Vir autem quidam Christianíssimus nómine Theóphimus tulit corpus ejus, et aromátibus cónditum pósuit illud in sepúlchro : quod dato précio émerat in civitáte Antióchia in domo Sinclécie matróne. Qui Theóphimus assídue beáte vírgini in cárcere ministrávit. Ad túmulum autem sancte vírginis fit frequens concúrsus populórum : admiratióne virtútum et grátia sanitátum. Beáta ígitur Margaréta : salvo pudóris signáculo et vite currículo consummáto, gloriósum martýrii tríumphum proméruit, dum mucróne confóssa máluit sánguinem purpúreum fúndere : quam pudicítiam preciósam amíttere. Consummáta autem tertiodécimo kaléndas Augústi, sub Olýbrio prefécto in urbe Antiochéna cum virginitátis palma et martýrii coróna celi prémia possessúra : et cum centum quadragínta quátuor mílibus melódiam virginálem modulatúra perréxit ad Dóminum :

cui est laus decus et impérium, per nunquam finiénda sécula se- | culórum, amen. Tu autem Dómine miserére nostri.

Cetera de communi unius virginis et martyris. [373].

ℂ *Sancte Praxedis virginis non martyris.*

xxj. Julii.

Tres lectiones fiant, invitatorium simplex.

Lectio j.

Enerábilis virgo Praxédis dum affligerétur propter tránsitum germáne sue Potentiáne, multi nóbiles Christiáni veniébant ad eam : et consolabántur eam una cum sancto Pio apostólice sedis epíscopo. Eódem témpore virgo Dómini Praxédis rogávit beátum Pium epíscopum ut termas Nováti : que jam in usu non erant in ecclésiam dedicáret : quia edifícium in eísdem magnum et preciósum videbátur esse. Quod et plácuit sancto Pio epíscopo, et dedicávit in ecclésiam termas Nováti in nómine beáte vírginis Praxédis in urbe Roma : ubi constítuit et títulum Románum. In quo loco et baptistérium consecrávit : sub die tértio idus Máias. Tu autem Dómine miserére nostri.

Lectio ij.

POst annos duos et dies decem et octo, facta est persecútio magna Christianórum : ut traheréntur ad cultúram ydolórum, et multi martýrio coronáti sunt. Virgo autem Dómini Praxédis fervens in Spiritusáncto : multos Christiános occultávit in supradícto título, quos et cibo pascébat et verbo Spiritussáncti. Tunc divulgátum est Antoníno imperatóri : eo quod convéntus fíeret in título Praxédis, et misit et ténuit multos. Inter quos étiam ténuit Symétrium presbýterum cum áliis vigínti duóbus :

quos sine interrogatióne gládio puníri precépit in eódem título.

Tu autem Dómine miserére nostri.

Lectio iij.

Corpora autem supradictórum sanctórum noctu beáta Praxédis collégit : et sepelívit in cimitério Priscílle sub die séptimo kaléndas Júnias. Tunc afflictióne constrícta beáta Praxédis ingémuit, et orávit ad Dóminum ut transíret ex hoc mundo. Cujus oratiónes et láchryme ad Dóminum Jesum Christum pervenérunt. Post dies enim trigínta et quátuor post martýrium et coró-nam supradictórum sanctórum : migrávit ad Dóminum virgo sacra, sub die duodécimo kaléndas Augústas. Cujus corpus Pastor présbyter sepelívit juxta patrem suum in cimitério Priscílle via Salária, ubi hódie florent oratiónes sanctórum, per Dóminum nostrum Jesum Christum : qui vivit et regnat in sécula seculórum, amen. Tu autem Dómine miserére nostri.

Cetera de communi unius virginis non martyris. [395].

❧ *In festo sancte Marie Magdalene.*

xxij. Julii.

Novem lectiones, invitatorium triplex.

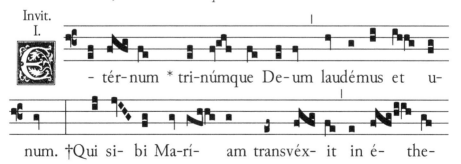

- tér-num * tri-númque De-um laudémus et u-num. †Qui si- bi Ma-rí- am transvéx- it in é- the-

ra sanctam. *Ps.* Ve-ni-te. 1*.

Hymn.
II.

E-stimá-vit orto-lá-num * et hoc sa-ne cré-di-dit :

Semi-ná-vit e-nim gra-num quod in mentem cé-ci-dit :

Linguam mo-vit et non ma-num lingua Chris-tum índi-dit.

2. Non agnó-vit fi-gu-rá-li la-téntem y-má-gi-ne : Mentis

agrum spi- ri- tá-li exco-léntem sémi-ne : Sed cum e- am

spe-ci- á-li de-sìgná-vit nómi-ne. 3. Hec a Je-su Je-sum

que-rit sublá-tum conqué-ri-tur : Je-sum intus mente ge-rit

Je-sus pre-sens qué-ri-tur : Mentem co-lit mentem se-rit

Je-sus nec per-cí-pi-tur. 4. Je-su bone Je-su pi- e quid te

monstrans lá-ti-tas : Quid occúltas te Ma- rí- e mentem

cu-jus há-bi-tas : Intus ple-na ve-ro di- e nescit u-bi

vé-ri-tas. 5. O quam mi-re Je-su lu-dis his qui-bus di- lí-

ge-ris : Sed cum lu-dis non il- lú-dis nec fal-lis nec fál-le-ris :

Sed exclú-dis quos inclú-dis no-tus non ag-nósce-ris.

6. Gló-ri- a et honor ti-bi spes vi-ta lux á-nime : Per quam

spe-rant se pros-crí-bi libro mortis péssime : Prestent si-bi

nos ascrí-bi pecca-trí- cis láchryme.   A-men.

❦ *In primo nocturno.*

1. Ant.
I.i.

Um discu-bu- ís-set * in domo Symó-nis Dómi-

nus Je-sus mundi gló-ri- a mú-li- er se-cum que e-rat

pec-cá-trix : nardi   odo-rí-fe-ra   exhí-bu- it unguénta.

Ps. Dómine Dóminus noster. (*viij.*) [22].

2. Ant.
II.i.

E-cus pe-des * Dó-mi-num astans incessánter o-

re sacrá-to di-va vestí-gi- a oscu-lá- tur lá-chri-mis

ple-na. *Ps.* Celi enárrant. (*xviij.*) [40].

3. Ant.
III.i.

R-ri-gá-bat * í-gi-tur Domí-ni-cos Je-su pe- des :

frac-to quoque al-la-bástro pre-cí-pu- is odó-ri-bus fragrá-

bat domus omnis, atque ca-pil-ló-rum offí-ci- o de-tergé-bat.

Ps. Dómini est terra. (*xxiij.*) [53].

℣. Diffúsa est grátia in lábiis tuis.

℟. *privatim.* Proptérea benedíxit te Deus in etérnum.

Lectio j.

Uit ígitur secúndum sé- | assérunt traditiónes, a Mágdalo
culi fastum claríssimis | castéllo María Magdaléne nun-
orta natálibus beatíssima | cupáta est : quam non solum sui
María Magdaléne, que ut patrum | gérminis dígnitas, verumétiam

patrimónii jura parentúmque succéssus spléndidam reddíderant, ádeo ut duplicátus honor nóminis excellénciam circunquáque diffúnderet. Sed quia rerum affluénciam intérdum volúptas comes séquitur : adolescentióris vite témpora lúbricis supposúerat regénda discúrsibus, solúto pudicítie freno. Tu autem Dómine miserére nostri.

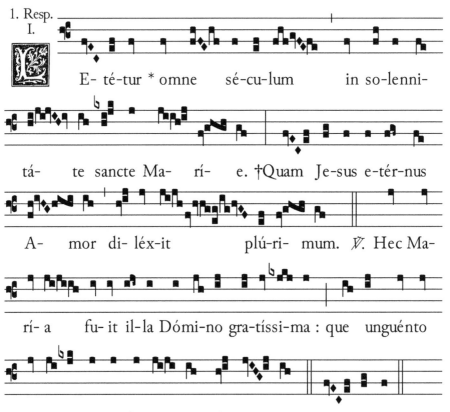

1. Resp.
I.

L E- té-tur * omne sé-cu-lum in so-lenni-tá- te sancte Ma- rí- e. †Quam Jesus e-tér-nus

A- mor di- léx-it plú-ri- mum. ℣. Hec Ma-rí- a fu- it il-la Dómi-no gra-tíssi-ma : que unguénto pre-ci- ó-so pe-des unx- it Dó-mi- ni. †Quam Je-sus.

Lectio ij.

H Ec póstmodum divíne compúncta respéctu misericórdie, mentis intúitum in sese cepit retórquere, ac prístine vite immundíciam admirári, abominári, et seípsam condemnáre : ac non mediócriter judicáre. Ut ergo cómperit Dóminum misericórdie largitórem et críminum indultórem in domum venísse Symónis : peniténciam sibi assúmpsit cómitem, mediatrícem, interventrícem, propiciatrícem. Accépit étiam preciosíssimum unguéntum, adhíbuit sibi et ubertátem lachrymárum et cum tálibus obséquiis ingréssa est ad fontem pietátis. Accédit ad pedes Salvatóris, láchrymis eos rigat, capíllis detérgit, osculátur, unguénto perfúndit. Sicque fit ut que immúnda vénerat : justificáta recédat. Líbeat fratres charíssimi immensitátem Domínice pietátis intuéri peccatrícem mulíerem ad misericórdiam trahéntis et suscipiéntis.

Ad phariséi prándium Dóminus discumbébat : sed apud peniténtem mulíerum mentis épulis delectabátur. Tu autem Dómine miserére nostri. *Gregorii Omelia 33. post medium.*

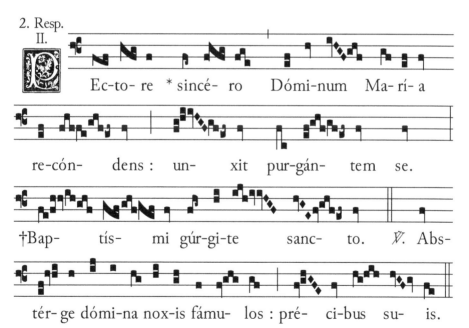

2. Resp.
II.

Ec-to- re * sincé- ro Dómi-num Ma- rí- a re-cón- dens : un- xit pur-gán- tem se. †Bap- tís- mi gúr-gi-te sanc- to. ℣. Abs- tér- ge dómi-na nox-is fámu- los : pré- ci-bus su- is.

†Bap- tís- mi.

Lectio iij.

APud phariséum Véritas pascebátur foris : apud peccatrícem mulíerem sed tamen convérsam pascebátur intus. Unde et ei sancta ecclésia que sub spécie hínnuli cervórum querit, in Cánticis canticórum dicit, Indica michi quem díligit ánima mea, ubi pascas, ubi cubes in merídie. Cervórum quippe hínnulus Dóminus appellátur, juxta assúmptam carnem antiquórum fílius patrum. Fervéntior vero in merídie estus ardéscit, et umbrósum locum hínnulus querit : quem estus igne non áfficit. In illis ergo córdibus Dóminus requiéscit, que amor preséntis séculi non incéndit, que carnis desidéria non exúrunt, que incénsa suis anxietátibus in hujus mundi concupiscéntiis non aréscunt. Unde et Maríe dícitur, Spiritussánctus supervéniet in te : et virtus Altíssimi umbrábit tibi. Umbrósa ergo loca in merídie ad pascéndum hínnulus inquírit, quia tálibus méntibus Dóminus páscitur : que per respéctum grátie témperáte corporálibus desidériis non exurúntur. Plus ergo pénitens múlier pascébat intus : quam phariséus Dóminum pascébat foris. Quia ab estu carnálium quasi hínnulus Redémptor noster ad illíus mentem fúgerat : quam post viciórum ignem peniténtis umbra temperábat. Tu autem Dómine miserére nostri.

3. Resp.
II.

E-lix * Ma- rí- a unx- it pe- des Je- su.

†Et extérsit ca-píl-lis su- is. ‡Et domus implé- ta

est ex odó- re unguén-ti. ℣. Mixto ro-re

bálsa- mi frac-to fu- dit a-la-bás-tro quo un-guénto

pre- ci- ó-so pe-des unxit Dó-mi-ni. †Et extérsit.

℣. Gló- ri- a Pa- tri et Fí-li- o : et Spi-ri- tu- i

Sancto. ‡Et domus.

❰ *In secundo nocturno.*

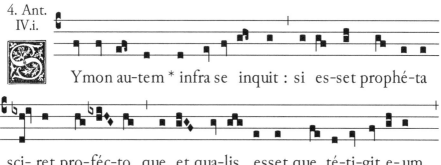

4. Ant.
IV.i.

Ymon au-tem * infra se inquit : si es-set prophé-ta

sci- ret pro-féc-to que et qua-lis esset que té-ti-git e-um,

qui- a peccá-trix est. *Ps.* Eructávit. (*xliiij.*) [84].

5. Ant.
V.ii.

T convérsus * Dómi-nus : postquam ve-ni in do-

mum tu- am non ces-sat cri-ne fu-so hec me- os oscu-lá-ri

pe-des. *Ps.* Deus noster refúgium. (*xlv.*) [85].

6. Ant.
VI.

Uóni- am * mul-tum di-léx-e-ras dimíssa sci- to

[♮]

ti-bi peccá-mi-na : et fi-de qua pol-les sacra in pa- ce

remítto. *Ps.* Fundaménta. (*lxxxvj.*) [140].

℣. Spécie tua et pulchritúdine tua.

℟. *privatim.* Inténde próspere procéde et regna.

Lectio iiij.

Ensémus quante pietátis fúerit, peccatrícem mulíerem non solum ad se admíttere : sed ei étiam ad tangéndum pedes prebére. Considerémus étiam grátiam misericórdis Dei : et damnémus multitúdinem reátus nostri. Ecce peccatóres videt et sústinet, resisténtes tólerat : et tamen per evangélium quotídie cleménter vocat. Confessiónem nostram ex puro corde desíderat : et cuncta que delíquimus reláxat. Tempe-rávit nobis districtiónem legis : misericórdia Redemptóris. In illa quippe scriptum est, Si quis hoc vel illud fécerit : morte moriátur. Si quis hec vel illa fécerit : lapídibus obruátur. Appáruit Cónditor noster in carne : confessióni peccatórum non mortem sed vitam promíttit. Mulíerem sua vúlnera confiténtem súscipit : et sanam dimíttit. Tu autem Dómine miserére nostri.

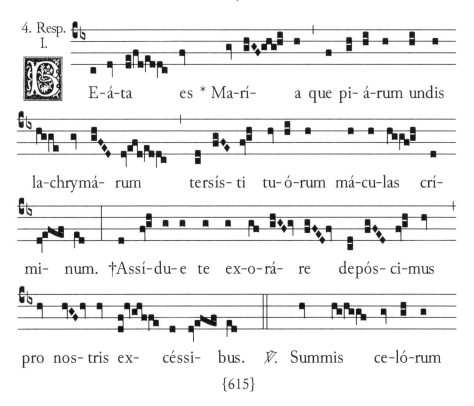

4. Resp. I.

E-á-ta es * Ma-rí- a que pi- á-rum undis la-chrymá- rum tersís- ti tu-ó-rum má-cu-las crí-mi- num. †Assí-du-e te ex-o-rá- re depós- ci-mus pro nos- tris ex- céssi- bus. ℣. Summis ce-ló-rum

cí-vi-bus glome-rá- ta   jamque e-térna immorta-li-tá-

te indú- ta. †Assí-du- e.

Lectio v.

INfléxit Dóminus ad misericórdiam duríciam legis : quia quos juste illa damnat, ipse misericórditer líberat. Hinc ipse per Prophétam dicit, Nolo mortem peccatóris : sed ut magis convertátur et vivat. Hinc íterum sub Judée spécie unicuíque peccatríci ánime dícitur, Si derelíquerit vir uxórem suam, et illa recédens dúxerit virum álterum : nunquid revertétur ad eam ultra ? Nunquid non pollúta et contamináta erit múlier illa ? Tu autem fornicáta es cum amatóribus multis : tamen revértere ad me dicit Dóminus. Ecce paradígma turpis mulíeris dedit : osténdit quod post turpitúdinem récipi non possit. Sed hoc ipsum paradígma quod prótulit per misericórdiam vicit, cum dicit fornicántem mulíerem récipi non posse : et tamen ipso fornicántem ánimam ut recípiat expéctat. Pensáte fratres pondus tante pietátis. Dicit Dóminus quod fíeri non potest : et demónstrat quia hoc ipse fácere étiam contra morem potest. Ecce vocat, et quos inquinátos denunciávit : hos étiam amplécti querit a quibus desértum esse se quéritur. Tu autem Dómine miserére nostri.

5. Resp. I.

E - tér- nis * accu- mu-lá- ta mu-né- ri-bus Ma-rí- a Mag- da-lé- ne posce ut in his nos-tris so- lénni- is. †Di-ví-na perpé-tu-e pa- cis gáudi- a pro mé-ri- tis Chris- tus con- cé- dat. ℣. Súbdi-te ti-bi ple-bis fle-tus solve be-níg-nis pre-sénti- bus quan-dóque te- cum. †Di-ví-na.

Lectio vj.

Nemo ergo tante misericórdie tempus perdat, nemo obláta remédia divíne pietátis abjíciat. Ecce supérna benígnitas avérsos nos révocat : et nobis reverténtibus sue cleméncie sinum parat. Unusquísque ígitur penset quo débito constríngitur : quando Deus illum expéctat, nec contémptus exasperátur. Qui ergo permanére nóluit, rédeat : qui stare contémpsit, saltem post lapsum surgat. Quanto nos amóre Cónditor noster expéctet, insínuat : cum per Prophétam dicit, Atténdi et auscultávi, nemo quod bonum est lóquitur, non est qui cógitet in corde suo, et dicat, Quid feci ? Certe cogitáre nunquam mala debúimus, sed quia cogitáre recta nolúimus : ecce adhuc sústinet Dóminus ut recogitémus. Vidéte tante pietátis sinum : considérate apértum nobis misericórdie grémium. Quos male cogitántes pérdidit : bene cogitántes querit. Ad vos ígitur fratres charíssimi, ad vos óculos mentis redúcite : et peniténtem peccatrícem mulíerem in exémplum imitatiónis vobis anteférte. Queque vos in adolescéntia, queque in juventúte deliquísse meminístis defléte : morum operúmque máculas láchrymis térgite. Amémus jam Redemptóris nostri vestígia : que peccándo contémpsimus. Ecce ut díximus ad recipiéndos nos supérne pietátis sinus apéritur : nec maculósa in nobis vita contémnitur. Per hoc quod inquinatiónem nostram perhorréscimus : intérne jam mundície concordámus. Reverténtes nos Dóminis cleménter ampléctitur : quia peccatórum vita ei esse indígna jam non potest, que flétibus lavátur, in Christo Jesu Dómino nostro, qui cum eo vivit et regnat per ómnia sécula seculórum amen. Tu autem Dómine miserére nostri.

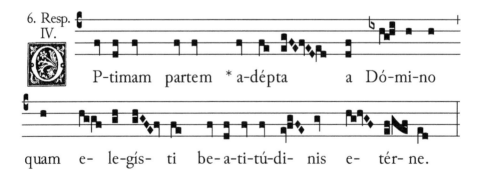

6. Resp. IV. P-timam partem * a-dépta a Dó-mi-no quam e- le-gís- ti be-a-ti-tú-di- nis e- tér- ne.

†Sancta Ma- rí- a interté-de pro no-bis ex-í-

gu- is tu- am so-lenni- tá- tem ce- le- brán-

ti- bus. ℣. Ut me-re-ámur assí-du-e compunc-

ti- ó-nis ym-bre nostró-rum sordes de-lictó-rum

ablú- e- re. †Sancta. ℣. Gló-ri- a Pa-tri et

Fí-li- o : et Spi-rí- tu- i Sanc-to. †Sancta.

❡ In tertio nocturno.

7. Ant.
VIII.i.

cer-te * pre-cí-pu- us Ma-rí- e amor que a

monuménto Domí-ni-co discí-pu-lis re-ci-dénti-bus sublá-

tum cre-dens non re-ce-dé-bat. *Ps.* Cantáte Dómino. *j.* (*xcv.*)
[150].

8. Ant.
III.i.

U-lé-runt * Dómi- num, u-bi po-su- é-runt e- um

dí- ci-to mi-chi ? cu- i respón- dens Je-sus dix-it il-li :

Ma- rí- a, convér-sa il-la : no-li me tánge- re, nondum e-

nim ascén-di ad Patrem me- um. *Ps.* Dóminus regnávit exúltet.
(*xcvj.*) [151].

9. Ant.
IV.i.

Elsi * mé-ri-ti Ma- rí- a que so-lem ve-rum re-

sur-gén-tem vi-dé-re me-ru- ís-ti mortá-li- um prima :

ób-ti- ne ut nos vi-su gló-ri- e su- e le- tí-fi-cet

in ce-lis. *Ps.* Cantáte. *ij.* (*xcvij.*) [155].

℣. Adjuvábit eam Deus vultu suo.
℟. *privatim.* Deus in médio ejus.

❡ Léctio sancti Evangélii secúndum Lucam. *vij.* 36. *Lectio vij.*

IN illo témpore, Rogábat Jesum quidam Phariséus ut manducáret cum illo. Et ingréssus domum Phariséi discúbuit. Et ecce múlier que erat in civitáte peccátrix ut cognóvit quod accubuísset in domo Phariséi : áttulit alabástrum unguénti, et stans retro secus pedes ejus, láchrymis cepit rigáre pedes ejus, et capíllis cápitis sui tergébat et osculabátur pedes ejus, et unguénto ungébat. Et réliqua.

Omélia beáti Gregórii pape.

MARíe peccatrícis láchryme : cujus vel sáxeum pectus ad exémplum peniténdi non emólliant ? Considerávit namque quid fécerat : et nóluit moderári quid fáceret. Super convivántes ingréssa est, non jussa venit : inter épulas láchrymas óbtulit. Hanc esse illam Maríam crédimus : de qua Marcus septem demónia ejécta fuísse testátur. Per septem autem demónia : univérsa vícia designántur. Septenário enim número : univérsitas figurátur. Septem ergo demónia María hábuit : que univérsis víciis plena fuit. Sed ecce quia turpitúdinis sue máculas aspéxit : lavánda ad fontem misericórdie cucúrrit. Tu autem Dómine miserére nostri.

7. Resp.
VIII.

Ragrans Je- sus * mu-né- ri-bus ín-timis Ma-rí- e que pre-cór-di- is affá- tim per-únxit sacrá- ta unguénto vestí- gi- a. †Un-de per- féctam mé-ru- it su-ó-rum de-lic- tó-rum vé- ni- am. ℣. Peccámi-num nostró-rum sordes pi- íssimis dí-lu- at interventí- bus di- ví-no fon- te.

†Un-de.

Lectio viij.

QUid ígitur mirémur, fratres ? Maríam veniéntem, an Dóminum suscipiéntem ? Suscipi-éntem dicam aut trahéntem ? Mélius et trahéntem et susci-piéntem : quia nimírum ipse eam per misericórdiam traxit intus, qui per mansuetúdinem suscépit foris. Hec ergo múlier, quia prius illícitis áctibus inténta, unguéntum sibi pro odóre sue carnis túrpiter exhibúerat : hoc jam Deo laudabíliter offerébat. Oculis terréna concupíerat : sed hos jam per peniténciam cónterens flebat. Capíllos ad compositiónem vultus exhibúerat : sed ipsis jam láchrymas tergébat. Ore supérba díxerat : sed pedes Dómini ósculans, hoc in Redemptóris sui vestígia figébat. Quot ergo in se hábuit oblectaménta : tot de se invénit olocáusta. Convértit ígitur ad númerum virtútum númerum críminum, ut totum servíret Deo in peniténcia : quicquid in se Deum contémpserat in culpa. Sed hoc phariséus íntuens déspicit : et non solum veniéntem peccatrícem mulíerem, sed étiam suscipiéntem Dóminum reprehéndit. Phariséus iste veráciter apud se supérbus et falláciter justus : egram reprehéndit de egritúdine, médicum de subventióne, quia ipse quoque de elatiónis vúlnere egrotábat, et ignorábat. Tu autem Dómine miserére nostri.

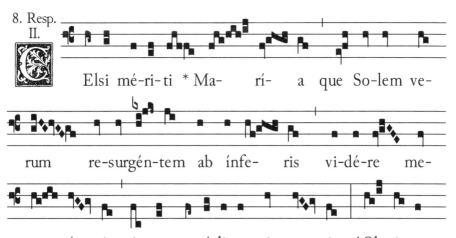

8. Resp.
II.

Elsi mé-ri-ti * Ma- rí- a que So-lem ve-

rum re-surgén-tem ab ínfe- ris vi-dé-re me-

ru- ís- ti pri-ma mortá-li- um in ter- ris. †Ob-ti-ne

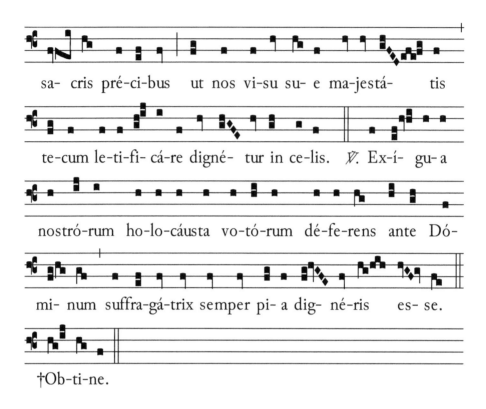

sa- cris pré-ci-bus ut nos vi-su su- e ma-jestá- tis

te-cum le-ti-fi- cá-re digné- tur in ce-lis. ℣. Ex-í- gu- a

nostró-rum ho-lo-cáusta vo-tó-rum dé-fe-rens ante Dó-

mi- num suffra-gá-trix semper pi- a dig- né-ris es- se.

†Ob-ti-ne.

Lectio ix.

ENumerántur ei ítaque bona peccatrícis, enumerántur mala falsi justi : et post enumeratiónem subinfértur senténcia. Propter quod dico tibi, Remittúntur ei peccáta multa : quóniam diléxit multum. Ac si dicerétur, Incéndit plene peccáti rubíginem : quia ardet válide per amóris ignem. Quid enim dilectiónem esse crédimus nisi ignem, et quid culpam nisi rubíginem ?

Tanto ergo ámplius peccáti rúbigo consúmitur : quanto peccatóris cor magno charitátis igne cremátur. Quem namque fratres charíssimi signat phariséus de falsa justícia presúmens, nisi Judáicum pópulum ? Quem peccátrix múlier ad vestígia Dómini véniens et plorans, nisi convérsam gentilitátem désignat ? Que cum alabástro venit, unguéntum fudit, retro secus pedes stetit, láchrymis pedes rigávit, capíllis tersit : eósque quos infundébat et tergébat pedes osculári non désiit. Nos ergo illa múlier expréssit : si toto corde ad Dóminum post peccáta redeámus, si ejus peniténcie luctus imitémur. Quid namque unguénto, nisi bonus odor opiniónis exprímitur ? Unde et Paulus ait, Christi bonus odor sumus Deo in omni loco. Si ígitur recta ópera ágimus, quibus opiniónis boni odóris fragránciam respergámus : quid in Dómini córpore nisi unguéntum fúndimus ? Tu autem Dómine miserére nostri.

9. Resp. I. fe-lix * sacró- rum lá- chrymis ri-gá-ti- o pe- dum per quam pro- mé- ru- it Ma- rí- a di- ci et es- se e- jus di-léc- ta. †Ex quo pascúntur in é- the-re sanc- ti. ℣. An- gé- li-co pol-let de-có-re hec et hi

per Chris- tum. †Ex quo. ℣. Gló- ri- a Pa-tri

et Fí- li- o : et Spi-rí-tu- i Sanc-to. †Ex quo.

❡ *Sancti Apollinaris martyris.*

xxiij. Julii.

Tres lectiones fiant, inivitatorium simplex.

Lectio j.

Eátus Apollináris ab Anthióchia Petrum apóstolum secútus, et Rome ab eódem epíscopus ordinátus : Ravénnam diréctus est. Ubi verbum Dómini prédicans, tentus est a pagánis : et diutíssime fústibus cresus, ac nudis pédibus super prunas impósitus, et inde ab urbe expúlsus. Sed non longe a muro habébant Christiáni tugúrium ubi missas faciébat : in mari vero baptizábat. Ibíque timéntes Deum : de facultátibus suis ministrábant ei. Tu autem Dómine miserére nostri.

Lectio ij.

Post multos vero annos étiam ad Emíliam perréxit, prédicans verbum Dómini : et fáciens multas virtútes in nómine Dómini Jesu Christi. Itaque post tértium annum : Ravénnam regréssus est. Deínde post áliquot dies súbito seditióne orta in civitáte, irruéntibus pagánis ligátus ad forum dúcitur : ibíque vulnerátur. Exínde pontífices capitólii egérunt : ut ad templum Apollínis ducerétur. Quo cum pervenísset data oratióne : simuláchrum solútum, et templum destrúctum est. Igitur jussu imperatóris sanctum Apollinárem sibi presentári jubet. Quem audítum trádidit in custódia cúidam centurióni : occúlte Christiáno. Qui média nocte laxávit eum ut fúgeret. Tu autem Dómine miserére nostri.

Lectio iij.

Unque fuísset a pagánis agnítum fugísse Apollinárem, sequéntes eum non longe a porta apprehendérunt, et támdiu cesus est : quoúsque estimarétur mórtuus. Exínde colléctus est a discípulis : et perdúctus est in vicum, qui Leprósi nominátur. Et septem dies supervíxit : ádmonens ecclésiam ne a fide Christi discéderet. Sicque martyr gloriosíssimus Apollináris in laude Christi defúnctus : sepúltus est foris murum in archa sáxea sub terra. Rexit ecclésiam annis vigintiócto : mense uno, diébus quátuor. Passus est últimum martýrium sub Vespasiáno Cesáre, et Demósthene patrício, décimo kaléndas Augústi. Tu autem Dómine miserére nostri.

Cetera de communi unius martyris et pontificis. [271].

❦ *Sancte Christine virginis et martyris.*

xxiv. Julii.

Ad matutinas tres lectiones fiant cum nocturno propter vigiliam. Invitatorium simplex.

Lectio j.

Rat tempóribus Dyocleciáni imperatóris quedam de Tyro sacra et nobilíssima virgo, annórum círciter duódecim nómine Christína : sápiens valde et Deum timens. Hec hábuit patrem Urbánum nómine qui erat génere magnus, dignitáte magíster mílitum : sed persecútor Christianórum et crudélis. Mater vero ejus erat de génere imperatórum : et ipsa pagána. Pater vero ejus fecit turrim excélsam, in qua constítuit fíliam suam cum puéllis duódecim, qui étiam fecit deos áureos quos adoráret, ut pénitus in públicum non egrederétur : ne ejus pulchritúdo a pópulis viderétur. Que tollens thymiáma, quod offeréndum ydólis accépit, et repónens in fenéstra non offerébat ydólis per dies septem. Quibus peráctis : puélle dixérunt ei, Dómina nostra, quid est quod colis Deum quem non nóvimus ? Intérea ingréssus Urbánus dixit ei, Fília mea quare non accédis ad deos secúndum consuetúdinem tuam ? Christína respóndit, Quare michi persuádes, ut deos adórem, qui neque vident, neque áudiunt, neque intélligunt ? Hec áudiens pater ejus, perturbátus est : et accúrrens osculátus est eam. Christína exclamávit, Noli coinquináre os meum. Póstea cum orásset sancta Christína : venit ángelus de celo, et stetit ante fáciem ejus, et dixit, Christína virgo viríliter age, in conspéctu enim trium júdicum audíri habes. Et assúmens eam : orávit super caput ejus : signavítque eam in Christo. Et convérsa Christína invénit panem cándidum sicut lac : et dulcem super mel et favum. Tollénsque glorificávit Deum dicens, Grátias ago tibi Dómine qui michi panem dedísti. Duódecim enim dies sunt : ex quo panem comédi. Tu autem Dómine miserére nostri.

Lectio ij.

S Ero autem facto : tulit deos patris sui, et expósuit eos per tértiam scalam, et projécit in vicum, statímque solvens fásciam suam ligávit ad fenéstram, et descéndens in vicum, congregátis paupéribus donávit frusta deórum patris sui. Et revértens íterum ascéndit in fenéstram suam per fásciam suam. Mane autem facto pater ingrédiens, non invénit deos suos. Convocánsque puéllas dixit,

Ubi sunt dii nostri ? Que dixérunt, Fília tua fregit eos. Hec áudiens ille : dedit álapam in fáciem sancte Christíne, puéllas vero jussit decollári. Cui Christína dixit, Sine causa intérficis ánimas innocéntes. Tunc pater precépit eam virgis cedi, et colláre férreum impóni collo ejus, et cathénas in mánibus et pédibus ejus : et duci et reclúdi in cárcerem. Mater cum audísset de fília : ábiit in cárcerem plorans et dicens, Fília mea miserére matri tue. Christína dixit, Quid me dicis filiam tuam ? Nescis quia nomen hábeo Dómini Jesu Christi ? Ipse michi pater et mater est. Tunc mater tristis ábiit : et rétulit patri ejus que audíerat. Qui jussit eam in equúleo suspéndi : et látera ejus úngulis radi. Que cum raderétur, auferébat carnes de córpore suo : et projiciébat in fáciem patris dicens, Coméde virtútem córporis tui. Indignátus pater, jussit addúci rotam férream et ignem válidum suppóni : et eam óleo perfúndi precépit. Et

cum orásset sancta Christína : súbito exilívit ignis et combússit ydólis serviéntes hómines plusquam mille quingéntos. Tunc pater jussit eam in cárcerem récipi. Ibíque apparuérunt ei ángeli feréntes ei prándium et curántes vúlnera ejus. Per noctem autem jussit Urbánus lápidem ligári ad collum ejus : et mitti in profúndum maris. Que cum projécta esset : statim chorus angelórum suscépit eam et deambulábat cum ángelis super aquas. Et ecce vidit glóriam Dei veniéntem : et corónam superpóni cápiti suo, et índui se stolam purpúream. Et véniens Salvátor : dixit ad eam, Christína confortáre. Ego enim sum Salvátor tuus quem tota mente díligis. Et illa baptizáta est in mari. Exiens autem de mari : ingréssa est domum patris sui. Mane autem facto : Urbánus invénit filiam suam orántem, et pertérritus comminabátur servis suis, jussítque eam in cárcerem reclúdi usque ad álium diem, cúpiens eam gládio perímere.

Christína vero orábat dicens, Dómine Jesu Christe : redde Urbáno secúndum ea que gessit in me. Ipsa autem nocte Urbánus cum magnis cruciátibus emísit spíritum. Tu autem Dómine miserére nostri.

Lectio iij.

TEmpore autem aliquánto transácto : véniens in civitátem álius judex nómine Zion, addúctam eam ante se, jussit virgis cedi. Deínde jussit sartáginem super ignem impóni : et mitti in eam picem et résinam et óleum. Et státuit quátuor mílites cum virgis férreis qui eam in sartágine pósitam regyrárent. Christína vero accúrrens ad sartáginem ascéndit : requiéscens super eam, tanquam super rorem. Tunc Zion jussit caput ejus radi, et prunas ardéntes superpóni : et precépit ut omnes fémine vidérent confusiónem córporis puélle. Et cum vidíssent : clamavérunt ad júdicem dicéntes, Injústum júdicem agis. Tunc judex dixit ei, Christína, eámus in templum : et adóra magnum deum Apollínem. Ingréssa illa cum orásset : cadens ydólum comminútum est in púlverem, et credidérunt ea die ánime círciter tria mília. Pertérritus vere judex : cécidit et expirávit. Post cujus mortem venit in Tyrum álius judex nómine Juliánus : et jussit eam de cárcere edúci. Que cum sacrificáre nollet : jussit camínum accéndi : et eam immítti. Illa signum crucis in fronte confígens : ingréssa est camínum una cum ángelis, laudans et gloríficans Deum. Cui Juliánus dixit, Quid est Christína quod preválent mágice artes tue ut te non léderet ignis ? Illa respóndit, Ego in Dómino sperábo : non timébo quid fáciat michi homo. Irátus Juliánus jussit serpentáriis ut afférrent áspides duas cornútas et serpéntes duos : quos jussit impóni super sanctam puéllam. Et accurréntes compléxi sunt pedes ejus : et linguis suis extergébant sudórem labóris ejus. Et convérsi ad serpentários : occidérunt eos. Tunc sancta Christína repúlsis serpéntibus : orávit dicens, Deus qui Lázarum resuscitásti a mórtuis : resúscita hos hómines, ut omnes vidéntes gloríficent nomen tuum. Et venit vox de celo dicens, Christína confíde : quodcúnque postuláveris a me, dábitur tibi. Et ábiens virgo juxta mórtuos : signávit eos dicens, In nómine Jesu Christi súrgite. Et statim surgéntes : procidérunt ad pedes ejus grátias agéntes Deo. Juliánus dixit ad beátam vírginem, Ostendísti jam omnes mágicas artes tuas : veni, et convérte te ad deos. Illa vero dixit, Insensáte, non respexérunt óculi tui virtútes quas fecit Deus. Juliánus ira commótus : jussit mamíllas ejus abscídi. Cui illa dixit, Juliáne jussísti mamíllas meas abscídi, sed réspice, quia pro sánguine lac egréditur. Tunc jussit judex linguam ejus abscídi. Sancta Christína orávit dicens, Dómine Jesu Christe : jube me cursum meum consummáre. Et vox de celo facta est dicens, Et laborásti et sustinuísti multa propter me, veni jam quia apérte sunt tibi portas celi. Post hanc vocem cum lingua ejus abscinderétur : tulit partem lingue sue et prójecit in fáciem júdicis : et percússit óculum ejus, et excecávit eum dicens, Juliáne abscidísti linguam meam : quia benedicébat nomen Dei. Elóquium vero Dómini vániens in fáciem tuam, excecávit lumen tuum. Tunc Juliánus jussit venatóribus : ut eam interfícerent. Et percutiéntes eam in látere : abiérunt. Sancta autem Christína orávit dicens, Dómine in pace súscipe spíritum meum. Et hec dicens : emísit spíritum. Et contínuo Juliánus cepit penis cruciári crudelíssimis : et expirávit. Passa est autem hec sancta virgo tempóribus Dyocleciáni imperatóris, sub Urbáno patre suo, Zion, et Juliáno, quartumdécimum annum agens : cujus intercéssio veneránda nobis sempitérna a Dómino ímpetret gáudia. Tu autem Dómine miserére nostri.

Cetera de communi unius virginis et martyris. [373].

ℂ *Sancti Jacobi apostoli.*

Festum inferius duplex.

xxv. Julii.

Hymn. I.

BI- na ce-léstis * aule lu-mi-ná-ri- a, Ja-có- be nec-

non Jo-hánnes the- ó-lo-ge : Pósci- te no-bis vé-ni- am

ro-gánti-bus Quam ve- nit Chris-tus gra-tis da-re mí-se-ris.

℣. Annu-e Christe. [228].

Lectio j.

 Acóbus apóstolus Dómini nostri Jesu Christi, frater beáti Johánnis evangelíste : omnem Judéam vísitans, et per synagógas ingrédiens, ostendébat ex sanctis scriptúris ómnia que a prophétis predícta erant, in Dómino Jesu Christo esse compléta. Hermógenes autem quidam magus misit Philétum discípulum suum eum áliquot Pharíséis ad Jacóbum : conans assérere quod non Fílius Dei esset Jesus Christus cujus se apóstolum memorábat. Jacóbus vero in Spíritu Sancto confidénter agens omnes assertiónes ejus eva-cuávit, osténdens de scriptúris sanctis hunc esse verum Fílium Dei. Tu autem Dómine miserére nostri.

Lectio ij.

℞ Evérsus autem ad Hermó-genem Philétus : dixit ei, Jacóbum qui se servum Jesu Christi ásserit : scias superári non posse. Nam in nómine ejus vidi eum multa mirácula faciéntem. Omnes étiam sanctas scriptúras meménter rétinet, ex quibus os-téndit non esse álterum Dei Fí-lium : nisi hunc quem Judéi cru-cifixérunt. Pláceat ergo tibi con-sílium meum : et véniens ad ip-sum, póstula tibi indulgénciam ab eo. Quod si non féceris : scias me ad ipsum revérti, et pétere ut ejus mérear esse discípulus. Hermó-genes replétus zelo vinxit Phi-létum, ut se movére non posset : et dixit ei, Videámus si Jacóbus solvat te ab his vínculis. At ille festinánter misit ad Jacóbum : núncians ei. Qui statim sudárium suum misit ad eum dicens, Ac-cípiat illud et dicat, Dóminus Jesus Christus érigit elísos : et ip-se solvit compedítos. Quod cum fecísset : statim solútus a vínculis magi, currens venit ad Jacóbum. Dolens autem magus : misit post eum demónes dicens, Ite et ip-sum Jacóbum cum Philéto michi addúcite : ut víndicer in eos. Qui cum veníssent : cepérunt ululá-tum in áere dare super após-tolum. Tu autem Dómine mise-rére nostri.

Lectio iij.

ℰT cum cognovísset causam apóstolus : dixit eis, Prin-cípio vobis in nómine Patris et Fílii et Spiritussáncti, ut ad ipsum Hermógenem reverténtes non e-um ledátis : sed vinctum ad me adducátis. Addúctus ígitur Her-mógenes ad apóstolum, ligátis mánibus a demónibus, dum staret ante eum : dixit apóstolus ad Philétum, Ut agnóscas scholam Dómini mei Jesu Christi hanc esse, ut discant hómines bona pro malis réddere : ipse te ligávit, tu eum solve. Quod cum fecísset : dicit ei apóstolus, Vade liber ubicúnque volúeris. Non est enim disciplíne nostre : ut ínvitus áliquis convertátur. Abiens autem Hermógenes ad domum suam, tulit omnes códices suos, et demérsit in mare : et revérsus tenére cepit plantas apóstoli, rogans eum et dicens, Animárum liberátor, áccipe me peniténtem : quem invidéntem háctenus sustinuísti. Accípiens ergo eum apóstolus et confirmans in fide Dómini : ita perféctum in timóre Dei réddidit, ut étiam plúrime virtútes per eum fíerent a Dómino. Tu autem Dómine miserére nostri.

Lectio iiij.

Idéntes ígitur Judéi, quia magum quem invíctum putábant ita convertísset apóstolus : facta seditióne dixérunt Phariséi ad Jacóbum, Ut quid prédicas Jesum hóminem quem omnes crucifixum scímus ? Tunc Jacóbus Spíritu Sancto replétus, cepit eis osténdere quáliter incarnátio Dómini, passióque et resurréctio, atque in celum ascénsio, a prophétis multifárie prenunciáta, in Dómino Jesu Christo fuísset adimpléta : ita ut omnes qui audiébant una voce clamárent, dicéntes, Peccávimus, injúste égimus, índica nobis quid faciémus ? Quibus apóstolus ait, Viri fratres : crédite et baptizámini : et delebúntur ómnia peccáta vestra. Tu autem Dómine miserére nostri.

Lectio v.

Byáthar autem póntifex, videns tantum pópulum credidísse, replétus zelo, excitávit seditiónem gravíssimam : ita ut mitténtes funem in collo, ejus perdúcerent eum ad pretórium

Heródis regis. Heródes autem volens satisfácere eis : jussit decollári eum. Qui cum ducerétur : quidam paralýticus cepit clamáre ad eum, Sancte Jacóbe apóstole Jesu Christi : líbera me a dolóribus quibus cruciántur membra mea. Cui ait apóstolus, In nómine crucifíxi Dómini mei Jesu Christi, exúrge sanus : et bénedic Salvatórem tuum. Qui prótinus surréxit : et cepit occúrrere gaudens et benedícere nomen Dómini Jesu Christi. Phariséus autem quidam nómine Josías qui funem in collo apóstoli míserat : videns miráculum quod factum fúerat, misit se ad pedes ejus dicens, Obsécro te ut des michi indulgénciam : et fácias me sancti nóminis partícipem. Tu autem Dómine miserére nostri.

Lectio vj.

INtélligens autem apóstolus cor ejus visitátum a Dómino : dixit ei, Tu credis quia Dóminus Jesus Christus quem crucifixérunt Judéi ipse est verus Fílius Dei ? Ait Josías, Ego credo, et hec est fides mea ex hac hora : quia ipse est Fílius Dei. Audiens hoc Abyáthar póntifex fecit eum tenéri, et dixit ei, Si non discésseris a Jacóbo, et maledíxeris nomen Jesu Christi : cum ipso decolláberis. Dixit ei Josías, Maledíctus tu, nomen autem Dómini Jesu Christi quem Jacóbus prédicat : est benedíctum in sécula. Abyáthar póntifex missa de Josía relatióne ad Heródem : impetrávit ut simul cum Jacóbo decollarétur. Qui cum veníssent ad locum : dixit apóstolus spiculatóri, Fácito nobis aquam dari. Cunque alláta fuísset lagéna plena aqua : dixit apóstolus ad Josíam, Credis in nómine Dómini nostri Jesu Christi Fílii Dei vivi, et in Patrem et Spíritum Sanctum ? At ubi respóndit Josías, Credo, perfúdit eum apóstolus aqua, et dixit ei, Da michi pacis ósculum. Et osculátus eum : pósuit manum super caput ejus, et benedíxit eum et fecit signáculum crucis in fronte ejus : et ita perféctus in fide Dómini nostri

Jesu Christi cum apóstolo martyr efféctus, perréxit cum eo ad Dóminum, cui est honor et glória in sécula seculórum amen. Tu autem Dómine miserére nostri.

℟ Léctio sancti Evangélii secúndum Mathéum. *xx. 20. Lectio vij.*

IN illo témpore, Accéssit ad Jesum mater filiórum Zebedéi cum filiis suis : adórans et petens áliquid ab eo. Dixítque ei, Quid vis ? Ait illi, Dic ut sédeant hi duo filii mei : unus ad déxteram tuam, et álius ad sinístram in regno tuo. Et réliqua.

Omélia extrácta de divérsis tractátibus.

UNde occasiónem accépit hec múlier : ut a Dómino glóriam et dignitátem péteret filiis suis, qui nichil predíxerat de glória regni, sed solúmmodo de supplício passiónis ? Predíxerat enim discípulis suis se Hierosólymam ascensúrum : tradéndum, morte condemnándum, deludéndum, flagellándum, et crucifigéndum. Sed ex hac causa incitáta est ad peténdam dignitátem filiis suis : quia post ómnia díxerat Dóminus, Et tértia die resúrget. Putábat enim múlier, quod Dóminus post resurrectiónem suam regnatúrus esset in terra corporáliter, et dignitátem terrénam suis eléctis esset distributúrus. Tu autem Dómine miserére nostri.

Lectio viij.

HEc ergo aviditáte femínea incitáta ad Dóminum accéssit : rogans eum ut post resurrectiónem suam daret filiis suis potestátem sedéndi, uni a dextris et álteri a sinístris. Quod autem intérrogat Dóminus et illi peténti respóndet : Quid vis ? non venit de ignoráncia : sed ex dispensatióne : ut illíus petitióne in audítu aliórum proláta, ipse occasiónem habéret respondéndi atque docéndi, quómodo de innumerósa multitúdine, Quis me tétigit, et de Lázaro, Ubi posuístis eum ? Respóndens autem Dóminus dixit, Néscitis quid petátis. Mater quidem petíerat, sed Dóminus discípulos increpávit : quia intelléxit per poténciam sue divinitátis, petitiónem quam mater ei attúlerat, ex suasióne filiórum descendísse. Et nichil mirum si Dóminus his duóbus discípulis dicat, Néscitis quid petátis : cum de Petro apóstolo Evangelísta dicat, quia nesciébat quid díceret. Potéstis bíbere cálicem quem ego bibitúrus sum ? Cálicis nómine et baptísmi, sicut álius evangelísta ponit : passiónem désignat. Tu autem Dómine miserére nostri.

Lectio ix.

INtérrogat ergo Dóminus, si possent cálicem bíbere quem ipse bibitúrus urat : id est si eándem passiónem sufférre possent, quam ille passúrus erat pro illis. In quibus verbis apérte osténditur quia prius sustinétur supplícium : ac deínde pervenítur ad regnum. Cálicem quidem meum bibétis, id est passiónem meam sustinébitis. Quod queréndum est, quómodo intelligátur ? De Jacóbo cujus hódie festivitátem celebrámus, quod ipse Dómini cálicem bíberit : nulla dubitátio est, quia ab Heróde hac ipsa die cápite cesus, et martýrio est consummátus. De Johánne vero dúbium est : cum ipse per martýrii penam vitam hanc non finíerit. Sed et ipse licet per effusiónem sánguinis de hoc século non transíerit : tamen cálicem ipse Salvatóris bibit : quia ipse et a Domiciáno impiíssimo imperatóre in fervéntis ólei dólium missus est, et venénum ante Aristódimum príncipem pontíficum bibit, et illésus permánsit, necnon étiam cum réliquis apóstolis flagellátus légitur. Et licet per penam et effusiónem sánguinis vitam non finíerit : tamen cálicem passiónis bibit, quia ánimus et volúntas illíus ad passiónem perferéndam semper paráta fuit. Sedére ad déxteram meam vel ad sinístram, non est meum dare vobis : id est tálibus quales modo estis, supérbis scílicet et elátis. Estóte ergo primum húmiles : ut in regno mandámini fieri assessóres. Tu autem Dómine miserére nostri.

Cetera de communi unius apostoli. [227].

ℂ *Sancte Anne matris Marie.*

xxvj. Julii.

Novem lectiones, invitatorium triplex.

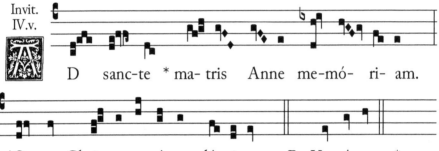

Invit. IV.v.

D sanc-te * ma- tris Anne me-mó- ri- am.

†Omnes Chris-to ca-námus gló-ri- am. *Ps.* Ve-ní-te. 21*.

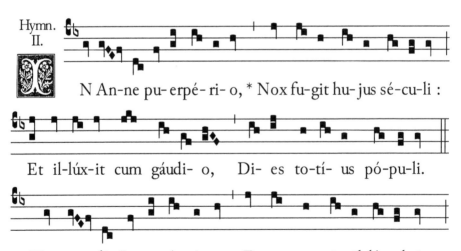

Hymn. II.

N An-ne pu- erpé- ri- o, * Nox fu-git hu- jus sé-cu-li :

Et il-lúx-it cum gáudi- o, Di- es to-tí- us pó-pu-li.

2. Hec ra- dix Jesse gérmi-nat, Expers cunctis il-lé-cebris :

Et gramen e-jus il-lú-mi-nat, Nos se-déntes in té-nebris.

3. Pi- a ma-ter et hú-mi-lis, De qua Ma-rí- a pró-di- it :

Tu- is a-désto fá-mu- lis, Quos culpa gra-vis dé-primet.

4. Jam fe- lix et emé- ri-ta, Ma-nens cum summo jú-di-ce :

Succúrre ma-ter íncli- ta, Ut vi-vámus pa-cí- fi-ce.

5. Ut quic-quid hic de-línquimus, Vi-te per immundí- ci- am :

Abstérgas il-lud pé- ti-mus, Per di-ví-nam cleménci- am.

6. Pa-tri Na-tóque gló- ri- a, De-tur cum Sancto Spí- ri-tu :

Que per Anne suf-frá-gi- a, Consérvet nos in éx-i-tu.

Amen.

❡ *In primo nocturno.*

1. Ant.
I.iv.

Ho-ri plaudant * a-lá-cri- ter an-ge-ló-rum et hó-

mi-num : Congra-tu-lándo pá-ri-ter ma-tri Re-gí-ne

vírgi-num. *Ps.* Dómine Dóminus noster. (*viij.*) [22].

2. Ant.
II.i.

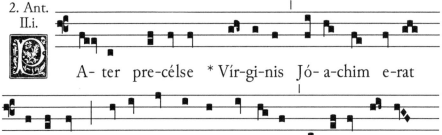

A- ter pre-célse * Vír-gi-nis Jó- a-chim e-rat

nómi-ne : Ma-ter Annáque nó-bi- lis re-gá-li ful-sit

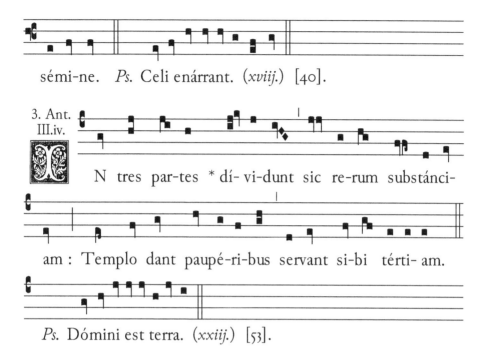

sémi-ne. *Ps.* Celi enárrant. (*xviij.*) [40].

3. Ant.
III.iv.

N tres par-tes * dí- vi-dunt sic re-rum substánci-

am : Templo dant paupé-ri-bus servant si-bi térti- am.

Ps. Dómini est terra. (*xxiij.*) [53].

℣. Diffúsa est grátia in lábiis tuis.

℟. *privatim.* Proptérea benedíxit te Deus in etérnum.

Lectio j.

Odie fratres charíssimi : beáte Anne matris sancte Dei Genitrícis ac perpétue Vírginis Maríe festívam celebrámus memóriam : in qua carnis relíquit ergástulum, et subvécta est venerabíliter ad súperos sanctórum obséquiis angelórum. Ad etérnum síquidem patriarchárum ac prophetárum véterum gloriósa et felix pervénit contubérnium : ex quorum carne carnis contráxit oríginem, ut per ventris sui fructum pópulo suo Deus mítteret redemptiónem. Gáudeat ígitur sacrosáncta mater ecclésia, hujus sancte matróne muníta suffrágiis : et in ejus láudibus cum omni devotióne tota resúltet. Hec est enim illa supérne benedictiónis terra, de qua celéstis fígulus ollam spei nostre compó-

{641}

suit : que ex divíni roris ymbre concéptum Verbum Dei, humáno géneri prótulit incarnátum. Hec est ille domínicus ager, balsamórum celéstium flóribus circunséptus, ex cujus suavitáte per omnes fines terre diffúsus odor emanávit vite, et in eo sponsus Vírginum myrrham suam cum aromátibus suis míscuit : quia amaritúdinem mortalitátis nostre divinitátis sue dulcédine temperávit. Tu autem Dómine miserére nostri.

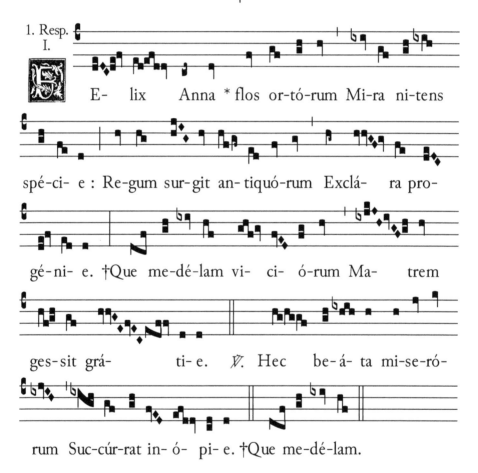

1. Resp. I.

E- lix Anna * flos or-tó-rum Mi-ra ni-tens spé-ci- e : Re-gum sur-git an-tiquó-rum Exclá- ra pro-gé-ni- e. †Que me-dé-lam vi- ci- ó-rum Ma- trem ges-sit grá- ti- e. ℣. Hec be-á- ta mi-se-ró-rum Suc-cúr-rat in- ó- pi- e. †Que me-dé-lam.

Lectio ij.

FElix Anna que in operatióne redemptiónis nostre velut radix vidétur in arbóre, de qua celéstis virga egréssa est beatíssima Virgo María, que Fílium suum divíni floris amígdalum eníxa puérpera génuit : cujus dulcédinis jocúnda reféctio, in celo et in terra, ángelos et hómines pascit. Ex Béthleem quippe civitáte David, et radíce Jesse oriúnda pródiit : cujus beáta sóboles María vidélicet Christum péperit, qui captivitátem Jacob avértit, et paríetem véteris inimicítie inter Deum et hóminem Homo Deus in carne sua destrúxit. O quam gloriósa est mater ista, et quam digna solénni attollénda precónio : que matrem nobis nostre redemptiónis áttulit, et in illa testaméntum supérnas hereditátis inclúsit. Vere beáta et omni veneratióne habénda, et quodam sacro privilégio predicánda mater hujus sacratíssime Vírginis : que omnes precéllit matres in concipiéndo et generándo eam que suum et ómnium generáret Auctórem. Gaude ígitur et letáre o felix mater, et pre céteris mátribus felícior, que meruísti tante prólia gaudére privilégio : per quam ángeli letíciam, justi grátiam, peccatóres véniam invéniunt in etérnum. Tu autem Dómine miserére nostri.

2. Resp.
II.

Atronárum * hec matróna Cláruit in século : Nunc in celis est patróna Pietátis tí-

tu- lo. †Cu-jus par-tu cuncta bo-na Pro-ve- né-runt

pó- pu-lo. ℣. An-na pa-rens es-to pro-na

Cunctis in pe- rí- cu- lo. †Cu-jus par-tu.

Lectio iij.

Erito fratres charíssimi, mater sancte Dei Genitrícis sempérque Vírginis Maríe Anna dícitur, id est grátia, quia grátia plena est : in qua heréditas patris nostri Jacob magnificéntius insígnitur. Duódecim fílii hujus Jacob sacri palácii istíus, scílicet Anne, fundaménti suppórtant macériam : in sublíme régiam insígniter érigunt structúram. Ezechías et Josías, gloriósi reges, et incomparábili sanctitáte fulgéntes : quasi preciósi lápides imménsos vibrant rádios, et in régie Genitrícis Dei domus artificio fulgóre mirabíliter preéminent copióso. Inter quos Judas et Levi potíssimum prefúlgent, ex quibus regnum et sacerdótium ejúsdem gentis pródiit : eósque quasi duos paríetes lapis Christus anguláris in beáte matris Anne célebri formatióne colligávit. Hec est illa precclára et sublímis structúre macéria : ex quorum propágine Deus Pater gloríóse Genitrícis unigéniti Fílii sui singuláre et novum dignátus est fabricáre palácium. Quod quidem jure beátam Annam venerábilem matrónam díxerim, in cujus thálamo formarétur sancta et perpétua Virgo María : ut prima fieret ydónea in celéstium cópula nuptiárum, ac venerábilis ipsis sanctórum ordínibus angelórum. Nobis ígitur tibi astántibus, o felix Anna, o pia et venerábilis dómina, ut subveníre jam dignéris implorámus : quo póssimus ha-bére perpétuam grátiam Dómini nostri Jesu Christi, qui cum Patre et Spíritu Sancto vivit et regnat in etérnum amen. Tu autem Dómine miserére nostri.

3. Resp.
III.

EX concép-tu * conju-gá- li Anne mi-ro ór-di- ne, Ra-dix bo- ni fi- nis ma- li Spi-rant uno gér-mi-ne. †Fe- lix que fu- ís-ti ta-li Impreg-ná- ta Vír-gi-ne. ℣. Nos in ho- ra fac fi-ná- li Mo-ri-si-ne crí- mi-ne. †Fe- lix. ℣. Gló- ri- a Pa-tri et Fi-lí- o : et Spi- rí-tu- i Sancto. †Fe- lix.

❡ *In secundo nocturno.*

4. Ant.
IV.i.

N-nos quoque * plú-ri-mos du-cunt in con-jú-

gi- o : Sté-ri-les atque tris-tes sub le-gis obpró-bri- o.

Ps. Eructávit. (*xliiij.*) [84].

5. Ant.
V.ii.

Xprobrá-bat * hinc pón-ti-fex Jó-achim quod

síste-ret : Infe-cún- dus cum fe- cúndis seque e- is

júnge-ret. *Ps.* Deus noster refúgium. (*xlv.*) [85].

6. Ant.
VI.

O-achim * ex oppróbri- o e templo tris- tis

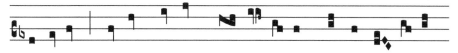

éx-i- it : Nec ad domum vel ux-ó-rem sed a pas-tó-res

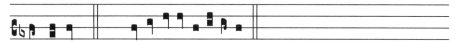

tránsi- it. *Ps.* Fundménta ejus. (*lxxxvj.*) [140].

℣. Spécie tua et pulchritúdine tua.

℟. *privatim.* Inténde próspere procéde et regna.

Lectio iiij.

Odie fratres charíssimi, in honóre beáte Anne venerábilis matróne speciáliter convénimus, eo quod in hac die ut supradíximus, ipsam de hoc mundo migrásse crédimus : dignum est tamen ut ipsíus sponsum beátum Jóachim exímie sanctitátis virum, quorum erat una caro : ex qua procéssit beatíssima Virgo prout Dóminus déderit páriter venerémur. Tradunt síquidem hystórie quod hujus semper recolénde Vírginis preclára órigo de stirpe procédens Davítica : huic illúxit velut dies lucidíssima mundo. Nam pater ejus Jóachim, mater vero Anna vocáti : affluéncia rerum terrenárum erant poténtes, sed virtútum probatárum cópia fuérunt potentióres. Non enim terrénis divítiis afflúere : sed juste pótius et legítime gaudébant vívere, nec tantum mundi hujus appetébant ássequi glóriam : quantum divínam satagébant júgiter implére justíciam. Propter quod studiósi ambo in lege Dómini sine quavis queréla degébant in pópulo Dei : sed eo studiósius, eóque devótius céteris ejúsdem pópuli homínibus, quo mundo erant perlatúri splendidíssimum de suo gérmine sydus, pio scílicet Deo cooperánte, qui prodúcit rosam de spinósa gente. Non quod

in patre sive in matre istíus Vírginis sacratíssime fuíssent unquam spine Judáice : sed quod
ipsi spinas non habéntes de ha-

béntibus sint Dei grátia proce-
déntes. Tu autem Dómine miserére nostri.

4. Resp.
IV.

X Ju-dé-e * cre- vit spi-na   Hec matró-na nó-

bi-lis : Spi-na ta-men of- fi-cí-na   Clá-ru- it mi-rá-bi-lis.

†De qua pró- di- it Re-gí-na   Ce- li ve-ne-rá-

bi- lis.   ℣. Os a fraude   serpentí-na :   Sal-vet ma-

ter húmi- lis. †De qua.

Lectio v.

Ivébant ítaque ambo soci-
áliter, et erant in conjúgio
legáliter in urbe Galilée Názareth
nómine : unde oriúndus Jóachim
pater erat : mater tamen Anna

Bethleémita ortu fúerat. Et quóniam justi coram Deo et homínibus erant : templo Dei et peregrínis indigéntibus, duas portió-
nes suárum facultátum tribué-

bant, reserváta in suos usus tértia : unde temporáliter vivébant. Verum permanénte utróque stérili per annos círciter vigínti, templum Dei diébus certis frequentábant, ubi Deum sollícite orábant, ut dignum Deo fructum carnis sue, hoc est filium vel filiam mereréntur accípere : factóque voto quod obséquie divíne mancipárent quantancúnque sóbolem dívino dono generárent. Post hec Jóachim audíto impropério a pontífice Ysachar sibi facto, vidélicet quod esset infecúndus, nullúsque de eo genitális esset in Israel fructus, mox tristis confusúsque ábiit, nec domum vel uxórem : sed pastóres suos ádiit. At divína píetas consólans ejus angústias : angélico aspéctu simul et affátu promísit ei vírginem precípuam de se fore nascitúram. Dénique ut dígnitas mirábilis significarétur evangelizáte sóbolis : cláritas étiam mirábilis comitáta est ángelum lucis, vel idcírco cum luce ingénti Jóachim patri ángelus appáruit : quia lumen mundi processúrum de luce, id est de nascitúra Vírgine declarávit. Tu autem Dómine miserére nostri.

5. Resp.
V. Uam po-tens * esse dí-ce-ris In regno be-a-
tó-rum Que gé-ni-trix agnós-ce-ris Re-gí-ne an-ge-
ló-rum. †In-síg-nis quip-pe dí-ce-ris Patró-na mi-se-

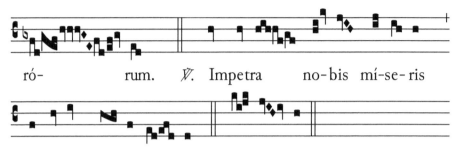

ró-　　　rum.　℣. Impetra　　no-bis　mí-se-ris

Vé-ni- am pec-ca-tó-　rum.　†In-síg- nis.

Lectio vj.

Ascitur ergo de legítimo et valde sancto conjúgio sanctíssima Virgo : ut pote totíus sanctitátis futúra mater dono dívino. Justum nempe fuit ut de bonis óptima, de sánctis sanctíssima : immo de sterilitáte Virgínitas fecúnda et fecúnditas integérrima nascerétur. Quómodo de arbóre bona flos jocúndus, et de ipso flore vitális fructus profértur, bona quidem prióra, secúnda vero melióra, sed horum póstrema sunt óptima, sic profécto de parentéla bona : procéssit mélior Virgo María, de qua proles est óptima, scílicet benedíctus fructus ventris sui, qui est bonus super ómnia. Hec ítaque de bonis mélior et óptima paréntibus orta in domo patérna triénnio est educáta. Et quóniam párvulis vel étiam quibúslibet áliis angelórum custódia deputáta créditur, necnon veritáte docénte asséritur : multo astrúitur vérius, ádeo ut nichil sit vérius : quod hanc ab inítio sanctíssimam Vírginem sancti semper custodiérunt ángeli, quippe qui mundi Dóminam sciébant eam futúram, poténtem quoque post onmipoténtem Creatórem, super omnes poténtes, celi et terre Regínam. Tu autem Dómine miserére nostri.

6. Resp.
VI.

quam * dig- ne ve- ne- rá- ris Ab hu-

má- no gérmi-ne Que Ma- rí- am mundo pa- ris Mag-

no De- i mú-ne- re. †Ip- sa Vir-go sin-gu- lá-ris

Dig- né- tur suc- cú- re-re. ℣. Anna ma-ter

sa-lu-tá-ris Fac nos Chris- to ví- ve- re. †Ip- sa.

℣. Gló-ri- a Pa-tri et Fí- li- o : et Spi-rí- tu- i Sanc- to.

†Ip- sa.

❡ *In tertio nocturno.*

7. Ant.
VII.i.

O-achim * et cónju-gi ánge-lus appá-ru- it :

Do-lentésque ní-mi- um dúl-ci-ter compéscu- it.

Ps. Cantáte Dómino. *j.* (*xcv.*) [150].

8. Ant.
VIII.i.

Re- ces vestre * sunt ác-cepte ha-be-bi-tísque fí-li-

am : Per quam De-us magní-fi-ce prestá-bit cunctis

grá-ti- am. *Ps.* Dóminus regnávit exúltet. (*xcvj.*) [151].

9. Ant.
I.viii.

Inc cognó-vit * se mú-tu-o conju-gá- li fé- de-re :

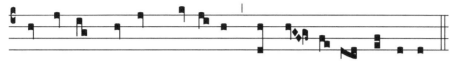

Et a-gunt laudes Dómi-no pro con- césso mú-ne-re.

Ps. Cantáte. *ij.* (*xcvij.*) [155].

℣. Adjuvábit eam Deus vultu suo.

℟. *privatim.* Deus in médio ejus non commovébitur.

❧ Inítium sancti Evangélii secúndum Mathéum. *j. 1. Lectio vij.*

Liber generatiónis Jesu Christi : Fílii David, Fílii Abraham. Et réliqua.

Omélia de divérsis tractátibus.

Athéus igitur evangelísta scribens librum generatiónis Jesu Christi : céteris pretermíssis horum fílium nuncupávit, quia ad hos tantum facta est de Christo repromíssio. Ad Abraham, in sémine inquit tuo benedicéntur omnes gentes terre. Ad David vero ait, De fructu ventris tui : ponam super sedem tuam. Abraham génuit Ysaac : Ysaac autem génuit Jacob. Exéquitur ergo humánam generatiónem Christi Mathéus ab ipso promissiónis exórdio, hoc est ab Abraham generatóres commémorans quos perdúcit ad Joseph virum Maríe : de qua natus est Jesus. Quicquid tamen in insígni genealógia Christi, ad evangélicam réspicit hystóriam, totum ex abundánti recúrrit ad Annam : ut ipsa sit quasi quedam meta legis et grátie, per quam dígnitas humáne vidétur in Christo refloruísse natúre. Ex ejus namque ventre pródiit : quod de sancta ecclésia longe ante Spiritussánctus ait, Syndónem fecit et véndidit : et cíngulum trádidit Chananéo. Sindónis hujus candor níveus púritas est et mundícia virginális, quam beáta Anna mater mánibus suis quasi contéxuit : dum Genitrícem Dei Maríam ad diem temporális ortus, in forma humána de palácio úteri sui corporáliter edúxit. Hanc ad redemptiónem géneris humáni Deo Patri vén-didit, ut in illo commércio incarnátum Patris Verbum, matris fíeret précium : et ipsa preciósa appáreret ad liberatiónem captivórum. Tu autem Dómine miserére nostri.

7. Resp.
VII.

- va ma-ter * corrup-té- le Pomi fit e-dú- li- o, De-forma-vít- que sequé- le Lí- ne- am con-tá- gi- o. †Anna confers spem me-dé-le Sacro pu- erpé- ri- o. ℣. Es- to memor cli- en-té-le Hu- jus in ex- í-li- o. †Anna.

Lectio viij.

UNde sanctus ángelus a Deo missus nunciáre paréntibus, hanc sacratíssimam Vírginem nascitúram : nomen ejus simul et vitam, matrémque Fílii Dei predíxit futúram. Cui cónsonans ángelus Gábriel ille magnus jam dicit grandi et adúlte, jamque Joseph sancto disponsáte : non tamen nuptiáliter copuláte. Nam post salutatiónem sanctam tanta Vírgine dignam : nonnúllis interpósitis íntulit hoc modo, Quod ex te nascétur sanctum : vocábitur Fílius Dei. Serváta ergo et muníta fuit angelórum custódia : que angelórum Regem erat paritúra : et que ántequam nata, nómine ac vita est et dignitáte signáta. Sed hujúsmodi custódia, id est celéstis et angélica magna quidem fuit in paréntum domo : major vero in sancto Dei domicílio. Ex quo enim in templo est obláta, et ibídem a paréntibus Deo commendáta : Deus qui suscépit ipse custodívit, et per suos sanctos ángelos assídue munívit. Munívit, inquam tanquam suum sanctuárium, prefiníto témpore a Patre Fílium suum Mediatórem Dei et hóminum suceptúrum. Nam ubi venit plenitúdo témporis, misit Deus Fílium suum factum ex mulíere, factum sub lege : ut oppréssos lege redímeret. Tu autem Dómine miserére nostri.

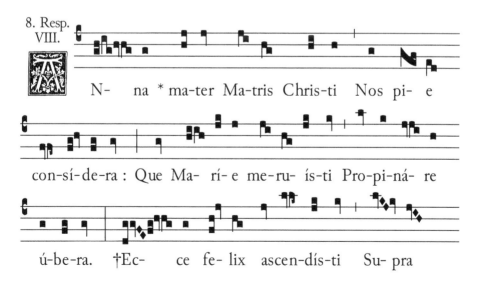

8. Resp. VIII.

A N- na * ma-ter Ma-tris Chris-ti Nos pi- e con-sí-de-ra : Que Ma- rí-e me-ru- ís-ti Pro-pi-ná- re ú-be-ra. †Ec- ce fe- lix ascen-dís-ti Su- pra

cuncta sý- de- ra. ℣. Tu in ho-ra mortis

tris-ti Nos ab hos-te lí- be-ra. †Ec- ce.

Lectio ix.

Emánsit ítaque in templo Dei elécta et prelécta Virgo Dei : et ipsa útique templum venerábile Dei : ut suo digníssimo ac mellífluo elóquio posset dícere quod fortis ille rex David, de cujus génere descéndit : in psalmo légitur dixísse, Dóminus pars hereditátis mee. Jam vero a paréntibus ibídem derelícta et soli Deo commíssa, quáliter deínceps víxerit, vel quómodo in templo se habúerit, nec est cúiquam possíbile dícere : nec saltem conjícere. Etenim omnis facúndia déficit, omnísque conjectúra evanéscit a fácie virtútum Vírginis hujus : et a conspéctu majestátis grátie ejus. Gaude ígitur et letáre o felix Jóachim : qui tante prolis meruísti vocitári patrátor. Sed et tu Anna longe felícior Anna matre Samuélis simul exúlta : eníxa es castitátis spéculum, honestátis domicílium, solácium miserórum, spem fidélium, Regínam angelórum. Que nobis et ómnibus hujus diei solénnia venerántibus grátiam cónferat mundi Dómina : nosque letíficet in celésti glória, cum Fílio suo Dómino nostro Jesu Christo, cui sit honor et glória per infiníta secúla amen. Tu autem Dómine miserére nostri.

9. Resp.
I.

E-á-ta * Vir- go vír- gi-num Ma-tris tu- e

pré- ci-bus, Remis- si- ónem crími-num Pro- cú-ra

supplí- ci-bus. †Et fac post vi- te térmi-num Le- tos

in ce- lés- ti-bus. ℣. Succúrre pe-nes

Dó mi-num Cunc- tis as-sis- tén ti-bus. †Et fac. ℣. Gló-ri-

a Pa-tri et Fí-li- o : et Spi- rí- tu- i Sancto.

†Et fac.

ℂ *Sanctorum septem dormientium martyrum.*

xxvij. Julii.

Tres lectiones, invitatorium duplex.

Lectio j.

Ub Décio imperatóre facta in Christiános gravi persecutióne, septem Christiáni civitátis Ephesiórum cives, persecutiónis furórem declinántes, accépto consílio vendidérunt que habére póterant, et colligéntes pecúniam abscondérunt se in spelúnca in monte Célio : donec persecutiónis rábies refrigésceret. Vocabántur autem ipsi viri : Maximiánus, Malchus, Martiniánus, Dionýsius, Johánnes, Serápion, et Constantínus. Et constituérunt Malchum ut méndici hábitu indútus : que necessária essent émeret in civitáte : et ministráret eis. Plácuit autem Deo ut ipsi sancti in eádem spelúnca soporáti : obdormírent per sécula multa. Tu autem Dómine miserére nostri.

Lectio ij.

Volútis autem trecéntis sexagínta et duóbus annis : regnánte imperatóre Christianíssimo Theodósio, surréxit detestánda héresis nitens reféllere generális fidem resurrectiónis. Volénte autem Deo post tanta témpora, predícti sancti evigilántes et uníus noctis spácio se obdormísse putántes : Malchum ad civitátem misérunt ut que eis essent necessária émeret. Qui appropínquans civitáti et super portam crucem eréctam videns et omnes invocántes Christi nomen áudiens : valde admirári cepit. Prolátis vero argénteis : cepérunt intuéntes admirári et dícere adínvicem, quia hic júvenis thesáurum invénit. Quid multa ? Cápitur Malchus : et ad procónsulem civitátis dúcitur. Tu autem Dómine miserére nostri.

Lectio iij.

PRocónsul ergo cum ab eo inquíreret ubi thesáurum invenísset : cécidit Malchus ad pedes ejus dicens, Rogo vos dícite michi ubi est Décius imperátor, Christianórum persecútor ? Ego enim et sócii mei persecutiónem ejus fugiéntes : abscóndimus nos in spelúnca Célii montis. Marínus civitátis epíscopus hoc áudiens : dixit, quia visio est, quam innótuit nobis Deus in júvene isto. Sed surgámus : et eámus cum eo. Et veniéntes ad spelúncam, vidérunt sedéntes sanctos mártyres Dei, et erant fácies eórum sicut rosa florens. Et adorántes eos : misérunt ad imperatórem celériter : hec nunciántes. Qui cum venísset, ingréssus ad sanctos Dei et ampléxus eos : flevit super cervíces eórum. Qui dixérunt ei, Propter te suscitávit nos Deus ante diem magne resurrectiónis : ut tu sine dúbio resurrectiónem mortuórum credas. Et cum hoc dixíssent : reddidérunt spíritus secúndum precéptum Dei. Imperátor vero flens et ósculans relíquias sanctas eórum : congregátis plúrimis epíscopis et fidélibus viris, fecit in eódem loco dignam memóriam eórum. Tu autem Dómine miserére nostri.

Cetera de communi plurimorum martyrum. [281].

❡ *Sancti Sampsonis episcopi.*

xxviij. Julii.

Tres lectiones de communi, invitatorium duplex.
Cetera de communi unius confessoris et pontificis. [315].

ℂ Sanctorum Felicis, Simplicii, Faustini et Beatricis martyrum.

xxix. Julii.

Tres lectiones, invitatorium duplex.

Lectio j.

Ibério urbis Rome epíscopo misso in exílium a Constántio Augústo herético : congregántes se sacerdótes cum univérso clero Románo, ordinavérunt in loco ejus epíscopum Felícem presbýterum urbis venerábilem virum. Qui facto consílio : declarávit Constántium heréticum, et secúndo rebaptizátum ab Eusébio Nichomedénse, juxta Nichomédiam in Aquilóne villa. Hoc declaráto, ejícitur sanctíssimus Felix de episcopátu suo : a Constántio Augústo fílio Constantíni Augústi. Qui levátus exínde : ductus est in civitátem Corobínam, et ibi passus est cápite truncáto : et martýrio coronátus. Exinde raptum est corpus ejus a presbýteris et cléricis : et sepúltum in basílica : quam ipse constrúxerat via Aurélia. Cujus natále celebrátur quarto kaléndas Augústas ad laudem et glóriam Dómini nostri Jesu Christi : qui cum Patre et Spíritu Sancto vivit et regnat Deus in sécula seculórum amen. Tu autem Dómine miserére nostri.

Lectio ij.

Empóribus Dyocleciáni et Maximiáni erat Rome quedam virgo Béatrix nómine : que fúerat germána soror sanctórum Simplícii et Faustíni : qui pro nómine Dómini nostri Jesu Christi post multa ac divérsa supplícia, que illáta sunt eis a carnifícibus, jussi sunt capitálem subíre senténciam. Quorum córpora sepelívit beáta Béatrix : una cum beáto Crispo, et Johánne presbýteris. Factum est autem ut prédium quod fúerat beáte Beatrícis commúne cum frátribus : Lucrécius vicínus posséssor ambíret. Qui fecit tenéri beátam Beatrícem : et duci ad sacrificándum nefandíssimis ydólis. Tunc beáta Béatrix dixit ad illos qui eam ducébant, Ego non sacrífico demóniis : quia Christiána sum. Lucrécius jussit eam carceráli custódie mancipári : quoúsque de ea cogitáret. Post hec fecit eam prefocári noctu a servis suis : et sic trádidit spíritum Dómino. Tu autem Dómine miserére nostri.

Lectio iij.

POst hec ingréssus est Lucrécius prédium sanctórum : et fecit convívium in quo insultábant sanctis Dei duci epulabántur. Et ibi erat quedam múlier que filium suum lactábat. Ille autem infántulus pannis involútus : vocem emísit in convívio coram ómnibus dicens, Audi Lucréci. Occidísti et invasísti. Ecce datus es in possessiónem inimíci. Ad hanc vocem expávit Lucrécius : et timor ac tremor invásit eum.

Statímque étiam Sáthanas in eum ingréssus, ibi in convívio per tres horas vexávit eum : quoúsque tólleret spíritum ejus. Tantus autem metus írruit super omnes qui áderant, ut simul omnes ad Christiános confúgium fácerent, et Christiáni : facti ómnibus enarrárent passiónem beatíssime mártyris Beatrícis vírginis Christi, in convívio vindicátam. Tu autem Dómine miserére nostri.

Cetera omnia de communi plurimorum martyrum. [281].

ℭ Sanctorum Abdon et Sennes martyrum.

xxx. Julii.

Tres lectiones fiant, invitatorium duplex.

Lectio j.

Ecius imperátor victor Romam revértens de Pérsida, addúxit secum duos subrégulos Persárum Abdon et Sennen Christianíssimos viros et convocáto Rome senátu : jussit eos Décius sibi presentári. Et dixit ad senátum, Audiat cetus vester, patres conscrípti. Dii nostri tradidérunt nobis hostes feroríssimos. Ecce enim inimíci reipúblice : et Románi impérii. Et introdúcti sunt ornáti ex auro et lapídibus preciósis : vincti cathénis. Quos cum vidísset omnis senátus : cepérunt mirári in aspéctibus eórum. Tu autem Dómine miserére nostri.

Lectio ij.

Ecius autem Cesar dixit ad Abdon et Sennen, Sacrificáte diis et estóte subréguli Románe libertátis, et possidéte ómnia vestra, et pacem Románi impérii. At illi dixérunt, Nos peccatóres semel obtulímus vosmetípsos Dómino : oblatiónem et sacrifícium. Dóminum enim nostrum Jesum Christum adorámus : manufáctis vero simuláchris nunquam humiliámur. Décius dixit, Istis sunt paránda acérrima torménta. Et jussit Valeriáno duci eos ante simuláchrum solis, et denudári : et a milítibus ad sacrificándum compélli. Sancti autem contemnéntes et expuéntes in simuláchrum : dixérunt Valeriáno, Fac quod potes : quia nos secúri sumus de Dómino nostro Jesu Christo : qui potest ómnia tua machinaménta destrúere. Tu autem Dómine miserére nostri.

Lectio iij.

Valeriánus preféctus jussit sanctos Dei diu cum plumbátis cedi : et cesos in amphiteátrum duci, et ferárum mórsibus consúmi. Et facto signo Christi : intrántes sancti in amphiteátrum dixérunt, In nómine Dómini nostri Jesu Christi : introíbimus ad corónam nobis a Dómino preparátam. Et venérunt in conspéctu Valeriáni nudi córpore : sed indúti Christi fide. Et jussit Valeriánus dimítti eis duos leónes : et quátuor ursos. Qui dimíssi venérunt rugiéntes ad pedes sanctórum mártyrum : et non recedébant a pédibus eórum. Nemóque póterat accédere ad eos propter ímpetum ferárum eos custodiéntium. Et dixit Valeriánus, Modo cláruit ars mágica eórum. Et replétus furóre, jussit gladiatóres introdúci : et ibídem eos intérfici. Quibus percússis : jussum est eórum córpora ante simuláchrum solis jactári : ánime vero eórum in celésti glória meruérunt a Dómino beáta immortalitáte coronári. Tu autem Dómine miserére nostri.

Cetera de communi plurimorum martyrum. [281].

❡ *Sancti Germani episcopi et confessoris.*

xxxj. Julii.

Tres lectiones fiant, invitatorium simplex.

Lectio j.

 Eátus Germánus Antissiodorénsis óppidi indigéna fuit, paréntibus spléndidis procreátus : et ab ipsis infáncie rudiméntis stúdiis liberálibus institútus. In quo doctríne collátio, cum ingénii ubertáte conséntiens, eruditíssimum duplicáto bono, id est natúre et indústrias reddidérunt. Atque ut in eum perféctio litterárum plena conflúeret, post auditória Gallicána intra urbem Romam : cívilis juris sciénciam perfécte addídicit.

Tu autem Dómine miserére | nostri.

Lectio ij.

Eínde ad honórem prefectúre sublimátus : móribus et eloquéncia decorávit. In quo actu, dum laudis multíplici luce resplénderet : sublímem génere, móribus et divítiis sórtitus est uxórem. Suscépit sacerdótium ínvitus, coáctus simul et addíctus : sed repénte mutátur ex ómnibus. Despícitur mundi milítia : celéstis assúmitur. Séculi pompa calcátur : humílitas conversatiónis elígitur, uxor in sorórem mutátur. Substáncia dispensátur in páuperes : páupertas ámbitur. Jam vero e-narrári non potest, qua hostilitáte vim sibi ipse conscíverit : quas cruces, que ve supplícia córporis sui persecútor indúerit. In refectiónibus primum cínerem prelibávit : deínde panem ordeáceum sumpsit, quem tamen ipse excússit et móluit. Et cum hic cibus grávior jejúniis judícitur : nunquam nisi véspere, ínterdum tamen in ebdómada média, plerúmque die séptima ponebátur. Tu autem Dómine miserére nostri.

Lectio iij.

Tratum omne subjécto cilício, et superpósito uno tantum sácculo : conténtus fuit. Caput ab húmeris per cervícis confínium : nulla sublevávit adjéctio. Ita prótinus prostráta per terram membra damnáverat. Nóctibus nunquam vestiméntum : raro cíngulum, raro calciaménta detráxit. Redimítus loro, semper in cápsula sanctórum relíquias cóntinens : jugis gémitus, orátio persevérans erat. Longum enim tempus somnum cápere inter torménta non póterat. Dicat quisque quod sénserit. Céterum absolúto definio : beátum Germánum inter tot cruces longum traxísse martýrium. O quam preclára Dei nostri virtus et píetas : qui fámulum suum in via veritátis fidéliter gradiéntem dúplici remuneratióne dotávit : ut et pretériti si qui fúerant decoqueréntur erróres : et celériter defecáta sánctitas prestarétur. Quique peccátis pretéritis fórsitan tenebátur obnóxius : incíperet fenerátor esse virtútum adjútus grátia Dómini nostri Jesu Christi. Tu autem Dómine miserére nostri.

Cetera de communi unius confessoris et pontificis. [315].

ℂ *Petri ad vincula.*

j. Augusti.

Novem lectiones, invitatorium triplex.

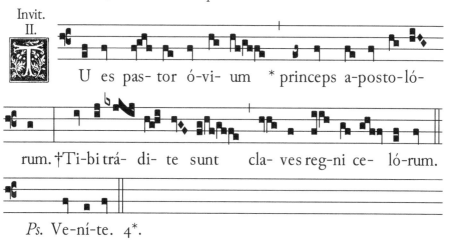

Invit. II. U es pas- tor ó-vi- um * princeps a-posto-ló- rum. †Ti-bi trá- di- te sunt cla- ves reg-ni ce- ló-rum.

Ps. Ve-ní-te. 4*.

ℂ *Ad matutinas dicatur hic cantus super hunc hymnum.*

Hymn. IV. Am bo-ne pastor * Petre cle-mens ácci-pe, Vo-ta

pre-cá-tum et pec-cá- ti víncu-la : Re- sólve ti-bi po-tes-

tá- te trá-di-ta, Qua cunctis ce- lum verbo claudis á-pe-ris.

℣. An-nu- e Christe. [229].

ℂ *In primo nocturno.*

1. Ant.
I.v.

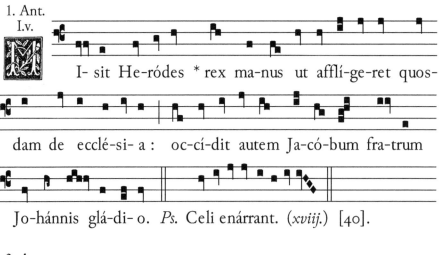

I- sit He-ródes * rex ma-nus ut afflí-ge-ret quos-

dam de ecclé-si- a : oc-cí-dit autem Ja-có-bum fra-trum

Jo-hánnis glá-di- o. *Ps.* Celi enárrant. (*xviij.*) [40].

2. Ant.
I.ix.

I-dens autem * qui- a pla-cé-ret Ju-dé- is appó-

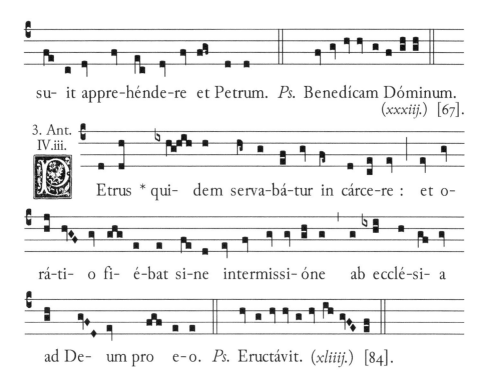

su- it appre-hénde-re et Petrum. *Ps.* Benedícam Dóminum. (*xxxiij.*) [67].

3. Ant.
IV.iii.

Etrus * qui- dem serva-bá-tur in cárce-re : et o-

rá-ti- o fi- é-bat si-ne intermissi-óne ab ecclé-si- a

ad De- um pro e-o. *Ps.* Eructávit. (*xliiij.*) [84].

℣. In omnem terram exívit sonus eórum.

℟. *privatim.* Et in fines obis terre verba eórum.

Lectio j.

Otándum est fratres charíssimi, qua de causa celebrátur festívitas sancti Petri, que dícitur Ad víncula : kaléndis Augústi. Hec ergo a quibúsdam dícitur causa. Romanórum quidam dux nómine Quirínus habébat filiam gutturnósam : nómine Balbínam. Habébat autem ipse dux beátum Alexándrum papam in cárcere clausum. Ipsa vero puélla ibat sepíssime ad cárcerem ubi beátus pápa Alexánder cathénis tenebátur ligátus, et deosculabátur cathénas, quibus ipse sanctus ligátus erat : scílicet ob grátiam recuperánde sanitátis. Tu autem Dómine miserére nostri.

1. Resp. I.

MI-sit * ím- pi- us He-ró-des rex ma- nus

ut afflí- ge-ret quosdam de ecclé- si- a. †Occí-

dit au-tem Ja-cóbum fratrem Jo-hán- nis glá-

di- o. ℣. Vi-dens autem qui- a pla-cé-ret

Ju-dé- is : appó-su- it appre-hénde- re et Pe- trum.

†Occí- dit.

Lectio ij.

CUi beátus Alexánder dixit, Noli filia mea osculári has cathénas, sed quere bóias sancti Petri quibus vinctus fuit, et osculáre illas : et inde recípies sanitátem. Que mox ad patrem suum véniens : narrávit ei sicut audíerat a prefáto papa. Quod áudiens pater puélle, misit núncios qui perquírerent cárcerem ubi apóstolus fúerat ligátus : indéque secum afférrent bóias beáti

Petri. Quod ita factum est. Quas deósculans prefáta puélla ílico : recépit sanitátem. Sicque beátus Alexánder éxiens de cárcere : constítuit celebrári solennitátem hanc kaléndis Augústi, in honóre beáti Petri, et in ejus nómine edificávit ecclésiam que dicitur Ad víncula. In qua étiam ut fertur solennitáte, cathéne ejus deosculántur a pópulo devóte : auxiliánte Dómino nostro Jesu Christo, qui cum Patre et Spíritu Sancto vivit et regnat Deus per ómnia sécula seculórum amen. Tu autem Dómine miserére nostri.

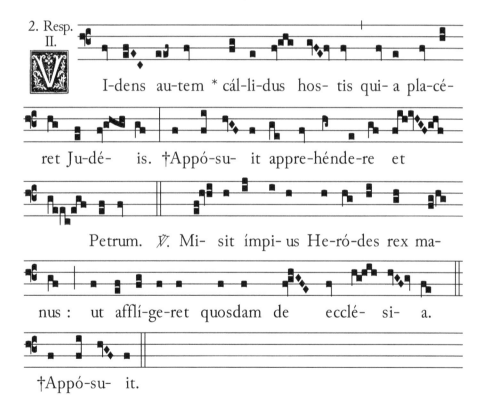

2. Resp. II.

VI-dens au-tem * cál-li-dus hos- tis qui- a pla-cé-ret Ju-dé- is. †Appó-su- it appre-hénde-re et Petrum. ℣. Mi- sit ímpi- us He-ró-des rex ma-nus : ut afflí-ge-ret quosdam de ecclé- si- a.

†Appó-su- it.

Lectio iij. Leonis pape sermo 20. de apostolis Petro et Paulo.

EXultémus in Dómino dilectíssimi, et spirituáli jocunditáte letémur : quia unigénitus Dei Fílius Dóminus noster Jesus

Christus, ad insinuánda nobis dispensatiónis et divinitátis sue mystéria, apostólici órdinis primum beátum Petrum dignátus est prerogáre, cujus hodiérna solénnitas spécimen et decus cóntulit orbi terrárum. Hoc enim beáti Petri obtínuit dilectíssimi illa conféssio, que a Deo Patre apostólico inspiráta cordi : ómnia humanárum opiniónum incérta transcéndit, et firmitátem petre, que nullis impulsiónibus quaterétur accépit. Evangélica síquidem reseránte hystória : omnes apóstolos Dóminus quid de se hómines opinéntur intérrogat. At ille quasi quid hábeat, discipulórum sensus sciat : respóndet, Tu es Christus Fílius Dei vivi. Ille primus est in Dómini confessióne : qui primus est in apostólica dignitáte. Qui cum dixísset, Tu es Christus Fílius Dei vivi : respóndit ei Jesus, Beátus es Symon Barjóna : quia caro et sánguis nos revelávit tibi, sed Pater meus qui est in celis. Id est beátus es, quia te dócuit Pater meus, nec terréna opínio feféllit, sed inspirátio celéstis instrúxit : et non caro et sanguis, sed ille me tibi cujus sum Unigénitus indicávit. Tu autem Dómine miserére nostri.

3. Resp.
III.

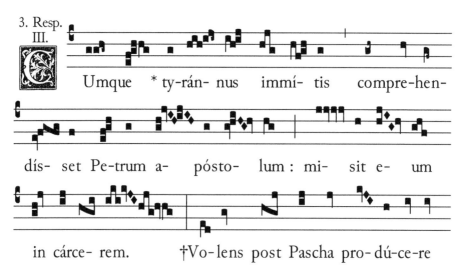

Umque * ty-rán-nus immí-tis compre-hen-dís-set Pe-trum a-pósto-lum : mi-sit e-um in cárce-rem. †Vo-lens post Pascha pro-dú-ce-re

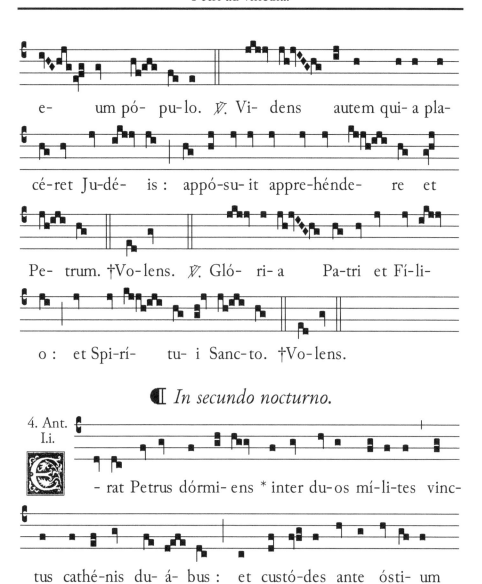

e- um pó- pu-lo. ℣. Vi- dens autem qui- a pla-

cé-ret Ju-dé- is : appó-su-it appre-hénde- re et

Pe- trum. †Vo-lens. ℣. Gló- ri- a Pa-tri et Fí-li-

o : et Spi-rí- tu- i Sanc-to. †Vo-lens.

❑ *In secundo nocturno.*

4. Ant.
I.i.

- rat Petrus dórmi-ens * inter du-os mí-li-tes vinc-

tus cathé-nis du- á- bus : et custó-des ante ósti- um

custo-di- é-bant cárce-rem. *Ps.* Omnes gentes. (*xlvj.*) [86].

5. Ant.
IV.ii.

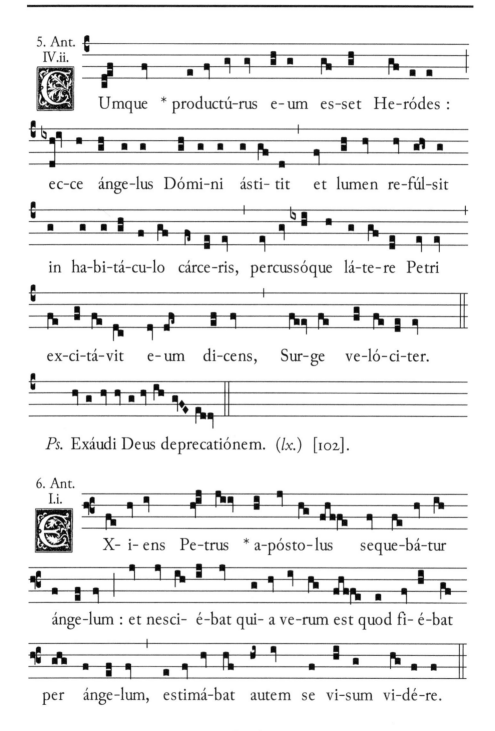

Umque * productú-rus e-um es-set He-ródes :

ec-ce ánge-lus Dómi-ni ásti- tit et lumen re-fúl-sit

in ha-bi-tá-cu-lo cárce-ris, percussóque lá-te-re Petri

ex-ci-tá-vit e-um di-cens, Sur-ge ve-ló-ci-ter.

Ps. Exáudi Deus deprecatiónem. (*lx.*) [102].

6. Ant.
I.i.

X- i- ens Pe-trus * a-pósto-lus seque-bá-tur

ánge-lum : et nesci- é-bat qui- a ve-rum est quod fi- é-bat

per ánge-lum, estimá-bat autem se vi-sum vi-dé-re.

Ps. Exáudi Deus oratiónem. (*lxiij.*) [105].

℣. Constítues eos príncipes super omnem terram.

℞. *privatim.* Mémores erunt nóminis tui Dómine.

Lectio iiij.

ET ego (inquit) dico tibi. Hoc est, sicut Pater meus tibi manifestávit divinitátem meam : ita ego notam tibi fácio excelléntiam tuam. Quia tu es Petrus. Id est, cum ego sim inviolábilis petra, ego lapis anguláris : qui fácio utráque unum, tamen tu quoque petra es, quia mea virtúte solidáris, ut que michi potestáte sunt própria, sint tibi mecum participatióne commúnia. Super hanc petram edificábo ecclésiam meam, et porte ínferi non prevalébunt advérsus eam. Super hanc (inquit) fortitúdinem etérnum éxtruam templum : et ecclésie mee celo inserénda sublímitas, in hujus fidei firmitáte consúrget. Hanc confessiónem porte ínferi non tenébunt : mortis víncula non ligábunt. Vox enim ista vox vite est : et sicut confessóres suos ad celéstia próvehit, ita peccatóres ad inférna demérgit. Tu autem Dómine miserére nostri.

4. Resp.
IV.

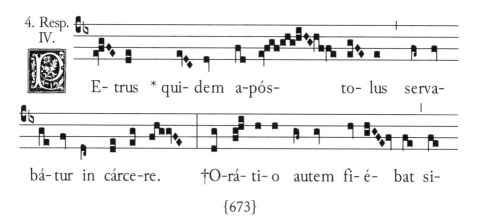

PE-trus * qui-dem a-pós- to- lus serva-bá-tur in cárce-re. †O-rá- ti- o autem fi- é- bat si-

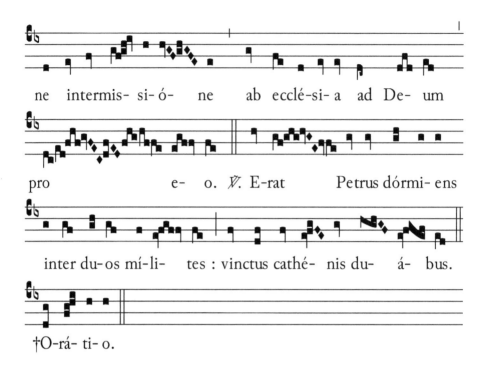

ne intermis- si- ó- ne ab ecclé-si- a ad De- um pro e- o. ℣. E-rat Petrus dórmi- ens inter du- os mí-li- tes : vinctus cathé- nis du- á- bus.

†O-rá- ti- o.

Lectio v.

PRopter quod dícitur beatíssimo Petro, Tibi dabo claves regni celórum. Et quecúnque ligáveris super terram erunt ligáta et in celis : et quecúnque sólveris super terram, erunt solúta et in celis. Transívit quidem étiam in álios apóstolos vis istíus potestátis : sed non frustra uni commendátur quod ómnibus intimátur. Petro enim ídeo hoc singuláriter créditur : quia cunctis ecclésie rectóribus Petri forma prepónitur.

Manet ergo Petri privilégium : ubicúnque ex ipsíus fertur equitáte judícium. Nec nímia est vel sevéritas vel remíssio, ubi nichil erit ligátum nichil solútum : nisi quod beátus Petrus vel ligáverit aut sólverit. Instánte autem passióne sua, que discipulórum erat turbatúra constánciam : Symon inquit Dóminus Symon ecce Sáthanas expostulávit, ut vos cribráret sicut tríticum. Ego autem orávi pro te : ne deficiat fides tua.

Et tu aliquándo convérsus con-
firma fratres tuos : ne intrent in
tentatiónem. Tu autem Dómine
miserére nostri.

5. Resp.
V.

Um ve-ro * productú- rus e- um es set He-
ró- des in ipsa noc-te e-rat Petrus dórmi- ens. †Inter
du-os mí-li- tes vinctus ca- thé-nis du-á- bus.

℣. Et custódes ante ósti- um custo-di- é-bant cárcerem : u-bi e-rat Petrus a-pósto- lus. †Inter.

Lectio vj.

COmmúne erat ómnibus a-
póstolis perículum de for-
mídine tentatiónis, et divíne pro-
tectiónis auxílio páriter indigé-
bant : quóniam dyábolus omnes
exagitáre, omnes cupiébat elídere :
et tamen speciális a Dómino Petri
cura suscípitur, et pro fide Petri
próprie supplicátur, tanquam aliórum status cértior sit futúrus, si
mens príncipis victa non fúerit.
In Petro ergo ómnium fortitúdo
munítur, et divíne grátie ita or-
dinátur auxílium : ut firmitas que
per Christum Petro tribúitur :
per Petrum apóstolis áliis confe-

rátur. Et postquam resurréxit Dóminus a mórtuis, beáto Petro apóstolo post regni claves tráditas ad trinam etérni amóris professiónem : mýstica insinuatióne ter dixit, Pasce oves meas. Quod nunc quoque proculdúbio facit, et mandátum Dómini pius pastor exéquitur, confírmans nos cohortatiónibus suis, et pro nobis oráre non cessans : ut nulla tentatióne superémur. Si autem hanc pietátis sue curam omni pópulo Dei, sicut credéndum est ubíque preténdit : quanto magis nobis alúmnis suis opem suam dignábitur impéndere, quos in ecclésia suo nómini et honóri dicáta sibi vóluit deservíre ? Cum ítaque dilectíssimi tantum nobis videámus presídium divínitus institútum : rationabíliter et juste in Júdicis nostri méritis et dignitáte letémur, grátias agéntes sempitérno Regi Redemptóri nostro Jesu Christo quod tantam poténciam dedit ei quem totíus ecclésie príncipem fecit, ad laudem et glóriam nóminis sui, cui est cum Patre et Spíritu Sancto honor et glória in sécula seculórum amen. Tu autem Dómine miserére nostri.

6. Resp.
VI.

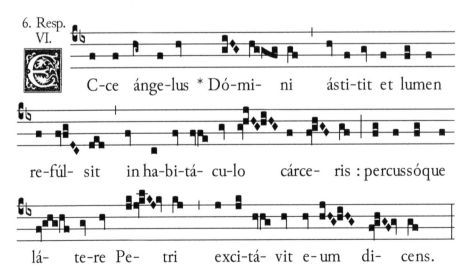

C-ce ánge-lus * Dó-mi- ni ásti-tit et lumen re-fúl- sit in ha-bi-tá- cu-lo cárce- ris : percussóque lá- te-re Pe- tri exci-tá- vit e-um di- cens.

†Surge, sur- ge, sur-ge ve-ló-ci-ter. ℣. Et contí-nu-o

ce-ci-dé-runt cathé-ne de má- ni-bus e- jus : ánge- lo

di- cén- te. †Surge. ℣. Gló- ri- a Pa-tri et Fí-

li- o : et Spi-rí- tu- i Sanc-to. †Surge.

❡ *In tertio nocturno.*

7. Ant.
III.i.

Ranse- úntes * primam et se-cúndam cus-tó-di- am

ve-né-runt ad portam férre- am que du-cit ad ci-vi-tá-tem,

que ultro a-pér- ta est e- is. *Ps.* Confitébimur. (*lxxiiij.*)
[122].

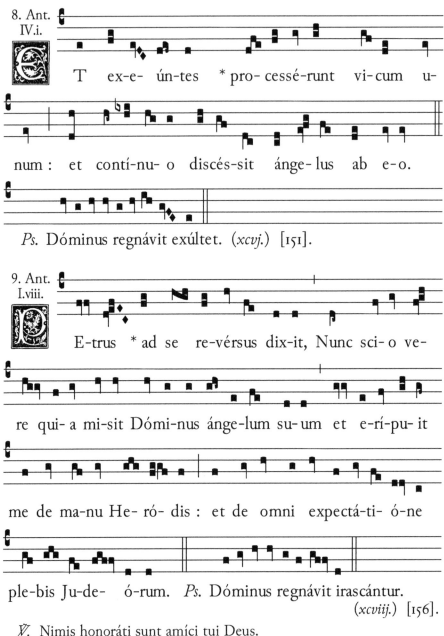

8. Ant.
IV.i.

T ex-e- ún-tes * pro- cessé-runt vi-cum u-

num : et contí-nu- o discés-sit ánge-lus ab e-o.

Ps. Dóminus regnávit exúltet. (*xcvj.*) [151].

9. Ant.
I.viii.

E-trus * ad se re-vérsus dix-it, Nunc sci- o ve-

re qui- a mi-sit Dómi-nus ánge-lum su- um et e-rí-pu- it

me de ma-nu He- ró- dis : et de omni expectá-ti- ó-ne

ple-bis Ju-de- ó-rum. *Ps.* Dóminus regnávit irascántur.
(*xcviij.*) [156].

℣. Nimis honoráti sunt amíci tui Deus.

℟. *privatim.* Nimis confortátus est principátus eórum.

{678}

☖ Léctio sancti Evangélii secúndum Mathéum. *xvj. 13. Lectio vij.*

IN illo témpore, Venit Jesus in partes Cesarée Philíppi : et interrogábat discípulos suos dicens, Quem dicunt hómines esse Fílium hóminis ? Et réliqua.

Omélia beáti Augustíni epíscopi.

DOmino Jesu Christo requirénte, quemnam eum hómines dícerent esse : et opiniónes várias hóminum discípulis respondéntibus, rursúsque Dómino interrogánte et dicénte, Vos autem quem me esse dícitis : respóndit Petrus, Tu es Christus Fílius Dei vivi. Unus pro multis dedit respónsum : únitas in multis. Petrus enim apóstolus : ecclésie únice typus est. Ipse namque in apostolórum órdine primus, in Christi amóre promptíssimus : sepe unus respóndit pro ómnibus. Tunc ei Dóminus ait, Beátus es Symon Barjóna : quia tibi non revelávit caro et sanguis, sed Pater meus qui in celis est. Tu autem Dómine miserére nostri.

7. Resp.
VII.

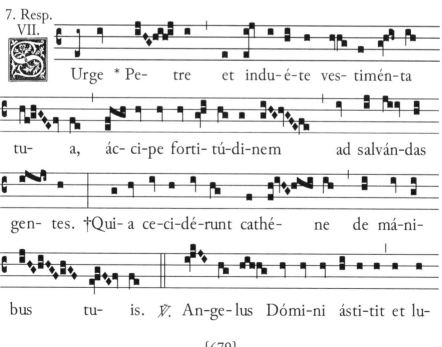

Urge * Petre et indu-é-te ves-timén-ta tu-a, ác-ci-pe forti-tú-di-nem ad salván-das gen-tes. †Qui-a ce-ci-dé-runt cathé-ne de má-ni-bus tu-is. ℣. An-ge-lus Dómi-ni ásti-tit et lu-

men re-fúlsit in ha-bi-tá-cu-lo cárce- ris : percussó-que

lá-te-re Petri exci-tá-vit e- um di- cens, Surge ve-

ló- ci- ter. †Qui- a.

Lectio viij.

ATténde causam quare beátus, Quia non tibi revelávit caro et sanguis : sed Pater meus qui in celis est. Ideo beátus : quia tibi non caro et sanguis revelávit. Si enim caro et sanguis hoc tibi reveláret : de tuo. Quia vero caro et sanguis non tibi revelávit, sed Pater meus qui in celis est : de meo, non de tuo. Quare de meo ? Quia ómnia quas habet Pater : mea sunt. Ecce audísti causam quare beátus : audi et quare Petrus. Addidit Dóminus, Et ego dico tibi, tanquam díceret, Quia tu dixísti michi, Tu es Christus Fílius Dei vivi, et ego dico tibi : tu es Petrus. Symon quippe ántea vocabátur. Hoc autem ei nomen ut Petrus appellarétur, a Dómino impósitum est : et hoc in ea figúra, ut significáret ecclésiam. Quia enim Christus petra : Petrus pópulus Christiánus. Petra enim principále nomen est : ídeo Petrus a petra, non petra a Petro, quómodo non a Christiáno Christus, sed a Christo Christiánus vocátur. Tu autem Dómine miserére nostri.

{680}

8. Resp. VIII.

Ix- it * ánge-lus ad Pe- trum, Circúnda ti- bi ves- ti-méntum tu- um et sé-que-re me. †Et e- gré-di- ens, seque-bá- tur e- um. ℣. Tran-se- ún- tes au-tem primam et se- cúndam cus-tó-di- am ve-né-runt ad portam fér- re- am que du- cit ad ci-vi-tá-tem que ultro a- pér-ta est e- is.

†Et.

Lectio ix.

TU es ergo (inquit) Petrus, et super hanc petram quam conféssus es, super hanc petram quam cognovísti dicens, Tu es

Christus Fílius Dei vivi, edificábo ecclésiam meam : id est super meípsum Fílium Dei vivi edificábo ecclésiam meam. Super me edificábo te : non me super te. Nam voléntes hómines edificáre super hómines : dicébant, Ego quidem sum Pauli, ego autem Apóllo, ego vero Cephe : ipse est Petrus. Et álii qui nolébant edificári super Petrum, sed super petram : ego autem sum Christi. Apóstolus autem Paulus ubi cognóvit se éligi et Christum contémni : Divísus est (inquit) Christus ? Nunquid Paulus pro vobis crucifíxus est, aut in nómine Pauli baptizáti estis ? Quo modo non in Pauli, sic nec in Petri, sed in nómine Christi : ut Petrus edificarétur super petram, non petra super Petrum. Idem ergo Petrus a petra cognominátus, ecclésie figúram portans : apostolátus principátum tenens. Tu autem Dómine miserére nostri.

9. Resp.
I.

Uodcúnque * li-gá-ve-ris su-per terram : e-rit li-gá-tum et in ce- lis. †Et quodcúnque sólve-ris su-per ter- ram. ‡E-rit so-lú- tum et in ce- lis. ℣. Tu es (inquit Petrus) Christus Fí-li- us

De- i vi- vi : respóndens Dó-mi- nus a- it, Et e-go

di- co ti- bi qui- a tu es Petrus, et su- per hanc pe-tram

e-di-fi-cá-bo ecclé- si- am me- am. †Et quod.

℣. Gló-ri- a Pa-tri et Fí-li- o : et Spi-rí- tu- i

Sanc-to. ‡E-rit so-lú- tum.

ℭ Sancti Stephani martyris.

ij. Augusti.

Tres lectiones fiant, invitatorium duplex.

Lectio j.

 Eátus Stéphanus epísco-pus urbis Rome, con-gregáto univérso clero : sic eos allóquitur dicens, Fratres et commilitóres mei, audístis pre-cépta dyáboli seva vulgári, ut si quis Christiánus deténtus fúerit a pagáno : omnes facultátes ejus ac-cípiat. Vos ítaque fratres respúite facultátes terrénas : ut regnum celéste percipiátis. Nolíte timére príncipes séculi : sed oráte Dóminum Deum celi, et Jesum Christum Fílium ejus. Tu autem Dó-

mine miserére nostri.

Lectio ij.

Ussit ítaque beátus Stéphanus ut áltera die in crypta Nepotiána congregaréntur. Et facto conventículo in eádem crypta, invénti sunt promíscui sexus viri ac mulíeres número centum et octo : quos eádem die

in nómine Dómini nostri Jesu Christi sacri baptismátis mystériis consecrávit, et óbtulit pro eórum expiatióne sacrifícium, atque participáti sunt omnes. Tu autem Dómine miserére nostri.

Lectio iij.

Ost hec óbtulit sacrifícium Deo omnipoténti in cimitério sancte Lúcie. Audiens ígitur Valeriánus que gesta fúerant, ac de templi eversióne, et quia esset cum Stéphano máxima multitúdo Christianórum : missi sunt plúrimi priórum mílitum, qui veniéntes invenérunt beátum Stéphanum sacrifícium Dómino of-

feréntem. Quique intrépidus constans ante altáris solénnia, et júgiter cepta perfíciens : in eódem loco sicut in sua decollátus est sede, sub die quárto nonárum Augustárum, pergens ad Dóminum cum quo vivit in séculum séculi. Tu autem Dómine miserére nostri.

Cetera de communi unius martyris. [243].

❧ In inventione sancti Stephani prothomartyre sociorumque ejus martyrum.

iij. Augusti.

Novem lectiones, invitatorium duplex.

Invit.
IV.i.

- do-ré-mus * Re- gem mag- num Dó- mi-num.

†Qui in sanctis su- is semper est mi-rá- bi- lis.

Ps. Ve-ní- te. 10*.

Hymnus. Sanctórum méritis. *in communi.* [282].

❧ In primo nocturno.

1. Ant.
I.i.

U-ci- á-no * ve-ne-rá-bi- li pres-bý-te-ro qui-

escénti in stra-tu su- o, de re-ve-la-ti-óne sanctá-rum

re-liqui- á-rum prothomárty-ris Stépha-ni ta-lis di-ví-ni-

tus osténsa est ví-si- o. *Ps.* Beátus vir. (*j.*) [16].

2. Ant.
II.i.

Um adhuc * pe-ne vi-gi- lá-ret vir ve-ne- rándus,

tanquam in excéssu mentis re-pénte est efféctus.

Ps. Quare fremuérunt. (*ij.*) [16].

3. Ant.
III.i.

I-dit í-gi-tur * assíste-re si-bi vi- rum e-tá-te

se-nem sta-tú-ra pró-ce- rum vul- tu de- órsum.

Ps. In Dómino confído. (*x.*) [24].

℣. Letámini in Dómino et exultáte justi.

℞. *privatim.* Et gloriámini omnes recti corde.

Lectio j.

Uciánus présbyter cui revelávit Deus séptimo Honórii príncipis anno, locum sepúlchri et reliquiárum beáti prothomártyris Stéphani et Gamaliélis ac Nichodémi, qui in Evangélio et in Actibus apostolórum legúntur : scripsit hanc revelatiónem Greco sermóne, ad ómnium ecclesiárum notíciam. Qui dum quiésceret in basílica baptistérii, in stratu suo sexta féria parascéves, circa horam tértiam noctis, dumque adhuc pene vigiláret, tanquam in excéssu mentis efféctus : vidit virum senem, statúra prócerum, vultu decórum, prolíxam barbam habéntem, palliátum alba stola, cui ínerant gémmule áuree intrínsecus habéntes sancte crucis signum, calciátum calígis in superficie deaurátis. Tu autem Dómine miserére nostri.

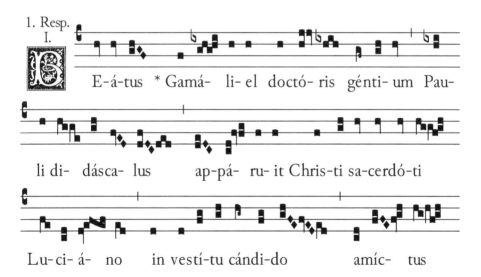

1. Resp.
I.

B E-á-tus * Gamá- li-el doctó- ris génti- um Pauli di- dásca- lus ap-pá- ru-it Chris-ti sa-cerdó-ti Lu-ci- á- no in vestí-tu cándi-do amíc- tus

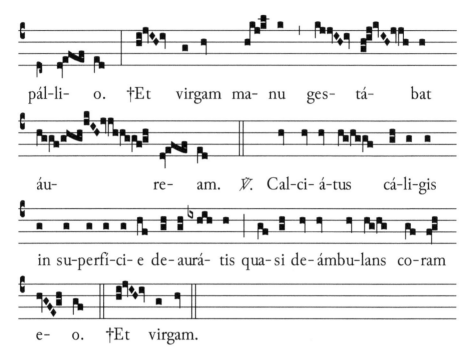

pál-li- o. †Et virgam ma- nu ges- tá- bat

áu- re- am. ℣. Cal-ci- á-tus cá-li-gis

in su-perfí-ci- e de-aurá- tis qua-si de-ámbu-lans co-ram

e- o. †Et virgam.

Lectio ij.

ET manu tenébat virgam áuream, de qua tangens, vocávit eum ter nómine suo : dicens, Luciáne, Luciáne, Luciáne. Et dixit ei Greco sermóne, Vade in civitátem que dícitur Helýa, que est Hierúsalem : et dic sancto Johánii epíscopo, quátinus cum summa diligéncia nostros patefáciat túmulos, quia despécto in loco recónditi sumus. Cunque venerábilis présbyter inquíreret ab eo quis esset : dixit se esse Gama-liélem qui nutrívit Paulum apóstolum. Interrogávit autem eum : qui essent cum eo. Unus est inquit dóminus Stéphanus a Judéis Hierosólymis pro fide Christi lapídibus oppréssus : jussúque sacerdótum relíctus foris extra portam, via que ducit ad Cedar, béstiis et ávibus devorándus. Sed hoc omníno ille prohíbuit : cui illésam idem martyr fidem servávit. Ego Gamáliel compátiens Christi minístro, occúlte rápui corpus ejus : et sepelívi in meo prédio, hoc est in Caphargámala, quod interpretátur villa Gamaliélis. Et feci eum poni in meo monuménto in orientáli theca : vigínti miliáribus a civitáte. Tu autem Dómine miserére nostri.

2. Resp.
II.

- gi-tur * dissimu- lá- ta Gamá- li- el de- ambu-la-ti- ó- ne ve- nit ad e- um et virga quam ma-nu gestá- bat té-ti- git il-lum vo-cans e-um tér- ti- o. †Lu-ci- á- ne, Lu-ci- á- ne, Lu-ci- á-ne, sur-ge. ℣. Cu- i sa-cérdos respón-dit, Quis es Dómi- ne, at il-le dix-it ad e-um. †Lu-ci- á- ne.

Lectio iij.

Ille vero qui hujus locéllo jacet contíguus, ipse est Nichodémus nepos meus, qui postquam ut renascerétur ex aqua et Spíritu Sancto a Salvatóre audívit : baptísmi sacraméntum suscépit. Pro quo póstmodum indignáti príncipes sacerdótum, subtrácto ei principátus honóre, conabántur illum trádere morti : sed nostra propinquitátis reveréncia non perfecérunt. Verúntamen expúlso eo foras urbem, diripuérunt omnem supelléctilem ejus, multísque eum afficiéntes plagis : semivívum reliquérunt. Ego nimírum et hunc collégi : et ad pedes prothomártyris jussi sepultúre tradi.

Ille quidem tértius qui mecum póssidet locum : ipse est Abíbas fílius meus qui mecum Christo crédidit vicésimum agens etátis annum : et a beátis apóstolis baptísmi unda perfúsus est. Is dum esset doctrína legis plénius instrúctus, et templo Dei cum Paulo sédule vacans, divína meditándo precépta, ab illo vício cui se genus humánum máxime súbdere solet protectióne divína éxtitit liber : et in hoc propósito castitátis pausávit in pace. Et iste defúnctis sepúltus est in tertiathéca excelsióre : in qua et ego defúnctus applicátus sum. Tu autem Dómine miserére nostri.

3. Resp. III.

VA-de * Lu-ci- á- ne et dic Jo-hánni e-písco-po Hie-ru-so- li- mi- tá- no : úsquequo clausi

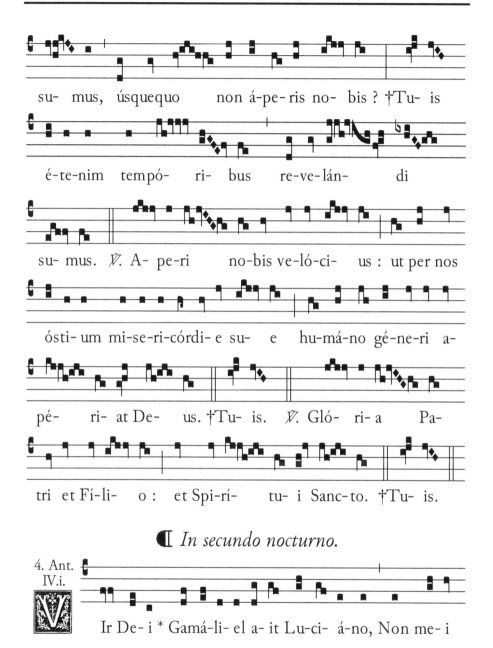

su- mus, úsquequo non á-pe- ris no- bis ? †Tu- is

é-te-nim tempó- ri- bus re-ve-lán- di

su- mus. ℣. A- pe-ri no-bis ve-ló-ci- us : ut per nos

ósti- um mi-se-ri-córdi- e su- e hu-má-no gé-ne-ri a-

pé- ri- at De- us. †Tu- is. ℣. Gló- ri- a Pa-

tri et Fí-li- o : et Spi-rí- tu- i Sanc-to. †Tu- is.

❰ *In secundo nocturno.*

4. Ant.
IV.i.

Ir De- i * Gamá-li- el a- it Lu-ci- á-no, Non me- i

so-lúmmodo causa so-lí-ci- tus sum : sed pó-ti- us pro

il-lis qui me-cum sunt. *Ps.* Dómine quis habitábit. (*xiv.*) [28].

5. Ant.
V.ii.

S-te é-te-nim * máx-imo digni sunt honó-re

ve-ne-rá-ri in terris quos in ce-lo Rex re- gum imménsa

cumu-lá-vit gló-ri- a. *Ps.* Consérva. (*xv.*) [30].

6. Ant.
VI.

Um ergo sint * a-pud De-um mé-ri- tis excél-

si : a-pud hó-mi-nes lo-co te-néntur húmi-li.

Ps. Dómini est terra. (*xxiij.*) [53].

℣. Exúltent justi in conspéctu Dei.

℟. *privatim.* Et delecténtur in letícia.

Lectio iiij.

Emorátus autem présbyter sciscitátus est eum dicens, Ubi vos inveniémus dómine ? Qui ait illi, In meo agéllo : qui Syriáce dícitur Delagábrii : id est posséssio virórum Dei. Post hanc visiónem cum evigilásset présbyter deprecátus est Dóminum dicens, Dómine Jesu Christe, si est hec vísio ex te et non est illúsio : fac ut íterum et tértio appáreat michi, quando vis et quómodo vis. Et cepit jejunáre usque ad áliud parascéven. Et íterum ipse dóminus Gamáliel eádem similitúdine et eádem scemáte appáruit ei sicut in primo visu : et statim áttulit ante eum tres cálathos áureos rosis plenos. Duo habébant albas rosas : et tértius rubicúndas quasi sánguinem. Quartus vero argénteus : plenus erat croco bene olénti. Tu autem Dómine miserére nostri.

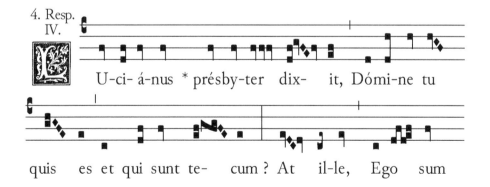

4. Resp. IV.

U-ci- á-nus * présby-ter dix- it, Dómi-ne tu quis es et qui sunt te- cum ? At il-le, Ego sum

Gamá- li- el Pauli quondam doctor a-pós- to- li,

qui au-tem juxta me qui- és- scit. †Ipse est dómi-nus

Stépha- nus. ℣. Qui a Ju-dé- is Hie-ro-só-lymis la-

pi-dántis, ad la-ce-rándum bésti- is et á-vi-bus est pó-si-

tus : sed per De- i pro-vi-dénci- am permán- sit in-

tác- tus. †Ipse.

Lectio v.

ET dixit ei, Lipsána nostra sunt que vides. Qui rosas rúbeas habet : ipse est dóminus Stéphanus qui a dextris pósitus est ad oriéntem ab intróitu monuménti. Et secúndus cálathus dóminus Nichodémus : pósitus contra óstium. Unus vero cálathus argénteus, Abíbas est fílius meus qui immaculátus ex útero matris sue excéssit e mundo. Et ipse meo conjúnctus est cálatho in excélso loco : ubi ambo pósiti sumus quasi gémini. Et cum hec dixísset : dénuo ex óculis ejus evánuit. Cunque expérge factus fuísset : grátias egit Deo omnipoténti, et consuétis jejúniis óperam dedit : usque ad tértiam revelatiónem. In tértia ígitur septimána, eódem die et eádem hora ádvenit supradíctus dóminus Gamáliel : cómminans et fremebúndus. Cunque infremuísset : dixit ei présbyter, Non négligens fui, dómine mi : sed prestolábar íterum advéntum tuum. Nunc vero sine mora crástina die pergam : ómnia que michi mandásti dictúrus. Expergefáctus présbyter : perréxit in civitátem ad sanctum Johánnem. Et cum illi ómnia que víderat narrásset : lachrymátus est Johánnes epíscopus pre gáudio, et benedíxit Dóminum. Tu autem Dómine miserére nostri.

5. Resp.
V.

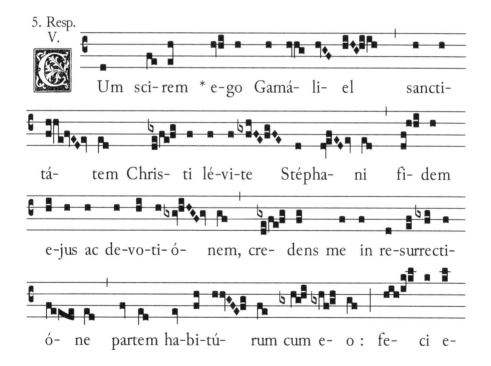

Um sci-rem * e-go Gamá- li- el sancti-tá- tem Chris- ti lé-vi-te Stépha- ni fi- dem e-jus ac de-vo-ti- ó- nem, cre- dens me in re-surrecti-ó- ne partem ha-bi-tú- rum cum e- o : fe- ci e-

um se-pe- lí- ri. †In monumén- to me- o no- vo. ℣. Audí-tor Dómi-ni Nichodémus í-bi-dem se-púltus est : et A- bí-bas fí- li- us me- us me-cum est re- pó-si- tus u-bi requi- éscit be- á- tus Stépha- nus.

†In monumén- to.

Lectio vj.

ET dixit ad eum epíscopus, Si hec ut dicis charíssime audísti et vidísti : opórtet me inde transférre beátum prothomártyrem Stéphanum archidyáconum Christi, qui primum advérsus Judéos Domínica bella perégit, et Dóminum in sua majestáte in terra pósitus in celo stantem vidit, et tanquam ángelus in concióne hóminum appáruit. Hortátus est ígitur epíscopus Johánnes Luciánum presbýterum : ut consúrgens dilúculo fóderet in acérvo qui erat in ipso agro. Cunque hoc crástino illucescénte statuíssent perágere : ipsa nocte appáruit ipse dóminus Gamáliel cúidam monácho nómine Migécio, innocénti et símplici viro, et dixit ad eum, Vade et dic Luciáno, frustra labóras in acérvo illo, quia ibi non sumus modo : sed tunc ibi fúimus cum lamentaréntur nos, secúndum consuetúdinem antiquórum. Surgens autem predíctus présbyter dilúculo, volénsque ad acérvum ire : invénit monáchum illum predicántem ómnibus que víderat. Et evocáto eo : exquisívit quid vidísset. Qui áudiens ómnia signa dómini Gamaliélis : glorificávit Deum, quia invéntus est et álius testis in revelatióne sanctórum. Tu autem Dómine miserére nostri.

6. Resp.
VI.

A-cér-dos * De- i Lu-ci-á- nus prostrá-vit se in o-ra-ti-ó- nem ro-gans De-um et di- cens, Dó-mi-ne Je-su Chris-te si est hec ví-si-o ex te. †Pres-ta ut í-te-rum ac tér-ti-o ma-ni-festé-tur mi- chi. ℣. Ut confí-sus fi-du-ci-á-li-ter annúnci-em re-ve-la-ti-ó-nem sanctó-rum servó-rum tu-ó-

rum. †Pres- ta. ℣. Gló- ri- a Pa-tri et Fí-li- o : et

Spi-rí- tu- i Sanc-to. †Pres- ta.

❡ *In tertio nocturno.*

7. Ant.
VII.i.

N je-jú- ni- is * et o-ra-ti- ó-ni-bus con-stí- tu-o

appá- ru- it í-te-rum sanctus Gamá- li- el Lu-ci- á-no pres-

bý-te-ro et dix-it, Qua- re dissimu-lásti fra- ter et non

re- tu-lís-ti que dicta sunt ti-bi Jo-hán- ni e- píscopo ?

Ps. Exultáte justi. (*xxxij.*) [65].

8. Ant.
VIII.i.

Onne * vi-des quanta sit sícci-tas   et tri-bu-lá- ti-

o in to-to mundo :   et tu negli-génter   a-gis.

Ps. Benedícam. (*xxxiij.*) [67].

9. Ant.
I.v.

Ur- ge * er- go et va-de et dic Jo-hánni e-písco-

po   ut a-pé-ri- at no-bis et fá-ci- at lo-cum o-ra-ti- ó- nis :

ut per nostram intercessi- onem mi-se-re- á-tur Dó-mi-

nus pó- pu-lo su-o.   *Ps.* Deus venérunt gentes. (*lxxviij.*) [128].

℣. Justórum ánime in manu Dei sunt.

. ℟. *privatim.* Et non tanget illos torméntum malície.

Lectio vij.

PErgens ergo supradíctus présbyter ad acérvum : fódiens nichil invénit. Convértit autem se ad monuméntum ubi monácho apparúerat : et fódiens invénit tres thecas, juxta quod apparúerat illi secúndum typum calathórum. Invénit ígitur altis lítteris scriptum lápidem obrútum habéntem ita. Céliel quod interpretátur Stéphanus Dei, et Nardam, quod interpretátur Nichodémus, et Gamáliel. Statímque renunciávit epíscopo : cura esset in Lidda, qui est Dyóspolis in sýnodo agens. Assúmptis ígitur secum Johánnes epíscopus, áliis duóbus epíscopis Euthérnio de Sebáste, et Eleuthério de Hiérico : cum clericórum sanctíssimo comitátu venit ad locum. Qui cum aperuíssent dómini Stéphani thecam, statim terremótus factus est magnus, et tanta suávitas et fragráncia odóris inde egréssa est : quantam nullus hóminum méminit se audísse vel sensísse, ita ut putárent se in amenitáte paradísi pósitos. Tu autem Dómine miserére nostri.

7. Resp.
VII.

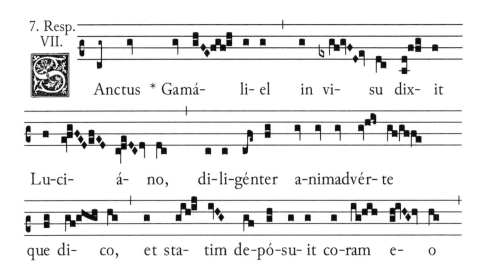

Anctus * Gamá- li- el in vi- su dix- it Lu-ci- á- no, di-li-génter a-nimadvér- te que di- co, et sta- tim de-pó-su- it co-ram e- o

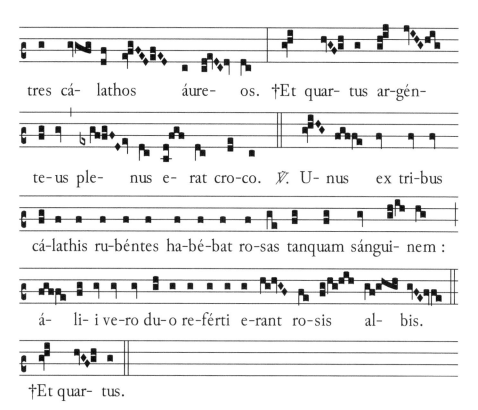

tres cá- lathos áure- os. †Et quar- tus ar-gén-

te-us ple- nus e- rat cro-co. ℣. U- nus ex tri-bus

cá-lathis ru-béntes ha-bé-bat ro-sas tanquam sángui- nem :

á- li- i ve-ro du-o re-férti e-rant ro-sis al- bis.

†Et quar- tus.

Lectio viij.

Multitúdo pópuli áderat inter quos et plúrimi váriis languóribus deténti. In ipsa hora de ipso odóre suavitátis septuagínta tres ánimas curáte sunt a divérsis infirmitátibus. Et osculántes beáti Stéphani preciósas relíquias, thecam clausérunt : sicque ad própria cum gáudio revérsi sunt. Post paucos enim dies corpus sancti Stéphani in Syon ad ecclésiam ubi dyáconus fúerat ordinátus, sexto kaléndas Januárii cum hymnis et láudibus detulérunt. Tunc témporis cum prolíxe siccitátis imménsitas esset : sufficiens supérna pietáte plúvia descéndit, que sitiéntem lárgius terram madefáciens irrigávit. Quod méritis beáti Stéphani nullus ámbigat periclitánti pópulo fuísse concéssum. Hanc revelatiónem Avítus présbyter homo Hispánus génere : in Latínum elóquium vertit : et per Orósium presbýterum occidentálibus dedit. Qui étiam Orósius ad loca sancta pervéniens, quo eum Augustínus ad Hierónymum pro discénda ánime ratióne míserat : relíquias beáti Stéphani accépit, reversúsque in pátriam primum íntulit occidentálibus. Tu autem Dómine miserére nostri.

8. Resp. VIII.

VI- des * o fra-ter Lu-ci- á-ne hos cá- la-thos, hic ro-sas ha-bens pulchér- rimas ló- cu-lus est pre-ci-ó-si már- ty- ris Stépha- ni. †Qui so- lus ex no- bis martý- ri- o mé-ru- it co-ro- ná- ri. ℣. Introgrés-sus ósti- um se-púl-chri : invé-ni- es e- um in parte o- ri- entá- li. †Qui so- lus.

Lectio ix.

Bi ad declaránda mérita dilécti mártyris sui, innúmera mirácula Dóminus dignátur operári ad laudem et glóriam nóminis sui. Quorum testis est et descríptor supradíctus Augustínus Hypponénsis epíscopus : in libris quos de civitáte Dei conscrípsit. Neque enim non potest jam cum Deo pósitus, jam in celis glória et honóre coronátus, sanctus martyr virtútes operári : de quo adhuc in carne corruptíbili pósito Lucas testátur. Stéphanus inquit plenus grátia et fortitúdine : faciébat prodígia et signa magna in pópulo. Imitémur ergo in áliquo, fratres dilectíssimi, tanti magístri fidem : tam preclári mártyris charitátem. Diligámus nos hoc ánimo in ecclésia fratres nostros : quo ille suos diléxit inimícos. Qui cum a Judéis saxórum grándine cederétur : non solum non comminabátur, sed ínsuper lapidatóribus suis véniam precabátur. Pósitis enim génibus orábat dicens, Dómine ne státuas illis hoc peccátum. Illi lapidábant : ille orábat. Illi eum furióse persequebántur : ille placátus Christum sequebátur. Illi malícia cecabántur : ille apértis celis viso Dei Fílio patiéncia illustrabátur. Illi lápides mittébant : ille oratiónes premittébat dicens, Dómine : ne státuas illis hoc peccátum. Tanquam díceret, Dómine si istos modo occíderis inimícos, quos póstea fácies amícos ? Ego mórior in carne : ne isti péreant in mente. Imitémur ergo fratres sancti mártyris caritátem : ut cum ipso etérnam mereámur claritátem. Tu autem Dómine miserére nostri.

9. Resp.
I.

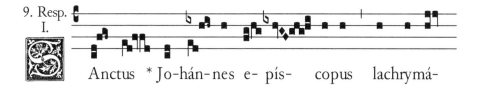

Anctus *Jo-hán-nes e- pís- copus lachrymá-

tus pre-gáudi- o be-ne- díx- it De- um et dix-

it ad Lu-ci- á- num presbý- te-rum, Opórtet me in-

de transfér- re be- á-tum protho-már- ty-rum Sté-

pha- num. †Qui tanquam án- ge-lus appá-ru- it pó- si-

tus. ‡In con- ci- óne hó- mi- num.

℣. Qui primus a-pud Ju-dé-os Dómi-ni-ca bel-la per-

é- git : et Je- sum a dextris virtú-tis De- i stan-tem vi-dé-

re pro- mé-ru- it. †Qui. ℣. Gló-ri- a Pa-tri et Fí-

li- o : et Spi-rí- tu- i Sanc-to. ‡In.

ℂ *Sancti Oswaldi regis et martyris.*

v. Augusti.

Tres lectiones fiant, invitatorium duplex.

Lectio j. (Beda in Hystor. Anglorum, libro iij. capi. ix. et x.)

Egnávit Oswáldus rex Christianíssimus North-anhymbrórum novem annis : quo compléto annórum currículo, occísus est, commísso gravi prélio a pagána gente, paganóque rege Merciórum, a quo et predecéssor ejus Edwínus perémptus fúerat, in loco qui lingua Anglórum nuncupátur Máserfeld, anno etátis suas tricésimo octávo, die quinto mensis Augústi. Cujus quanta fides in Deum, et que devótio mentis fúerit : étiam post mortem virtútum miráculis cláruit. Namque in loco ubi pro pátria dímicans, a pagánis interféctus est : usque hódie sanitátes infirmórum, et hóminum et pécorum celebrári non désinunt. Unde cóntigit, ut púlverem ipsum ubi corpus ejus in terram córruit multi auferéntes, et in aquam mitténtes : suis per hec infírmis multum cómmodi afférrent. Qui vidélicet mos ádeo incrévit : ut paulátim exínde abláta terra, fossam ad mensúram statúre virílis altam reddíderit. Nec mirándum in loco mortis illíus infirmos sanári : qui semper dum víveret, infírmis et paupéribus consulére et elemósynas dare, ac opem ferre non cessábat. Tu autem Dómine miserére nostri.

Lectio ij.

ET multa quidem in loco illo vel de púlvere loci illíus, facta virtútum mirácula narrántur. Sed nos duo tantum que a majóribus audívimus : reférre satis dúximus. Non multo post interfectiónem ejus exácto témpore cóntigit, ut quidam equo sedens iter juxta locum illum ágeret : cujus equus súbito lacéssere, consístere, caput in terram declináre, spumas ex ore dimíttere, et augescénte dolóre nímio in terram cepit rúere. Desilívit eques, et strámine substráto cepit expectáre horam : qua aut meliorátum recíperet juméntum : aut relínqueret mórtuum. At ipsum diu gravi dolóre vexátum : cum divérsas in partes se tórqueret : repénte volutándo devénit in illum locum : ubi memorábilis rex occúbuit. Nec mora, quiescénte dolóre cessábat ab insánis membrórum mótibus : et consuéto equórum more : quasi post lassitúdinem in divérsum latus vicíssim sese vólvere, statímque exúrgens quasi sanum

per ómnia : virécta herbárum avídius cárpere cepit. Quo viso : ille ut vir sagácis ingénii, intelléxit áliquid mire sanctitátis, huic loco quo equus est curátus inésse, et pósito ibi signo, non multo post ascéndit equum, atque ad hospítium quo proposúerat accéssit. Quo dum adveníret, invénit puéllam ibi neptem patrisfamílias, longo parálysis morbo gravátam, et cum familiáres domus illíus de acérba puélle infirmitáte ipso presénte quereréntur : cepit dícere ille de loco ubi cabállus suus esset curátus. Quid multa ? Imponéntes eam carro, duxérunt ad locum : ibidémque deposuérunt. At illa pósita in loco obdormívit parúmper, et ubi evigilávit : sanátam se ab illa córporis dissolutióne séntiens, postuláta aqua ipsa lavit fáciem, omnes compósuit, caput líntheo coopéruit : et cum his qui se addúxerant : sana pédibus incedéndo revérsa est. Tu autem Dómine miserére nostri.

Lectio iij.

Ódem témpore venit álius quidam de natióne Britónum ut ferunt, iter fáciens juxta ipsum locum : in quo prefáta erat pugna compléta. Et vidit uníus loci spácium, cétero campo virídius ac venústius : cepítque sagáci ánimo conjícere, quod nulla esset ália causa insólite illo in loco viriditátis : nisi quia ibídem sánctior cétero exércitu, vir áliquis fuísset interféctus. Tulit ítaque de púlvere terre illíus secum ílligans in líntheo : cógitans quod fúerat futúrum, quia ad medélam infirmántium idem pulvis profíceret : et pergens itínere suo pervénit ad vicum quendam véspere. Intravítque domum : in qua vicíni cenántes epulabántur. Et suscéptus a dómino domus, resédit et ipse cum eis ad convívium : appéndens linthéolum cum púlvere quem attúlerat in una poste paríetis. Cunque diútius épulis atque ebrietáti vacárent : accénso grandi igne in médio, cóntigit volántibus in altum scintíllis, culmen domus, quod erat virgis contéxtum ac feno tectum, subitáneis flammis impléri. Quod cum repénte convíve terróre confúsi conspícerent, fugérunt foras : nil ardénti dómui jamjámque peritúre prodésse valéntes. Consúmpta ergo domo flammis : postis solúmmodo in qua pulvis ille inclúsus pendébat, tuta ab ígnibus et intácta remánsit. Qua visa virtúte, miráti sunt valde : et perquiréntes subtílius, invenérunt quod de illo loco assúmptus erat pulvis, ubi regis Oswáldi sanguis erat effúsus. Quibus patefáctis ac diffamátis longe latéque miráculis : multi per dies locum frequentáre illum, et sanitátum ibi grátiam cápere, sibi suísque cepérunt. Tu autem Dómine miserére nostri.

Cetera de communi unius martyris. [243].

Vel eodem die.

❦ Sancti Dominici confessoris synodale.

Novem lectiones, non Sarum.

Omnia de communi. [315]; [349].

Vel eodem die.

❦ In festo beate Marie Virginis ad nives.

v. Augusti.

Invit.
II.

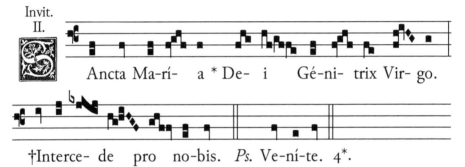

Ancta Ma-rí- a * De- i Gé-ni- trix Vir- go.

†Interce- de pro no-bis. *Ps.* Ve-ní-te. 4*.

Hymnus, ℣. et antiphone omnia fiunt ut in consueto officio beate Virginis. {823}.

Lectio j.

Empore quo Libérius papa quartus a beáto Silvéstro beáti Petri apóstoli sedem próvida gubernatióne regébat, quidam Johánnes nómine, alme urbis patriciátus curam gerens, tam morum quam generositáte nobilitátis preclárus, possessiónum ac multárum divitiárum opuléncia lócuples, cum filium non habéret : una cum cónjuge sua que ei divína providéncia tam morum quam nobilitátis similitúdine fúerat sociáta, beatíssimam Dei Genitrícem sibi in precípuam ac speciálem Dóminam preelégerat. Hi simul uno ore paríque devotióne beatissíme Vírgini vota solvéntes : dicébant, Regína celórum Dómina angelórum et Salvátrix ómnium, tibi tanto devótius nos frágiles supplicámus : quanto víscera pietátis tue copiósius erga hómines benígna impéndis. Tu autem Dómine miserére nostri.

1. Resp.
II.

Ancta * et imma-cu-lá- ta vir- gí-ni- tas qui-bus te láu-di- bus éffe- ram nés- ci- o. †Qui- a quem ce-li cá-pe-re non pó- te-rant tu-o gré- mi- o contu-lís- ti. ℣. Be-ne-díc- ta tu in mu-li- é-ri- bus, et be-ne-díctus fructus ventris tu- i. †Qui- a quem.

Lectio ij.

ACcipe ígitur sanctíssima Mater, que tibi sincéra fidei devotióne persólvimus : et ita vitam nostram, et ómnia que in terris ut hómines possidémus sólita miseratióne dispóne, quátenus nostra tibi desérviat áctio, et nostre facultátes tibi in áliquo beneplácito obséquio expendántur. Non ergo divína cleméncia précibus défuit supplicántium, nec piíssime Vírginis aures a justórum petitióne defuérunt. Sed eórum vota Deus ex alto suspíciens : petitiónes ipsórum vóluit efféctui mancipáre, et fini débito trádere. Intrábat quippe tunc mensis Augústi, quando acrióribus solis ardóribus tellúris gérmina desiccántur : et hómines solis adustiónibus ámplius decoquúntur. Tu autem Dómine miserére nostri.

2. Resp.
VII.

Ongra-tu-lámi-ni *michi omnes qui di-lí-gi-tis Dómi- num : qui- a cum essem párvu-la plá-cu- i al-tís- si- mo. †Et de me- is viscé-ri- bus gé- nu- i De-um et hómi- nem. ℣. Be-á- tam me di-cent omnes ge-ne-ra-ti- ó- nes : qui- a ancíl-lam húmi-lem re- spé-xit De- us. †Et de me- is.

Lectio iij.

EÓdem enim témpore volens beáta Dei Génitrix locum edificánde sibi basílice homínibus demonstráre, quadam nocte jam dicti mensis, id est nonis Augústi, súbito contra natúram témporis

{710}

totus aer nímia frigóris congelatióne constríngitur, et tanta núbium constipatióne densátur, ut ymbre désuper fuso in ipso casu nívium multitúdo deflúeret : que solúmmodo edificánde locum basílice coopériens, miráculum páriter et algórem subministrávit. In ipsa dénique nocte, prenotáto pontífici atque jam dicto patrício et uxóri sue símilem visiónem sancta Dei Génitrix vóluit demonstráre : que res et revelátio miráculi firmarétur aspéctu, et subitánea témporis immutatióne, occúlte visiónis revelátio noscerétur. Tu autem Dómine miserére nostri.

3. Resp. VIII.

Onti-net * in gré-mi- o ce-lum terrámque re- gén- tem, Vir-go De- i Gé- ni- trix pró- ce- res comi-tántur hé-ri- lem. †Per quos orbis o- vans Christo sub prínci-pe pol- let. ℣. Virgo De- i Gé-ni-trix quem to-tus non ca-pit or-bis : in tu-a se clausit fac-tus ho- mo. †Per quos. ℣. Gló-ri-

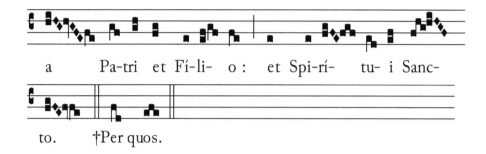

a Pa-tri et Fí-li- o : et Spi-rí- tu- i Sanc-

to. †Per quos.

Lectio iiij.

APpárens ígitur sanctíssima Virgo prenotáto pontífici : tali eum admonitiónis oráculo vóluit edócere. Operum tuórum inténtio et circunspécte solicitúdinis vigiláncia, qua omnipoténti Deo plúrimum placére cognósceris, te modo in hoc commendábilem reddidérunt : ita ut quod háctenus erga mei nóminis devotiónem ab áliis non fúerit attentátum, per te michi nunc plácuit consummári. Adeo ut causa salútis exístas ómnibus qui devotiónem tui péctoris fúerint imitáti.

Verum ne perfunctórium hujus revelatiónis mystérium ambíguis cogitatiónibus credas, quod preséntibus verbis tibi assérvi, sub ómnium admiratióne máximo étiam miráculo vólui confirmári : ita ut contra témporis natúram tantúmmodo eum locum infusióne miránde nivis que candóre donum Spiritussáncti signat repléverim, in quo basílicam nóminis mei tibi precípio construéndam. Tu autem Dómine miserére nostri.

4. Resp.
IV.

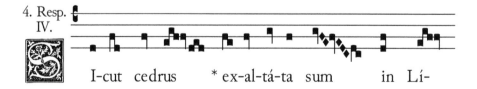

I-cut cedrus * ex-al-tá-ta sum in Lí-

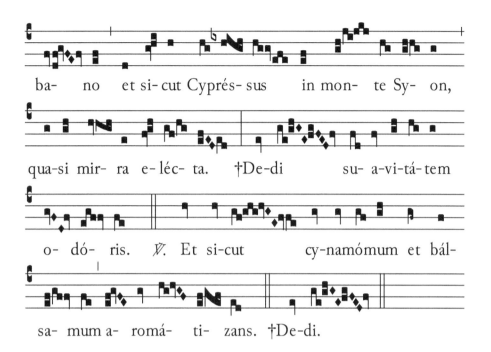

ba- no et si-cut Cyprés- sus in mon- te Sy- on, qua-si mir- ra e-léc- ta. †De-di su- a-vi-tá-tem o- dó- ris. ℣. Et si-cut cy-namómum et bál- sa- mum a- romá- ti- zans. †De-di.

Lectio v.

Habébis síquidem et Johánnem patrícium in hoc ópere ydóneum adjutórem, qui ad te summo dilúculo tuis precéptis humíliter paritúrus veníre curábit : cum quo simul et univérso clero ac pópulo urbis ad montem qui Superágius dícitur incunctánter accédas, ibíque locum a me de indústria reservátum invénies, atque in eo mox ecclésiam meo nómini incípias fabricáre. Cunque ille in tante visiónis stupóre mirarétur, et de cognitióne persóne ánimus hesitáret : ab ea prótinus respónsum audívit, se esse Dei Genitrícem Vírginem Maríam, de qua Dei Fílius Dóminus Jesus Christus velut sponsus de thálamo, ad hómines incarnátus precéssit. His dictis beáta vísio ab óculis ejus subtráhitur. Tu autem Dómine miserére nostri.

5. Resp.
IV.

Ue est is- ta * que pro-céssit si-cut sol et formó-sa tanquam Hie-rú-sa- lem. †Vi-dé-runt e- am Fí-li- e Sy-on et be-á-tam dix-é- runt et re-gí-ne lauda-vé- runt e- am. ℣. Si-cut di- es verni circundá-bant e- am flo-res ro-sá- rum : et lí-li- a convál- li- um. †Vi-dé-runt.

Lectio vj.

Icque eódem moménto, pretáxato patrício et ejus cónjugi sub his verbis appáruit. Devotiónem, ínquiens, tui péctoris et fidéle propósitum, quo patrocínium mee defensiónis spe-

ciáliter elegísti pio respéxi intúitu : et sólita erga Christi fidéles miseratióne suscépi. Quamóbrem scire te volo, quóniam tuárum rerum hereditatúmque perpétuum successórem tibi vólui providére :

ita ut dum michi domum in terra constrúxeris, ego tibi in celis copiósum thesáurum : et etérnam cónstruam mansiónem. Hoc ergo tibi ímpero faciéndum, ut cum summo mane surréxeris : ad Libérium papam festinánter accédas. Ego enim dómui mee edificánde speciálem locum elégi. Tu autem Dómine miserére nostri.

6. Resp.
VIII.

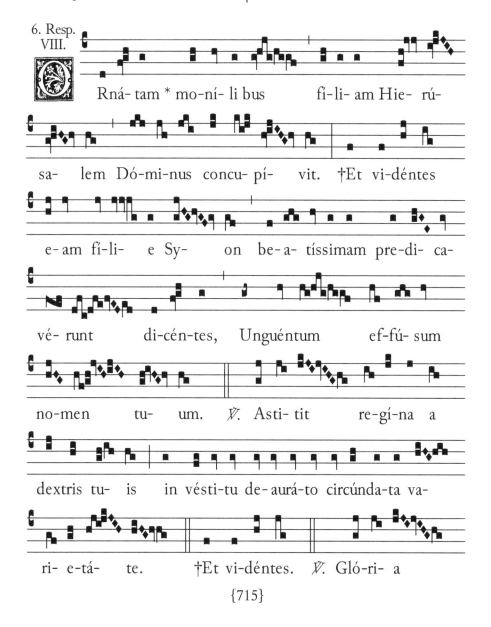

Rná- tam * mo-ní- li bus fí-li- am Hie- rú-sa- lem Dó-mi-nus concu- pí- vit. †Et vi-déntes e- am fí-li- e Sy- on be-a- tíssimam pre-di- ca-vé- runt di-cén-tes, Unguéntum ef-fú- sum no-men tu- um. ℣. Asti- tit re-gí-na a dextris tu- is in vésti-tu de-aurá-to circúnda-ta va-ri- e-tá- te. †Et vi-déntes. ℣. Gló-ri- a

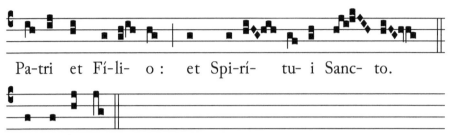

Pa-tri et Fí-li- o : et Spi-rí- tu- i Sanc- to.

†Et vi-déntes.

❧ Léctio sancti Evangélii secúndum Lucam. *xj. 27. Lectio vij.*

IN illo témpore, Loquénte Jesu ad turbas : extóllens vocem quedam múlier de turba dixit illi, Beátus venter qui te portávit : et úbera que suxísti. Et réliqua.

Sermo ex commentário venerábilis Bede presbýteri.

MAgne devotiónis et fídei hec múlier osténditur, que *Super Lucam, Lib. iv. cap. 48.* scribis et phariséis Dóminum tentántibus simul et blasphemántibus, tanta ejus incarnatiónem pre ómnibus sinceritáte cognóscit, tanta fidúcia confitétur : ut et preséncium prócerum calúmniam, et futurórum confúndat hereticórum perfidiam. Nam sicut tunc Judéi Sancti Spíritus ópera blasphemándo, verum consubstantialémque Dei Patris Fílium denegábant : sic herétici negándo Maríam semper Vírginem, Sancti Spíritus operánte virtúte, nascitúro ex humánis membris Unigénito Deo, carnis sue matériam ministrásse, verum consubstantialémque matri Fílium hóminis fatéri non debére dixérunt. Sed si caro Verbi Dei secúndum carnem nascéntis a carne Vírginis Matris pronunciátur extránea : sine causa venter qui eum portásset et úbera que lactássent beatificaréntur. Tu autem Dómine miserére nostri.

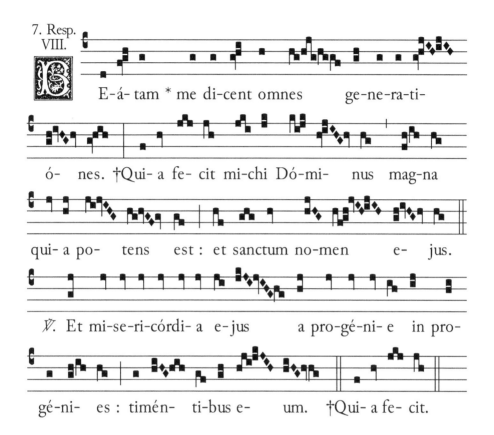

7. Resp. VIII.

E-á-tam * me di-cent omnes ge-ne-ra-ti-ó-nes. †Qui-a fe-cit mi-chi Dó-mi-nus mag-na qui-a po-tens est : et sanctum no-men e-jus.

℣. Et mi-se-ri-córdi-a e-jus a pro-gé-ni-e in pro-gé-ni-es : timén-ti-bus e-um. †Qui-a fe-cit.

Lectio viij.

QUa enim consequéncia ejus lacte credátur nutrítus, cujus sémine negátur esse concéptus, cum ex uníus ejusdémque fontis orígine secúndum phýsicos utérque liquor emanáre probétur ? Nisi forte putánda est Virgo sementínam sue carnis matériam nutriéndo in carne Dei Fílio suggérere potuísse : incarnándo autem quasi majóri et inusitáto miráculo mínime potuísse. Sed huic opinióni obstat Apóstolus dicens, quia misit Deus Fílium suum factum ex mulíere : factum sub lege. Neque enim audiéndi sunt qui legéndum putant, natum ex mulíere, factum sub lege : sed factum ex mulíere, quia concéptus in útero virgináli carnem non

de níchilo non aliúnde, sed ma- | oríginem non habéret ex hómine.
térna traxit e carne. Alíoquin nec | Tu autem Dómine miserére
vere Fílius hóminis dicerétur : qui | nostri.

8. Resp.
I.

E-lix namque   es * sacra Virgo Ma- rí- a,

et omni   lau-de dignís- si-ma.   †Qui- a ex

te   ortus est Sol justí-   ci- e   Christus De- us

nos- ter. ℣. O-ra   pro pópu-lo intérve-ni pro cle- ro,

intercé-de pro de-vó-to femí-ne-o sex- u : sénti- ant omnes

tu-um le-vámen, qui-cúnque cé-lebrant tu- am commemo-

ra- ti- ó- nem. †Qui a ex te.

Lectio ix.

ET nos ígitur contra Eúticen extollámus vocem cum cathólica ecclésia cujus múlier hec typum gessit, extollámus et mentem de médio turbárum : dicamúsque Salvatóri, Beátus venter qui te portávit : et úbera que suxísti. Vere étenim beáta Parens que (sicut quidam ait) eníxa est puérpera Regem, qui celum terrámque tenet per sécula, cujus numen et etérno compléctens ómnia gyro, impérium sine fine manet, que ventre beáto, gáudia Matris habens cum virginitátis honóre, nec primam símilem visa est nec habére sequéntem. At ille dixit, Quinímmo : beáti qui áudiunt verbum Dei et custódiunt illud. Pulchre Salvátor attestatióni mulíeris ánnuit, non eam tantúmmodo que Verbum Dei generáre merúerat : sed et omnes qui Verbum Dei spirituáliter audítu fídei concípere, et boni óperis custódia vel in suo vel in proximórum corde preparáre, et quasi álere studuérunt, asséverans esse beátos. Tu autem Dómine miserére nostri.

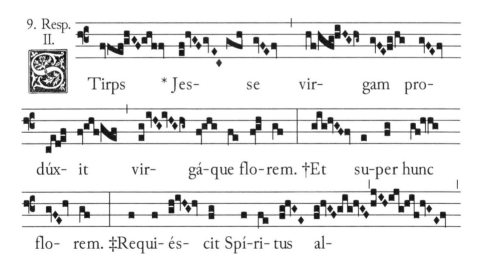

9. Resp. II.

Tirps * Jes- se vir- gam pro dúx- it vir- gá-que flo-rem. †Et su-per hunc flo- rem. ‡Requi- és- cit Spí-ri- tus al-

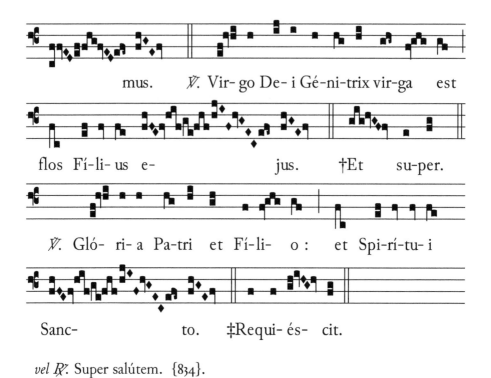

mus.　℣. Vir- go De- i Gé-ni-trix vir-ga　　est

flos Fí-li- us e-　　　　　　jus.　　†Et　　su-per.

℣. Gló- ri- a Pa-tri　et Fí-li-　o :　　et Spi-rí-tu- i

Sanc-　　　　　to.　　‡Requi- és- cit.

vel ℟. Super salútem. {834}.

❦ *In festo transfiguratione Jesu Christi Domini nostri.*

Festum minus duplex.

vj. Augusti.

Invit.
VI.ii.

Hristum Re- gem re-gum * hó-di- e transfi-gu- rá-

tum. †Ve-ní-te a-do- ré-mus. *Ps.* Ve-ní-te. 30*.

Hymn.
II.

Sa-tor re-rum Re-pa-rá-tor e-vi, * Chris-te Rex

re-gum me-tu-énde cen-sor : Ad pre-ces nostras pa- ri-tér-

que laudes, Aspi-ce gra-tis. 2. Noctis incúrsu ti-bi vo-ta

laudum, Pán-gimus pres-ta ti-bi sint ut ap-ta : Nosque con-

céntu ré-fo-ve pe-rénnis Lúmi-nis Auctor. 3. Inter He-lý-

am Mo-y-sénque va-tes, Ut ju-bar so- lis fá-ci- e re-fúl-

gens : Cándi-da veste ni-vis instar albe, Tu mi-cu- ís-ti.

4. Tu De- i Pa-tris Patre teste Pro-les, Cum sis sanctó-rum

de-cus ange-ló- rum : Tu sa- lus mundi vi- a vi- ta virtus,

Cré-de-ris esse. 5. Gló-ri- a virtus sit ti-bi Cre- á-tor, Cuncta

qui so- lus ré-ti-nens gu-bér-nas : In thro-no regni si-ne fi-

ne regnans, Tri-nus et u-nus.   A-men.

vel.

Hymn.
IV.

Sa-tor re-rum Re-pa-rá-tor e-vi, * Christe Rex re-

gum me-tu- énde censor : Ad pre-ces nostras pa-ri-térque

laudes, Aspi-ce gra-tis. 2. Noctis incúrsu ti-bi vo-ta lau-

dum, Pángimus prestas ti-bi sint ut apta : Nosque concéntu

ré-fo-ve pe-rénnis, Lúmi-nis auctor. 3. Inter He-lý- am

Mo-y-sénque va-tes, Ut ju-bar so-lis fá-ci- e re-fúlgens :

Cándi-da veste ni-vis instar albe, Tu mi-cu- ís-ti. 4. Tu

De- i Pa-tris Patre teste Pro-les, Cum sis sanctó-rum de-cus

ange-ló-rum : Tu sa-lus mundi vi- a vi-ta virtus, Cré-de-ris

esse. 5. Gló-ri- a virtus sit ti-bi Cre- á-tor, Cuncta qui

so-lus ré-ti-nens gu-bérnas : In throno regni si-ne fi-ne

regnans, Tri-nus et u-nus.   A-men.

❦ *In primo nocturno.*

1. Ant.
I.ii.

Odi- e * Dómi-nus Je-sus Chris-tus fá-ci- e   ut

sol   in monte resplén-du-   it : ac ves-timén-tis tanquam

nix cán-di-dus emí-cu- it. *Ps.* Dómini est terra. (*xxiij.*) [53].

2. Ant.
II.i.

C-ce nu-bes * lú-ci-da   obumbrá- vit e- os,

Pa-térna   vox audí- ta est : Hic est Fí- li- us me-us.

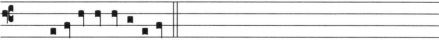

Ps. Afférte Dómino. (*xxviij.*) [61].

3. Ant. III.i.

E- trus * et qui cum il-lo pre-sén-tes e- rant a Chris-to le-ti-fi-cá-ti : vi-dé-runt gló-ri- am De- i.

Ps. Deus noster refúgium. (*xlv.*) [85].

℣. Celi apérti sunt super eum.

℟. *privatim.* Et vox Patérna intónuit, hic est Fílius meus diléctus.

Lectio j.

Etrus ad predicatiónem mortis Domínice scandalizátus, senténcia Dómini fúerat increpátus, provocáti discípuli ut abnegárent se et tóllerent crucem suam : et moriéntium ánimo sequeréntur magístrum. Grandis terror audiéncium, et qui posset príncipe apostolórum pertérrito étiam áliis metum inférre : idcírco trístibus leta succédunt et dicit, Fílius hóminis ventúrus est in glória Patris sui cum ángelis suis. Times mortem : audi glóriam triumphántis. Veréris crucem : oscúlta angelórum ministéria. Et tunc inquit reddet unicuíque secúndum ópera ejus. Non est distínctio Judéi et éthnici, viri et mulíeris, páuperum et dívitum : ubi non persóne : sed ópera considerántur. Tu autem Dómine miserére nostri.

1. Resp.
I.

A-súmptus * hó-di- e Dómi-nus Je-sus tri-bus

dis- cí-pu- lis : mon- tem ut o- rá- ret sú-bi- it

ex-cél- sum, so-lús-que o- rans co- ram e- is

transfi-gu- rá-tus est, fa-ci- és-que e- jus ut sol

re- spléndu- it. †Ac vestimén-ta e- jus ut nix

fac-ta sunt cándi- da. ℣. Ut au-tem testimó-ni- um

ha-bé- ret a le-ge et prophé- tis, hinc i-dem cum e- o

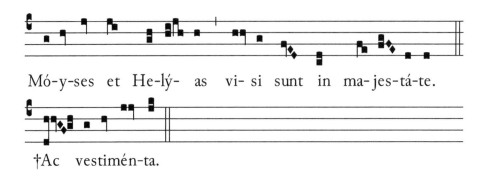

Mó-y-ses et He-lý- as vi- si sunt in ma- jes-tá-te.

†Ac vestimén-ta.

Lectio ij.

AMen dico vobis : sunt quidam de hic stántibus qui non gustábunt mortem, donec vídeant Fílium hóminis veniéntem in regno suo. Terrórem apostolórum spe medicári volúerat promissórum dicens, Fílius hóminis ventúrus est in glória Patris sui cum ángelis suis. Insuper auctoritáte júdicis áddita, judícium áddidit, Et reddet unicuíque secúndum ópera sua. Póterat apostolórum tácita cogitátio istiúsmodi scandalum sustinére. Occisiónem et mortem nunc dicis esse ventúram : quod autem promíttis te affutúrum in glória Dei Patris cum angelórum ministériis et júdicis potestáte, hoc in dies erit et in témpora longa differtur. Prévidens ergo occultórum Cógnitor quid possent objícere : preséntem timórem presénti compénsat prémio. Quid enim dícitur ? Sunt quidam de hic stántibus qui non gustábunt mortem, donec vídeant Fílium hóminis veniéntem in regno suo. Ut qualis ventúrus sit póstea ob incredulitátem nostram : in presénti témpore demonstrétur. Tu autem Dómine miserére nostri.

2. Resp.
II.

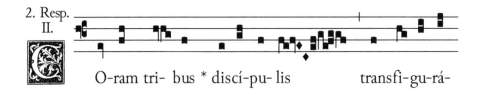

O-ram tri- bus * discí-pu- lis transfi-gu-rá-

tus est Dó- mi-nus Mó-y-se et He-lý-a.

†Hinc inde se- cum loquén- ti- bus, osténdit se

in ma- jes- stá-te. ℣. Ut in o-re

du-ó-rum vel tri- um tés-ti- um stet om-ne verbum.

†Hinc inde.

Lectio iij.

ET post dies sex assúmpsit Jesus Petrum, et Jacóbum et Johánnem fratrem ejus. Quare Petrus, et Jacóbus, et Johánnes in quíbusdam Evangeliórum locis separántur a céteris, aut quid privilégii hábeant extra álios apóstolos : crebro díximus. Nunc quéritur quómodo post dies sex assúmpserit eos, et dúxerit in montem excélsum, cum Lucas evangelísta octonárium númerum ponat ? Sed fácilis respónsio est, quia hic médii ponúntur dies : ibi primus ádditur et extrémus. Non enim dícitur, Post dies octo assúmpsit Jesus Petrum, Jacóbum, et Johánnem : sed die octáva. Et duxit eos in montem excélsum seórsum. Dúcere ad montána discípulos, pars regni est. Du- cúntur seórsum : quia multi vo- cáti, pauci vero elécti. Et trans- figurátus est ante eos : qualis fu-

túrus est témpore judicándi, talis apostolis appáruit. Tu autem Dómine miserére nostri.

3. Resp. III.

Rimo-gé-ni-tus * pró- di- i ex o- re Pa- tris : fe- ci ut o- ri-ré-tur lumen in ter- ris. †E- go in al-tíssi- mis ha- bi-tá-vi, et thro- nus me- us in co- lúmna nu- bis. ℣. Pri- úsquam mon- tes fí- e-rent, aut foma-ré-tur or-bis terre a sé-cu-lo et in sé-cu-

lum. †E- go. ℣. Gló- ri- a Pa-tri et Fí- li- o :

et Spi- rí- tu- i Sancto. †E- go.

❰ *In secundo nocturno.*

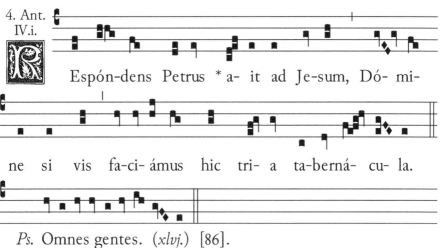

4. Ant.
IV.i.

Espón-dens Petrus * a- it ad Je-sum, Dó- mi-

ne si vis fa-ci- ámus hic tri- a ta-berná- cu- la.

Ps. Omnes gentes. (*xlvj.*) [86].

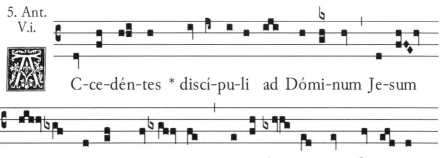

5. Ant.
V.i.

C-ce-dén-tes * discí-pu-li ad Dómi-num Je-sum

Pa- tris vo-cem timén-tes ce-ci-dé- runt in fá-ci- es

su- as. *Ps.* Magnus Dóminus. (*xlvij.*) [86].

6 Ant.
VI.

N-te * du- os va- tes tresque discí-pu-los appá-ru-

it Je- sus Chris- tus Dó- mi-nus : ut in o- re
[♭]

du- ó-rum vel tri- um tés-ti- um stet om-ne verbum.

Ps. Quam dilécta tabernácula. (*lxxxiij.*) [137].

℣. Adoráte Dóminum.

℟. *privatim.* In aula sancta ejus.

Lectio iiij.

QUod autem dicit, Transfigurátus est ante eos, nemo putet prístinam eum formam et fáciem perdidísse, vel amisísse córporis veritátem : et assumpsísse corpus spirituále vel aéreum. Sed quómodo transformátus sit : Evangelísta demónstrat dicens, Et resplénduit fácies ejus sicut sol : vestiménta autem ejus facta sunt alba sicut nix. Ubi splendor faciéi osténditur, et candor describitur véstium, non substáncia tóllitur, sed glória commutátur. Resplénduit fácies ejus sicut sol. Certe transformátus est Dóminus in eam glóriam : qua ventúrus est póstea in regno suo. Transformátio splendórem áddidit : fáciem non subtráxit. Et si corpus spirituále fúerit non vestiménta mutáta sunt : que in tantum fúero cándida, ut álius Evangelísta díxerit : Quália fullo super terram non potest fácere. Tu autem Dómine miserére nostri.

4. Resp.
IV.

Cláruit * magnitúdo Dei et virtus appáruit discípulis quóniam sic vóluit transfigurári excélsus Dóminus. †Ut in ipsa claritáte osténderet majestátem. ℣. Assúmpsit Jesus discípulos suos in montem : et facta est coram eis fácies sicut

sol,   vestimén-ta e- jus si-cut nix.   †Ut   in   ipsa.

Lectio v.

ET ecce appáruit illis Móyses, et Helýas cum eo loquéntes. Scribis et phariséis tentántibus eum, et de celo signa poscéntibus dare nóluit : sed pravam postulatiónem confutávit responsióne prudénti.   Hic vero ut apostolórum áugeat fidem : dat signum de celo, Helýa inde descendénte quo conscénderat : et Móyse ab ínferis resurgénte.   Quod et A-chaz per Esáyam precípitur : ut petat sibi signum de excélso vel de inférno.   Nam quod dictum est : Appáruit illis Móyses et Helýas cum illo loquéntes, et in álio refértur Evangélio, quod nunciássent ei quod Hierosólymis passúrus esset : lex osténdit et prophéte quia et passiónem Dómini et resurrectiónem crebris vócibus nunciárent.   Tu autem Dómine miserére nostri.

5. Resp.
V.

O-di- e * in mon-   te trans- fi-gu-rá- to

Dó-mi-no   a-pérti   sunt ce- li : et nu-bes preclá-

ra su-per e- um des-   céndit, et vox Pa-tris au-dí- ta

est. †Hic est Fí- li- us me- us di-

léc-tus in quo mi- chi com- plá-cu- i. ℣. Intónu-

it de ce-lo Dómi-nus, et al-tís-si-mus su-per attó-ni-tos

dis-cí-pu-los de-dit vo-cem su- am in nu- be to-nán-tem.

†Hic.

Lectio vj.

Espóndens autem Petrus dixit ad Jesum, Dómine, bonum est nos hic esse. Qui ad montána conscénderat non vult ad terréna descéndere : sed semper in sublímibus perseveráre. Si vis faciámus hic tria tabernácula, tibi unum, Móysi unum, et Helýe unum. Erras Petre (sicut et álius evangelísta testátur :) nescísque quid dicas. Noli tria tabernácula quérere : cum unum sit tabernáculum evangélii, in quo lex et prophéte recapitulándi sunt. Si autem queris tria tabernácula : nequáquam servos cum Dómino cónferas, sed fac tria tabernácula, immo unum Patri et Fílio et Spirítui Sancto : ut quorum est una divínitas, unum sit et in péctore tuo tabernáculum.   Tu │ autem Dómine miserére nostri.

6. Resp.
VI.

Iscí-pu-li * Chris-ti nu- bis lú- ci-de splen-

dó- re ob- umbrá- vit vo- céque De- i

Pa- tris de nu- be clamán- tis per-tur-bá- ti. †In

fá-ci- em   ce-   cí- de- re.

℣. Tante tamque re-ve-rénde vi-si- ó-nis no-vi-tá-tem

non fe- rén- tes. †In fá-ci- em. ℣. Gló-ri- a Pa-tri

et Fí- li- o : et Spi-rí-tu- i   Sancto.   †In fá-ci- em.

❡ *In tertio nocturno.*

7. Ant.
VII.iv.

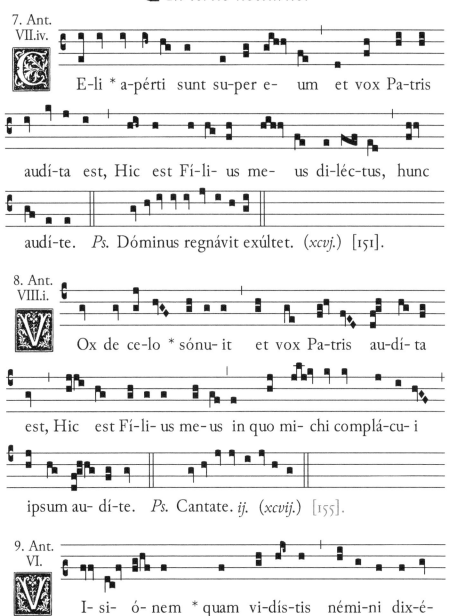

E-li * a-pérti sunt su-per e- um et vox Pa-tris

audí-ta est, Hic est Fí-li- us me- us di-léc-tus, hunc

audí-te. *Ps.* Dóminus regnávit exúltet. (*xcvj.*) [151].

8. Ant.
VIII.i.

Ox de ce-lo * sónu- it et vox Pa-tris au-dí- ta

est, Hic est Fí-li- us me- us in quo mi- chi complá-cu- i

ipsum au- dí-te. *Ps.* Cantate. *ij.* (*xcvij.*) [155].

9. Ant.
VI.

I- si- ó- nem * quam vi-dís-tis némi-ni dix-é-

{737}

ri-tis do- nec Fí-li- us hó- mi-nis re-súr- gat a
[♭]

mór- tu- is. *Ps.* Dóminus regnávit irascántur. (*xcviij.*) [156].

℣. Dómine miserére nostri.

℟. *privatim.* Intónuit de celo Dóminus.

❡ Léctio sancti Evangélii secúndum Mathéum. *xvij. 1. Lectio vij.*

IN illo témpore, Assúmpsit Jesus Petrum et Johánnem et Jacóbum fratrem ejus : et duxit illos in montem excélsum seórsum. Et réliqua.

Omélia de divérsis tractátibus.

QUóniam Evangélica léctio dilectíssimi que per aures córporis introívit in interiórem méntium nostrárum audítum, ad magni sacraménti nos intelligénciam vocat : subtíliter eam indagáre laborémus. Quam aspiránte grátia Dei facílius assequémur : si consideratiónem nostram ad ea que paulo supérius sunt narráta, referámus. Salvátor enim humáni géneris Christus Deus, condens eam fidem que ímpios ad justíciam révocat, et mórtuos próvocat ad vitam, ad hoc discípulos suos doctríne mónitis et óperum miráculis imbuébat : ut idem et Unigénitus Dei et Fílius hóminis crederétur, nam unum horum sine álio non próderat ad salútem. Et equális erat perículi Dóminum Jesum Christum aut Deum tantúmmodo sine hómine aut sine Deo solum hóminem credidísse : cum utrúmque esset páriter confiténdum. Quia sicut Deo vera humánitas : ita hómini ínerat vera divínitas. Tu autem Dómine miserére nostri.

Hucusque Leo papa in omelia hujus festivitatis

7. Resp.
VII.

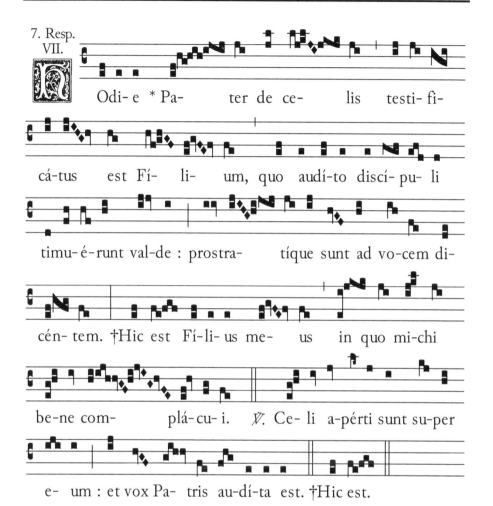

Odi- e * Pa- ter de ce- lis testi- fi-

cá- tus est Fí- li- um, quo audí-to discí- pu- li

timu- é-runt val-de : prostra- tíque sunt ad vo-cem di-

cén- tem. †Hic est Fí- li- us me- us in quo mi-chi

be-ne com- plá-cu- i. ℣. Ce- li a-pérti sunt su-per

e- um : et vox Pa- tris au-dí-ta est. †Hic est.

Lectio viij.

ADhuc eo loquénte, ecce nubes lúcida obumbrávit eos : et ecce vox de nube dicens, Hic est Fílius meus diléctus in quo michi bene complácui : ipsum audíte. Quia imprudénter interrogáverat proptérea Dómini responsiónem non merétur : sed Pater respóndet pro Fílio, ut verbum Dómini complerétur. Ego testimónium non dico de me : sed Pater qui me misit ipse pro me dicit testimónium. Nubes autem vidétur

Beda super Marcum lib. 30. cap. 9.

lúcida et obumbrávit eos, ut qui carnále in fróndibus aut tentóriis querébant tabernáculum : nubis lúcide operiréntur umbráculo. Vox quoque de celo Patris loquéntis audítur, que testimónium perhíbeat Fílio : et Petrum erróre subláto dóceat veritátem : immo et per Petrum céteros apóstolos.

Hic est ait Fílius meus diléctus, huic fiéndum est tabernáculum, huic obtemperándum. Hic est Fílius : illi servi sunt Móyses et Helýas, debent et ipsi vobíscum in penetrálibus cordis sui Dómino tabernáculum preparáre. Tu autem Dómine miserére nostri.

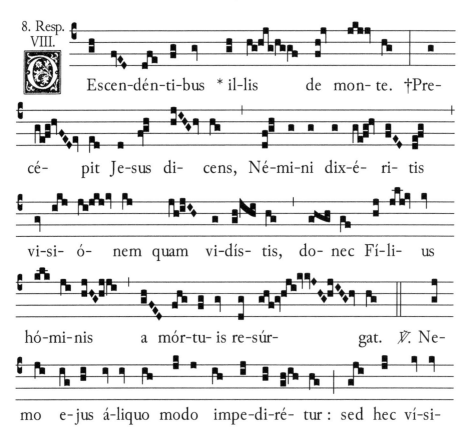

8. Resp. VIII.

Escen-dén-ti-bus * il-lis de mon- te. †Pre-cé- pit Je-sus di- cens, Né-mi-ni dix-é- ri- tis vi-si- ó- nem quam vi-dís- tis, do- nec Fí-li- us hó-mi-nis a mór-tu- is re-súr- gat. ℣. Ne-mo e-jus á-liquo modo impe-di-ré- tur : sed hec ví-si-

o sta-tim in pópu-los di-vul- ga-ré- tur. †Pre-cé- pit.

Lectio ix.

ET audiéntes discípuli cecidérunt in fáciem suam : et
timuérunt valde. Tríplicem ob
causam pavóre terréntur : vel quia
se errásse cognóverant, vel quia
nubes lúcida operúerat eos : aut
quia Dei Patris vocem loquéntem
audíerant. Humána fragílitas conspéctum majóris glórie fór- *Beda super*
midat : et ferre non sústi- *Marcum*
nens, ac toto ánime et cór- *ut supra.*
pore contremíscens : ad terram
cadit. Quanto quis amplióra que-
síerit : tanto magis ad inferióra
collábitur, si ignoráverit mensúram suam. Et accéssit Jesus et
tétigit eos. Quia illi jacébant et
súrgere non póterant : ipse cleménter accédit et tangit eos, ut
tactu fuget timórem, et debilitáta
membra solidéntur. Dixítque eis,
Súrgite et nolíte timére. Quos
manu sanáverat : sanat império.
Nolíte timére. Primum timor

expéllitur : ut póstea doctrína tri-
buátur. Levántes autem óculos
suos néminem vidérunt : nisi solum Jesum. Rationabíliter postquam resurréxerant non vident
nisi solum Jesum, ne si Móyses et
Helýas perseverássent cum Dómino : Patris vox viderétur incérta
cui potíssimum daret testimónium. Vidérunt ergo Jesum stantem abláta nube : et Móysen et
Helýam evanuísse. Quia postquam legis et prophetárum umbra
discésserat, que velaménto suo
apóstolos téxerat : verum lumen
in evangélio repéritur. Et descen-
déntibus illis de monte : pre- *Beda super*
cépit illis Jesus dicens, Né- *Lucam lib.*
mini dixéritis visiónem : do- *30. cap. 37.*
nec Fílius hóminis a mórtuis re-
súrgat. Futúri regni premeditátio
et glória triumphántis demon-
stráta fúerat in monte. Non vult
ergo hoc in pópulo predicári : ne et

incredíbile esset rei magnitúdine et post tantam glóriam apud rudes ánimos sequens crux scán- dalum fáceret. Tu autem Dómine miserére nostri.

9. Resp.
VI.

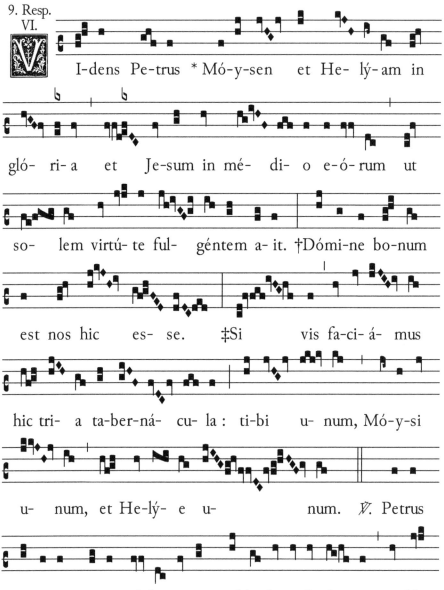

VI-dens Petrus * Mó-y-sen et He- lý-am in gló- ri- a et Je-sum in mé- di- o e-ó- rum ut so- lem virtú- te ful- géntem a- it. †Dómi-ne bo-num est nos hic es- se. ‡Si vis fa-ci- á- mus hic tri- a ta-ber-ná- cu- la : ti-bi u- num, Mó-y-si u- num, et He-lý- e u- num. ℣. Petrus ve-ro et qui cum il-lo e-rant valde le-ti-fi-cá- ti, vi-dé-

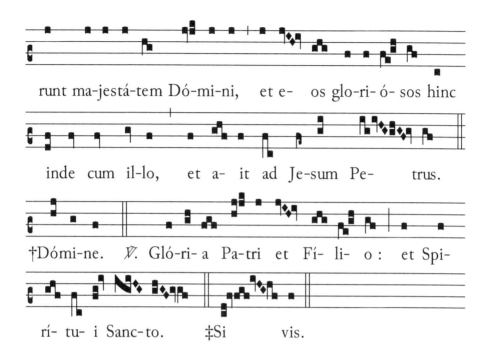

runt ma-jestá-tem Dó-mi-ni,   et e- os glo-ri- ó- sos hinc

inde cum il-lo,   et a- it ad Je-sum Pe-   trus.

†Dómi-ne. ℣. Gló-ri- a Pa-tri et Fí- li- o :   et Spi-

rí- tu- i Sanc-to.   ‡Si   vis.

❦ *Festum in honore dulcissimi nominis Jesu.*

Festum majus duplex.

vij. Augusti.

Octave cum regimine chori.

Invit.
IV.v.

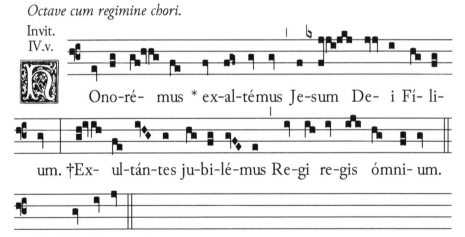

Ono-ré- mus * ex-al-témus Je-sum De- i Fí- li-um. †Ex- ul-tán-tes ju-bi-lé-mus Re-gi re-gis ómni- um.

Ps. Ve-ní-te. 21*.

Hymn. I.

E-su dulcis memó-ri- a, * Dans ve-ra cordis gáudi-

a: Sed su-per mel et ómni- a, Dulcis e-jus pre-sénci- a.

2. Nil cá-ni-tur su- á-vi- us, Audí-tur nil jo-cúndi- us :

Nil co-gi- tá-tur dúlci- us, Quam Je-sus De- i Fí-li- us.

3. Je-su spes pe-ni- ténti- bus, Quam pi- us es pe-ténti- bus :

Quam bonus te que-rénti-bus, Sed quid inve-ni- énti- bus ?

4. Je-su dulcé-do córdi- um, Fons vi-te lumen ménti- um :

Excé-dis omne gáudi- um, Et omne de-si-dé-ri- um.

5. Nec lingua po-test dí-ce- re, Nec lítte-ra expríme- re :

Expértus no-vit cré-de-re, Quid sit Je-sum di- lí-ge- re.

6. Je-su Rex admi- rá-bi- lis, Et tri- umphá-tor nó-bi- lis :

Dulcédo in-effá-bi-lis, To-tus de-si-de-rá-bi- lis.

7. Ma-ne no-bís-cum Dómi- ne, Nos tu-o replens lúmi- ne :

Pulsa noc-tis ca-lí-gi-ne, Tu- a pasce dul-cé-di- ne.

8. Gló-ri- a ti-bi Dómi- ne, Qui na-tus es de Vírgi- ne :

Cum Patre et Sancto Spí-ri-tu, In sempi-térna sé-cu- la.

Amen.

❰ *In primo nocturno.*

1. Ant.
I.v.

Ii in cúrri- bus * et hii in e-quis : nos autem in

nó-mi-ne Dó-mi-ni De- i nos-tri in- vo- cá-bimus.

Ps. Exáudiat te. (*xix.*) [43].

2. Ant.
II.i.

E-mor e- ro * nó-mi-nis tu- i Dómi- ne in

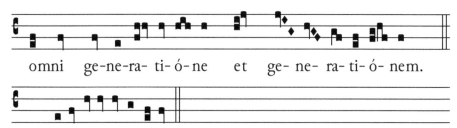

omni ge-ne-ra- ti- ó- ne et ge- ne- ra- ti- ó- nem.

Ps. Eructávit cor meum. (*xliiij.*) [84].

3. Ant.
III.i.

E-cúndum * no-men tu- um Je-su Dómi-ne : sic

et laus tu- a in fi-nes ter-re. *Ps.* Magnus Dóminus. (*xlvij.*)
[86].

℣. Laudábo nomen Dei cum cántico.

℟. *privatim.* Et magnificábo eum in laude.

Lectio j.

Um festum festo suc-
cédit leta mens trans-
fértur : et terra júbilat
diffúsis gáudiis plenis honóre.
Heri celebrávimus Jesum in celo
montis vértice transfigurátum :
hódie in ymis terris humiliátum.
Heri qualis apud Patrem Jesus
erat prodébat sui córporis candóre :
hódie celebrámus quómodo latens
divínitas operátur, nostra sub húmili natúra sacraménta salútis.
Heri quales crimus secúndum
spem suo osténdit splendóre :
hódie quales secúndum fidem beáto debémus vívere more. Heri
suam nobis charitátem commendávit ad prémium : hódie minis-
trátur sua cháritas ad méritum.
Illa in pátria : ista in via. Illa in
glória consummánte : ista in doctrína cum grátia misericórditer

cooperánte. Próvocat ítaque sacra solénnitas hujus digníssimi festi, repeténda justórum famosíssima gesta, et véteris ac nove sacratíssima mystéria legis, ut sic eo gloriósior hujus appáreat nóminis institútio : quo dispar et inútilis invénitur comparátio omnis quas non sub hujus Jesu nóminis agátur cultu. Románus ígitur póntifex Alexánder quartus, hujus sacratíssimi nóminis afféctu, suáve ipsíus officium comprobávit, et auctoritáte apostólica confirmávit, statuéndo diem dulcíssime solennitátis, séptimo ydus Augústi, per síngulos annos celebrándum, lárgiens atque concédens piis hujus devotíssimi festi cultóribus, copiósas indulgéncias perpétuis tempóribus duratúras. Tu autem Dómine miserére nostri.

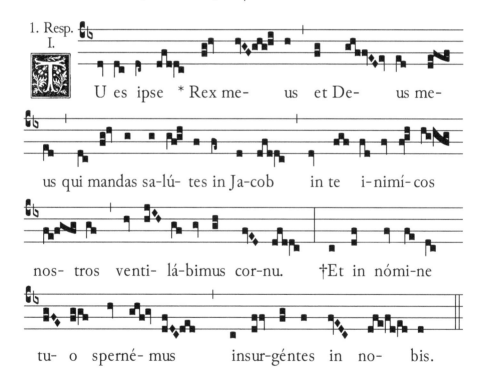

1. Resp. I.

U es ipse * Rex me- us et De- us me- us qui mandas sa-lú- tes in Ja-cob in te i-nimí-cos nos- tros venti- lá-bimus cor-nu. †Et in nómi-ne tu- o sperné- mus insur-géntes in no- bis.

℣. Exúrge Dó-mi-ne ádju-va nos : et ré-dime nos

propter nomen tu- um. †Et in nómi-ne.

Lectio ij.

OMnibus ígitur Christi fidé-libus vere peniténtibus et conféssis per regnum Anglie, qui matutínis seu misse : aut vésperis ejúsdem festivitátis, in ecclésiis affúerint preséntes : quingéntos dies. Illis enim qui prime, tértie, sexte, none, ac completórii officiis interfúerint : pro ipsárum quáli-bet trecéntos dies. Ac síngulis per octávas diébus qui matutíne, misse, et vésperis : ducéntos dies. Et qui céteris horárum officiis in-teréssent octogínta dies, de in-júnctis sibi peniténciis miseri-córditer relaxávit : prout a divérsis pontíficibus scílicet Urbáno quar-to, Martíno quinto, Eugénio quarto, festo Córporis Christi et octávis fúerunt concésse. In hac solennitáte charíssimi nostra spes tota erígitur, fides augétur, chá-ritas diffúnditur, summe et indi-vídue Trinitátis alma majéstas magnífice commendátur, et jubi-lántibus celéstis cúrie ordínibus in mentis excéssu famulántur ethérei cives. Rósei appláudunt mártyres : quia dum Jesus est in ánimo robur, victóres se ínclytos nos-cunt. Et confessóres cándidi lau-dant cum canóre júbilo : dum Jesus ut mel dulcéscit in ore, ac dum melos suávis Jesus pulsat virgíneas aures : fílie Hierúsalem canéntes cúrsitant, hymni dice gaudent catervátim exúltant ínsi-mul omnes primórdia salútis di-céntes, Jesu nostra redémptio amor et desidérium. Hec est illa preclára festívitas quam patres diu suspirárunt : longe ante predixé-

runt prophéte, mýstice signavé-
runt figúre. Ac tandem ille para-
nýmphus Gábriel celéstis nunciávit Maríe, Quod ex te nascétur

sanctum vocábitur Fílius Dei : et
nomen ejus Jesus. Tu autem
Dómine miserére nostri.

2. Resp.
II.

Alvos fac nos * Dómi-ne De- us nos- ter
et cóngre- ga nos de na-ti- ó- ni-bus. †Ut con-fi-te-
á-mur nómi- ni sancto tu- o et glo-ri- é-mur
in laude tu- a. ℣. Et spe- rent in te qui no-vé-runt
nomen tu- um : quó-ni- am non de-re-li-quísti que-rén-
tes te Dó- mi- ne. †Ut con-fi-te- á-mur.

Lectio iij.

JEsus fons vite signátus, qui
quátuor in rivos se diffúndit
per pláteas. Jesus a Deo nobis

factus est sapiéncia, justícia, sanctificátio atque redémptio. In pre-
dicatióne sapiéncia, justícia in

peccatórum absolutióne, in conversatióne sanctificátio, in passióne redémptio. Unde scriptum est, Tres rivi fluxérunt a Jesu, verbum dolóris in quo conféssio, sanguis aspersiónis in quo contrítio, aqua emundatiónis in qua compúnctio designátur. Hoc est nomen quod Paulus portábat coram géntibus et régibus ut lucérnam super candelábrum. Mirábile enim est ac suavíssimum : unde quidam ait, Si scribas, si cónferas, non sapit michi : nisi légero ibi Jesum. Si dísputes, aut cónferas, non sapit michi : nisi sonúerit ibi Jesus. Jesus ergo nomen dulce et delectábile : nomen confórtans peccatórem, et nomen beáte spei. Ergo Jesu esto michi Jesus. Nec pretéreat nos hujus sacratíssimi nóminis multa virtuósitas. Hoc est nomen quod cecis cóntulit visum, surdis audítum, claudis gressum, sermónem mutis, vitam mórtuis : totámque

dyáboli potestátem de obséssis corpóribus virtus hujus nóminis effugávit. Nec profécto minóris excelléncie et sublimitátis est quam virtútis. Unde scriptum est, Nomen Salvatóris mei, fratris mei, carnis mee, sánguinis mei, nomen séculis abscónditum : sed in fine seculórum revelátum. Nomen mirábile, nomen ineffábile, nomen inestimábile, immo eo mirabílius quo inestimábile, eo magis gratum quo gratúitum. Hoc autem nomen impósitum ei est ab etérno : ab ángelo, et a patre Joseph. Ab etérno, cum Jesus a poténcia salvándi Salvátor interpretátur. Ab ángelo cum ab hábitu salvándi Salvátor dícitur, quod ei convénit a sue conceptiónis princípio. A patre suo Joseph hoc nomen impósitum est : cum ab actu passiónis et nostre redemptiónis futúre, Jesus Salvátor appellátus est. Tu autem Dómine miserére nostri.

3. Resp.
III.

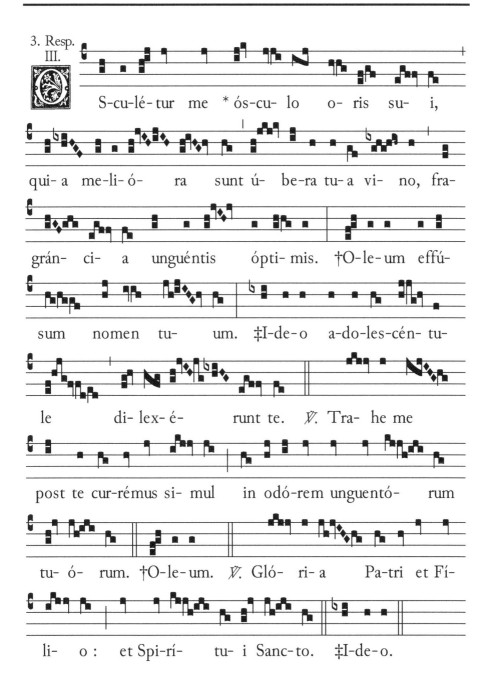

S-cu-lé-tur me * ós-cu- lo o- ris su- i,

qui- a me-li- ó- ra sunt ú- be-ra tu- a vi- no, fra-

grán- ci- a unguéntis ópti- mis. †O-le-um effú-

sum nomen tu- um. ‡I-de-o a-do-les-cén- tu-

le di- lex- é- runt te. ℣. Tra- he me

post te cur-rémus si- mul in odó-rem unguentó- rum

tu- ó- rum. †O-le-um. ℣. Gló- ri- a Pa-tri et Fí-

li- o : et Spi-rí- tu- i Sanc-to. ‡I-de-o.

❧ In secundo nocturno.

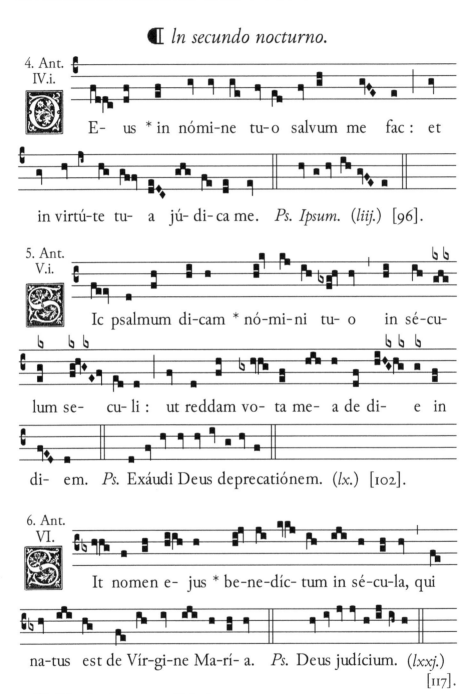

4. Ant.
IV.i.

E- us *in nómi-ne tu-o salvum me fac : et

in virtú-te tu- a jú- di-ca me. *Ps. Ipsum.* (*liij.*) [96].

5. Ant.
V.i.

Ic psalmum di-cam * nó-mi-ni tu- o in sé-cu-

lum se- cu-li : ut reddam vo- ta me- a de di- e in

di- em. *Ps.* Exáudi Deus deprecatiónem. (*lx.*) [102].

6. Ant.
VI.

It nomen e- jus * be-ne-díc-tum in sé-cu-la, qui

na-tus est de Vír-gi-ne Ma-rí- a. *Ps.* Deus judícium. (*lxxj.*)
[117].

℣. Bénedic ánima mea Dómino.

℞. *privatim.* Et ómnia que intra me sunt nómini sancto ejus.

Lectio iiij.

Leum effúsum nomen tuum. Et proculdúbio inter óleum et nomen sponsi nostri Jesu similitúdo : nec ocióse Spíritus Sanctus altérutrum comparávit. Oleum lucet, óleum pascit, óleum ungit, fovet ignem, nutrit carnem, lenit dolórem. Oleum ergo lux, cibus, et medicína. Sic quidem nomen sponsi lucet predicátum, pascit recogitátum : invocátum lenit et ungit. Unde putas in toto orbe tanta et tam súbita lux fídei, quam de predicáto Jesu nómine ? In hujus nóminis luce : vocávit nos Deus in admirábile lumen suum. Unde scriptum est, Fuístis aliquándo ténebre : nunc autem lux in Dómino. Pretérea est et cibus hoc nomen Jesus. An non tótiens confortáris quótiens recordáris ? Quid eque mentem cogitántis impínguat ? Quid ita excecátos réparat sensus, virtútes róborat, bonos mores végetat, castas fovet affectiónes ? Aridus est omnis ánime cibus : si óleo isto non infundátur. Insípidus est : si non hoc sale condiátur. Jesus est mel in ore, in aure melos, in corde júbilus. Tu autem Dómine miserére nostri.

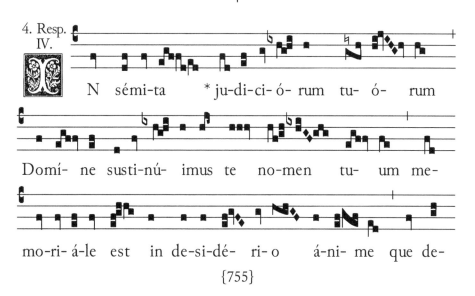

4. Resp. IV.

IN sémita * ju-di-ci-ó-rum tu-ó-rum Domí-ne susti-nú-imus te no-men tu-um memo-ri-á-le est in de-si-dé-ri-o á-ni-me que de-

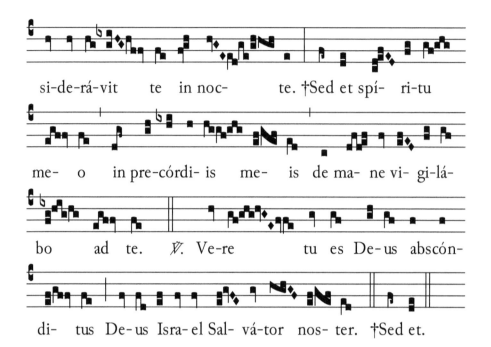

si-de-rá-vit te in noc- te. †Sed et spí- ri-tu me- o in pre-córdi- is me- is de ma- ne vi- gi-lá- bo ad te. ℣. Ve-re tu es De-us abscón- di- tus De-us Isra- el Sal- vá-tor nos- ter. †Sed et.

Lectio v.

Uod relíquum est prosequámur. Díximus nomen Dei esse medicínam. Tristátur áliquis vestrum, véniat in cor ejus Jesus et inde sáliat in os : et ecce ad exórtum nóminis lumen, núbilum omne diffúgit, redit serénum. Lábitur quis in crimen, currit ínsuper ad láqueum mortis desperándo, nonne si ínvocet nomen vite conféstim respirábit ad vitam ? Cui aliquándo stetit ante fáciem Salvatóris nóminis durícia ut ássolet cordis, ignávie torpor, rancor ánimi, langor accídie ? Cui fons lachrymárum exháustus invocáto Jesu non contínuo érupit ubérior, fluxit suávior ? Cui in perículis palpitánti et trepidánti, invocátum virtútis nomen non statim fidúciam préstitit et dépulit metum ? Dúbiis estuánti et fluctuánti, emícuit semper certitúdo. Advérsis diffidénti jam jamque deficiénti : hoc invocáto nómine nunquam défuit fortitúdo. Dénique scriptum est, Invoca me in die tribulatiónis :

éruam te et honorificábis me. Nichil tam ire ímpetum cóhibet, supérbie tumórem sedat, sanat livóris vulnus, restíngit luxúrie fluxum, extínguit libídinis flammam, sitim témperat avarície, ac totíus indecóris fugat pruríginem. Nempe cum Jesum michi nómino : hóminem michi propóno, mitem et húmilem corde, benígnum, sóbrium, castum, misericórdem, et omni dénique honestáte ac sanc-titáte conspícuum : eundémque ipsum Deum omnipoténtem, qui me suo exémplo sanet, et róboret adjutório. Hec ómnia michi sonant cum sonúerit Jesus. Sumo michi ítaque exémpla de hómine : sed auxílium a poténte. Illa tanquam pigmentárias spécies : hoc unde ácuam eas. Et fácio confectiónem : cui símilem medicórum nemo fácere possit. Tu autem Dómine miserére nostri.

5. Resp. V.

B-sécro au-tem * vos fra-tres per no- men Dó-mi- ni nos-tri Je-su Chris-ti ut id-íp-sum di-cá-tis om-nes. †Et non sint in vo- bis scís- ma-ta.

℣. Discé-bat ergo ab i-niqui-tá- te omnis qui ínvo-cat hoc sanctum nomen Je-su. †Et non sint.

Lectio vj.

HOc tibi electuárium habes o ánima mea recónditum vásculo vocábuli hujus, quod est Jesus salutíferum certe, quodque nulli unquam pesti tue inveniátur inéfficax. Semper tibi in sinu sit, semper in manu : et omnes tui in Jesum sensus dirigántur et actus. Ad hoc te ínvitat cum dicit, Pone me ut signáculum in corde tuo : ut signáculum in bráchio. Sic ergo habes : unde et bráchio medeáris et cordi. Habes inquam in nómine Jesu unde tuos actus vel pravos córrigas, vel minus perféctos adímpleas : unde tuos sensus ut serves ne corrumpántur, aut si corrumpántur sanos. O quam pulcher es ángelis tuis Dómine Jesu in forma Dei : in die eternitátis tue in splendóribus sanctórum : ante lucíferum génitus, splendor et figúra substáncie Patris, et quidem perpétuus miniméque fucátus candor vite etérne.

Quam michi decórus es Dómine mi, in ipsa hujus positióne decóris ? Etenim ubi te exinanísti, ubi naturálibus rádiis lumen indeficiens exuísti : ubi píetas magis emícuit, ibi cháritas plus effúlsit, ibi ámplius grátia radiávit. Quam clara michi omnis stella ex Jacob, quam lúcidus flos de radíce Jesse egréderis : quam jocúndum lumen in ténebris visitásti me óriens ex alto. Quam spectábilis et stupéndus étiam virtútibus supérnis in concéptu de Vírgine, in vite innocéncia, in doctríne affluéncia, in choruscatiónibus miraculórum, in revelatiónibus sacramentórum. Quam rútilans post occásum Sol justície : de corde terre resúrgis, quam formósus in stola tua demum Rex glórie in alta celórum te récipis ? Quare non pro his ómnibus ómnia ossa mea dicent, Dómine quis símilis tui ? Tu autem Dómine miserére nostri.

6. Resp.
VI.

E- sus * Na-za-ré- nus Rex Ju- de- ó- rum

Fi- li De- i vi- vi mi- se-ré- re me- i. †Et fac ut

ví- de- am vo-lun- tá-tem tu- am. ‡Et ví- si- tem

templum sanctum tu- um. ℣. Aspi-ce in me et mi-

se- ré-re me- i se-cúndum ju-dí-ci- um di-li-génti- um

nomen tu- um. †Et fac ut. ℣. Gló- ri- a

Pa-tri et Fí-li- o : et Spi-rí- tu- i Sanc-to.

‡Et ví- si- tem.

❦ *In tertio nocturno.*

7. Ant.
VII.i.

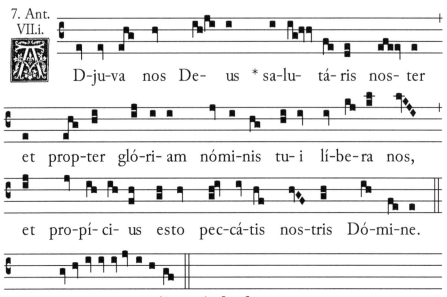

D-ju-va nos De- us * sa-lu- tá-ris nos- ter
et prop-ter gló-ri- am nómi-nis tu- i lí-be-ra nos,
et pro-pí- ci- us esto pec-cá-tis nos-tris Dó-mi-ne.

Ps. Deus venérunt. (*lxxviij.*) [128].

8. Ant.
VIII.i.

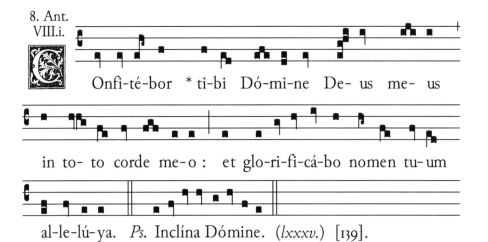

Onfi-té-bor * ti-bi Dó-mi-ne De- us me- us
in to- to corde me-o : et glo-ri-fi-cá-bo nomen tu-um
al-le-lú-ya. *Ps.* Inclína Dómine. (*lxxxv.*) [139].

9. Ant.
I.iv.

F-fér- te * Dó-mi-no pá-tri- e génti- um, affér-

te Dómi-no gló- ri- am et honó- rem, afférte Dó-mi-no

gló- ri- am nómi-ni e- jus. *Ps.* Cantáte Dómino. *j.* (*xcv.*)
[150].

℣. Non nobis Dómine non nobis.

℟. *privatim.* Sed nómini tuo da glóriam.

❡ Léctio sancti Evangélii secúndum Mathéum. *j.* 20. *Lectio vij.*

IN illo témpore, Angelus Dó-mini appáruit in somnis Joseph dicens, Joseph fili David : noli timére accípere Maríam cónjugem tuam. Et réliqua.

Omélia Orígenis.

JOseph Maríam nóluit tradúcere, nóluit eam diffamáre : *Prima ex* sed vóluit eam occúlte di-*diversis i.* míttere. Occúlte eam a se dimíttere volébat, sicut pius, sicut mansuétus, sicut miséricors. Juste humílians se in ómnibus : cavébat et timébat síbimet illíus

tante sanctitátis conjunctiónem adhibére. Idcírco dixit dimíttam eam : et a me longe fáciam eam, et a cognatióne mea. Major enim est ejus dígnitas, superexcéllit ejus sánctitas : nec mee cóngruit dignitáti. Hec autem eo cogitánte : ángelus Dómini per visum appáruit illi dicens, Quare dúbitas Joseph, quare imprudénter cógitas, quare irrationabíliter meditáris ? Deus est enim qui generátur. Quod enim nascétur ex ea, de Spíritu Sancto est : quia scílicet hujus nativitátis cooperátor Spiritussánctus est. Ille est quidem de quo scriptúra prenunciávit dicens, Puer natus est nobis et Fílius datus est nobis. Páriet inquit fílium : et vocábis nomen ejus Jesum. Virgo génerat, et tu Joseph hunc génitum vocábis Jesum : qui interpretátur Salvátor. Ipse enim salvum fáciet pópulum suum : a peccátis eórum. Vocábis inquit nomen ejus hoc quod ante fuit : quod ante sécula nominátum est. Non tu ei impónes nomen, nec ex te ei vocábulum constítues : sed nómina et voca exultándo Jesum : id est Salvatórem eum esse testáre. Tu autem Dómine miserére nostri.

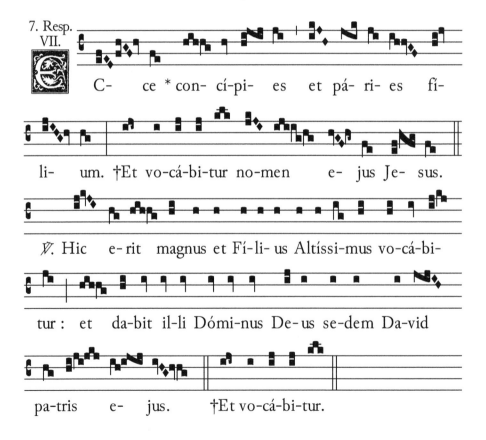

7. Resp.
VII.

E- ce * con- cí-pi- es et pá- ri- es fí- li- um. †Et vo-cá-bi-tur no-men e- jus Je- sus.

℣. Hic e- rit magnus et Fí-li- us Altíssi-mus vo-cá-bi- tur : et da-bit il-li Dómi-nus De-us se-dem Da-vid pa-tris e- jus. †Et vo-cá-bi-tur.

Lectio viij.

EX témpore Jesum cepísse salváre ne consíderes : sed esse antiquíssimum Salvatórem. Ipse enim salvum fáciet pópulum suum : a peccátis eórum. Duo étenim per hoc verbum preclára designántur : quod et Deus fúerit et Dóminus prius ante incarnatiónem Christus, et quod pópulus ejus ab eo salvándus jam tunc annuciabátur. Et ídeo dictum est : Ipse salvum fáciet pópulum suum a peccátis eórum, ut vere Deus. Dei enim est virtútis a peccáto salváre : vel peccáta dimíttere. Juste ergo Fílius Dei habens pópulum suum, venit ut dictum est ipsum liberáre a peccátis atque salváre : sive ex Judéis, sive ex géntibus. De quo ipse per Prophétam jam fúerat elocútus dicens, Dóminus dixit ad me Fílius meus es tu : ego hódie génui te. Pete a me, et dabo tibi gentes hereditátem tuam : et possessiónem tuam términos terre. Ipse salvábit pópulum suum a peccátis eórum, sánguine vidélicet suo :

cunctos rédimens morte sua, de mortis eos líberans potestáte. Ipse salvábit : hoc est Salvátor ómnium hóminum atque credéntium erit. Hoc autem totum factum est. Quid totum ? Hoc per Unigéniti descensiónem, hoc de Dómini incarnatióne, hoc de ángeli ad Vírginem destinatióne, hoc de ipsíus Vírginis desponsatióne et castitáte, hoc de hujus sacratíssimi Jesu nóminis exaltatióne, hoc enim totum factum est ad totíus mundi salútem : hoc autem totum factum est ut unum complerétur et unum consummarétur. Quid ? Illud quod Virgo génuit, quod Virgo permánsit, et intácta Virgo perseverávit. Ecce inquit virgo in útero accípiet et páriet fílium. Páriet filium ad dénuo reparándum Adam, ad inobediénciam Eve per Maríe obediénciam excludéndam : ad erigéndum jacéntium genus quod per mulíeris temeráriam crudelitátem fúerat ante dejéctum. Tu autem Dómine miserére nostri.

8. Resp.
VIII.

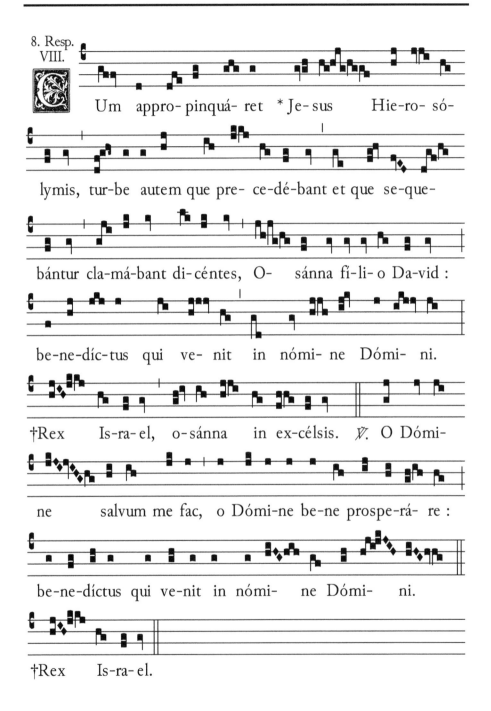

Um appro- pinquá- ret * Je- sus Hie-ro- só-

lymis, tur-be autem que pre- ce-dé-bant et que se-que-

bántur cla-má-bant di-céntes, O- sánna fí-li- o Da-vid :

be-ne-díc-tus qui ve- nit in nómi- ne Dómi- ni.

†Rex Is-ra- el, o-sánna in ex-célsis. ℣. O Dómi-

ne salvum me fac, o Dómi-ne be-ne prospe-rá- re :

be-ne-díctus qui ve-nit in nómi- ne Dómi- ni.

†Rex Is-ra- el.

Lectio ix.

ET vocábunt nomen ejus Emmánuel : quod interpretátur nobíscum Deus. Vocant nomen ejus prius ángeli psalléntes in ejus generatióne atque gaudéntes : sicut Deum ómnium et regem pacis ad hóminem veniéntem. Deínde apóstoli : Unigéniti Dei dominatiónem, atque virtútem ómnibus géntibus predicántes. Adhuc et sancti mártyres : contra ignes et gládios, usque ad mortem resisténtes. Deínde cuncti credéntes : hoc ipsum nomen usque ad consummatiónem séculi memorántes atque laudántes. Et vocábunt nomen ejus Emmánuel : quod interpretátur, nobíscum Deus. Qui vocábunt nisi justi quorum vocábitur in terra nomen novum ? Non sicut prius in figúris et in ymagínibus : sed fácie ad fáciem apparéntem. Nobíscum Deus Abrahe patri credéntium tribus horis témporis licet non per ipsam ineffábilem Deitátis sue substánciam : sed pótius per angéli-

cam spéciem a merídie visus est : nobis trigínta tribus annis in terra appáruit, et cum homínibus conversári dignátus est. Jacob brevi témpore per ángelum nichilóminus appáruit collúctans cum eo : quoque se ab eo superári permísit, ut hunc advéntus sui testem mérito benedíceret atque Israel mináret. Nobíscum Deus ámplius magísque pro nobis magnífícum certámen adímplens : et usque ad mortem accédens, ut morte sua mortem occíderet, et benedictiónem atque immortalitátem mundo corde pópulo condonáret. Qui fiduciáliter dícitur nobíscum Deus. Per evangelistárum et apostolórum predicatiónem, per sancti sui córporis sacraméntum, per glorióse crucis signáculum, per gloriósi nóminis sui exaltatiónem. Per ista ergo ómnia, nobíscum Deus. Ipsi honor et glória in sécula seculórum amen. Tu autem Dómine miserére nostri.

9. Resp.
I.

Ec au- tem * scrip-ta sunt ut cre-dá- tis

qui- a Je-sus est Chris- tus Fí- li- us De- i.

†Et ut cre-dén- tes vi-tam ha-be-á- tis. ‡In

nó- mi-ne e- jus. ℣. Confi-témi-ni Dómi-

no et invo-cá-te nomen e- jus : annunci- á-te inter gentes

ó- pe-ra e- jus. †Et ut. ℣. Gló-ri- a Pa-tri et

Fí-li- o : et Spi-rí- tu- i Sanc-to. ‡In nómine.

Ps. Te Deum. [47].

Quotidie infra octava fiat servicium cum predictis invitatorium, hymnus, antiphone et psalmi sicut in prima die. ℣. et ℞. secundem ordinem noctur-

norum dicuntur quando de octavo agitur.

❧ Secunda die, de constitutione nominis Jesu.

viij. Augusti.

Invitatorium, hymnus, antiphone et psalmi sicut in prima die. {744}.

℣. Laudábo nomen Dei cum cántico.

℞. *privatim.* Et magnificábo eum in laude.

Lectio j.

Uem non libet de consolatiónis plenitúdine sacri nóminis Jesu diútius contemplándo immorári ? Videámus ígitur de incomprehensíbili hujus sacratíssimi nóminis institutióne, quibus nempe lítteris integrátur : et fortássis non vidébitur inútile nec déerit devótis venerábile sacraméntum. Duábus ex sýllabis Jesus confícitur : paucis tamen lítteris sýllabe constituúntur. Sed quid in hac litterárum série charíssime queris ? Audi. Si enim ut ait Salvátor omnes capílli vestri numeráti sunt quos natúre ascríbitis, quantómagis líttere sub número pauco, in quarum adunatióne tanta cópia plenitúdinis sapiéncie et sciéncie Dei celi et terre et ómnium que in eis sunt, non inútilis considerátio putétur ? Glóriam prébuit viro in capíllis, árbori in fóliis, nec est in oblivióne eórum : quantómagis glóriam non dabit nómini suo in sacri nóminis Jesu lítteris ? In his duábus sýllabis latet totum quod quérimus : quod adhuc néscimus quid est, usque Jesus fiat ómnia in ómnibus. Opera enim Dei perfécta sunt, nec unum ióta aut unus apex preteríbit donec ómnia fiant : quia ómnia número póndere et mensúra fecit et státuit. Tu autem Dómine miserére nostri.

℞. I. Tu es ipse. *j.* {749}.

Lectio ij.

HUjus ergo nóminis integrátio, cum óperis est Dei : unum ióta non erit ináne. Quare hec ómnia dico ? Quia líttere Hebreórum omnes pene interpretábiles sunt, Grece aut Latíne non sic : neque barbarórum líttere. Sicut nempe divinitátis majéstas imménsa dignátur sub exígua carnis massa látere : ita et inúndans sue bónitas dulcédinis, paucis sub lítteris signári ad nostrum gáudium, méritum et prémium. Sacrum fratres audíte mystérium. Nostris mentis áuribus résonet hoc nomen Jesus benedíctum, quod apud Hebréos tribus lítteris comprehénditur cum título, princípium vite, exémplum conclusióne, et princípium est conclúsio. Iste princípium in die virtútis Dei in splendóribus sanctórum : ante lucíferum génitus. Iste verbum in princípio apud Deum. Iste princípium in quo creávit Deus celum et terram : et ómnia que in eis sunt. Iste est qui interrogántibus Judéis quis esset : dixit, Princípium qui et loquor vobis. Iste est conclúsio et finis apud eos in quos fines seculórum devenérunt : cum verbum Dei princípium sit caro finis hóminum factum. Iste caput et finis, qui ómnia morte conclúsit : cum díxerat, Consummátum est. Bene hinc ait Zacharías prophéta, In diébus illis : erit Dóminus unus, et nomen ejus verum. Tu autem Dómine miserére nostri.

℟. 2. Salvos fac nos. *ij.* {751}.

Lectio iij.

LIquet ex dictis Salvatórem esse Jesum primum et novíssimum : primum in creatióne, novíssimum in redemptióne. Primum in benefaciéndo : novíssimum in retribuéndo. Et hoc quid est, nisi ut véritas vocis signáti certitúdinem índicet ? Si Jacob post luctáminis nexus hoc solénne nomen Israel méruit sibi impóni, tribus conféctum ex sýllabis, vir videns Deum interpretántibus, sub figuráto velámine Christum Jesum futúram significántibus : multo magis duábus in Christi Jesu nómine signátur mýsticum léticie sacraméntum. Admirémur eum cujus sapiéncie non est númerus, cujus magnitúdinis non est finis, ut soli políque unam fáceret rempúblicam, duábus sýllabis paucísque connéxis lítteris vóluit innotésci : ex voluntáte ac potestáte dignánte sua bonitáte. Quare Jesum si bene scis, satis est si cétera nescis. Nam hoc est nescíre : sine Christo plúrima scire. Apóstolum audi, Nichil me judicávi scire inter vos : nisi Jesum Christum et hunc crucifíxum. Tu autem Dómine miserére nostri.

℟. 3. Osculétur. *iij.* {753}.

❚ *Tertia die, de sanctificatione nominis Jesu.*

ix. Augusti.

Invitatorium, hymnus, antiphone et psalmi sicut in prima die. {744}.

℣. Bénedic ánima mea Dómino.

℟. *privatim.* Et ómnia que intra me sunt nómini sancto ejus.

Lectio j.

Ostra rursum réplicat gáudia ista festívitas sancta : ut cujus ánimus minus refocillabátur in beáti nóminis Jesu integratióne, jam ádipe et pinguédine sanctificatiónis ejúsdem repleátur ánima ejus, et lábiis exultatiónis laudet nomen Dómini sanctum. Ipsa namque felix nóminis interpretátio sic nos in eo sanctíficat ut digníssima laude super ómnia sanctificétur in nobis. Jesus vere salus interpretátur. Et mérito : quia Dómini est salus et super pópulum suum benedíctio ejus. Cujus ejus ? Ejus dico, qui operátus est salútem in médio terre, qui exténdit invitántes manus suas ad retribuéndum : ut veniéntes cum exultatióne portántes manípulos justície ab oriénte et occidénte, re-cúmberent cum Abraham, Isaac et Jacob in regno Patris. Nam quantum distat ortus ab occidénte : longe fecit a nobis iniquitátes nostras misértus nostri. Tu autem Dómine miserére nostri.

℞. I. In sémita. *iv.* {755}.

Lectio ij.

ISte est verbum quod misit Deus : et sanávit omnes de interitiónibus suis. Sic nobis est salus, ut suo actu beáto páriter sit nostri términus dolóris : et per deitátem in glória términus felicitátis etérne. Caveámus ígitur charíssimi : ne sibi degéneres simus. Nempe sicut per bonos glorificátur : ita et per malos ad ejus oppróbrium et contémptum blasphemátur justus Deus Jesus noster. Sanctificémus illum in nobis : ut et ille nos sanctíficet in se. Qui non sanctíficat Jesum : non sanctificábitur ab eo. Sanctificámus Jesum in nobis, quando sciéntes eum sanctum timémus eum : et sollícite vigilámus ne forte violémus sanctitátem nóminis ejus per ópera mala. Sicut qui veste fúlgida véstitur fugit sordes ne coínquinet eam : sic qui in corde súscipit Jesum, sollícitus esse debet ne contáminet eum. Lucis profécto ad ténebras non est convéntio : nec Jesu Christi ad Bélial. Scias ergo si contaminátus fúerit in nobis ille qui sui in natúra incontaminábilis est : injúriam istam nostro vindicábit intéritu. Tu autem Dómine miserére nostri.

℞. 2. Obsécro autem vos. *v.* {757}.

Lectio iij.

SPirat ópera salútis et exércet. Jesus interpretátur salutáris : nec sine mérito. Clamémus proínde sínguli, Convérte nos Deus salutáris noster, et avérte iram tuam a nobis. Si vero sánguis hircórum aut taurórum, et cinis vítule aspérsus inquinátos sanctificábat ad emundatiónem carnis peccatrícis, quantómagis sánguis Christi quem pro nobis effúdit abúnde, qui et per Spíritum Sanctum semetípsum óbtulit immaculátum Deo Patri, emundábit sanctificabítque consciéntiam nostram ad serviéndum Deo vivénti, ut digne famulémur ei : et repromissiónem accípiant, qui vocáti sunt hereditátis etérne ? Non enim sonat sanctus nisi sánguine tinctus. Sánguine Jesu tíngeris : ut salutáris sit tibi Jesus. Orémus ígitur fratres assídue ad Jesum ut suam nobis infúndat grátiam : per quam perveniámus ad interminábilem felicitátem, que salutáris appellátur. Dicámus ergo, Osténde nobis Dómine misericórdiam tuam : et salutáre tuum da nobis. Tu autem Dómine miserére nostri.

℞. 3. Jesu Nazarénus. *vj.* {759}.

❧ *Quarta die, de sancto Laurencio martyre.*

x. Augusti.

Novem lectiones, invitatorium triplex.

Invit.
I.

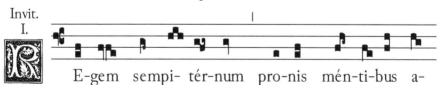

E-gem sempi- tér-num pro-nis mén-ti-bus a-

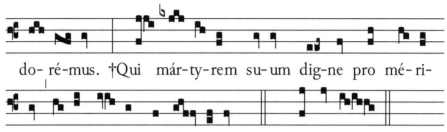

do- ré-mus. †Qui már-ty-rem su-um dig-ne pro mé-ri-tis co-ro-ná- vit Laurén- ti- um. *Ps.* Ve-ní-te. ɪ*.

Hymnus. Martyr Dei qui. *in communi.* [243].

❡ *In primo nocturno.*

1. Ant.
VII.vi.

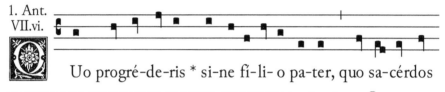

Uo progré-de-ris * si-ne fí-li- o pa-ter, quo sa-cérdos sancte si-ne mi-nístro própe-ras. *Ps.* Beátus vir. (*j.*) [16].

❡ *Finito psalmo statim incipiatur* ℣. Beátus Lauréntius. *a cantore : et percantetur a choro antequam inchoetur antiphona post psalmum.*

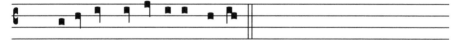

℣. Be- á-tus Laurénti- us dix-it.

2. Ant.
VIII.i.

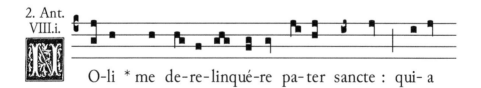

O-li * me de-re-linqué-re pa-ter sancte : qui- a

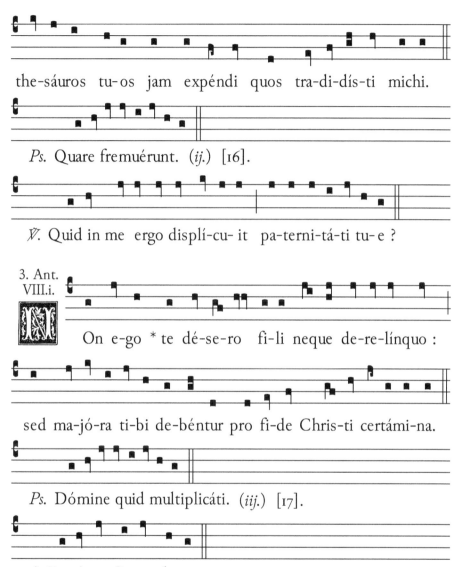

the-sáuros tu-os jam expéndi quos tra-di-dís-ti michi.

Ps. Quare fremuérunt. (*ij.*) [16].

℣. Quid in me ergo displí-cu- it pa-terni-tá-ti tu- e ?

3. Ant.
VIII.i.

On e-go * te dé-se-ro fi-li neque de-re-línquo :

sed ma-jó-ra ti-bi de-béntur pro fi-de Chris-ti certámi-na.

Ps. Dómine quid multiplicáti. (*iij.*) [17].

℣. Be- á-tus Sixtus dix-it.

℣. Glória et honóre coronásti eum Dómine.

℟. *privatim.* Et consituísti eum super ópera mánuum tuárum.

Lectio j.

Ost passiónem beati Sixti mílites tenuérunt beátum Lauréntium : et tradidérunt eum Parthénio tribúno. Et Parthémius tribúnus : suggéssit de eo Décio imperatóri. Tunc Décius gavísus est valde : et fecit sibi beátum Lauréntium presentári. Quem ita aggréssus est dicens, Ubi sunt thesáuri ecclésie, quos apud te cognóscimus esse recónditos ? Beátus Lauréntius non respóndit ei ullum ver-

bum. Et trádidit eum Décius Valeriáno prefécto dicens, Exquíre thesáuros diligénter : et sacríficet diis. Quod si nolúerit : divérsis eum torméntis intérfice. Et Valeriánus dedit eum in custódiam cúidam vicário nómine Ipólito. Beátus Lauréntius in custódia Ipóliti pósitus, ponébat manus super óculos cecórum : et illuminabántur. Tu autem Dómine miserére nostri.

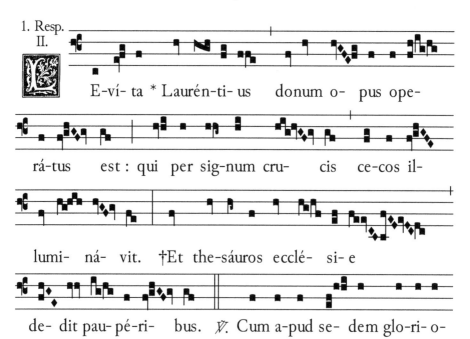

1. Resp.
II.

E-ví- ta * Laurén-ti- us donum o- pus ope-

rá-tus est : qui per sig-num cru- cis ce-cos il-

lumi- ná- vit. †Et the-sáuros ecclé- si- e

de- dit pau-pé-ri- bus. ℣. Cum a-pud se- dem glo-ri- o-

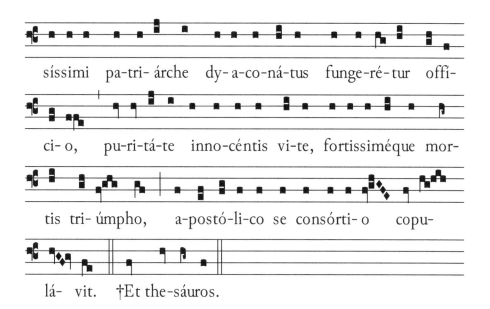

síssimi pa-tri- árche dy- a-co-ná-tus funge-ré- tur offí-

ci- o, pu-ri-tá-te inno-céntis vi-te, fortissiméque mor-

tis tri- úmpho, a-postó-li-co se consórti- o copu-

lá- vit. †Et the-sáuros.

Alius versus per ebdomadam quando fient medie lectiones de sancto Laurentio.

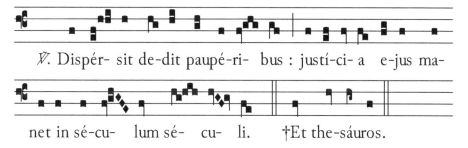

℣. Dispér- sit de-dit paupé-ri- bus : justí-ci- a e-jus ma-

net in sé-cu- lum sé- cu- li. †Et the-sáuros.

Lectio ij.

Idens hoc Ipólitus dixit ad eum, Osténde michi thesáuros ecclésie. Respóndit beátus Lauréntius, O Ipólite, si credíderis in Deum omnipótentem Dóminum Jesum Christum : et thesáuros tibi osténdo et vitam etérnam promítto. Dicit ad eum Ipólitus, Si dictis facta compensáveris : fáciam quod hortáris. Dixit ei beátus Lauréntius, Audi me, et quod hortor cítius fac :

quia ydóla muta et surda sunt et vana. Tantúmmodo baptizáre. Et more ecclesiástico cathesizávit eum. Et accépta aqua benedíxit et baptizávit eum : sed et de domo ejus, número decem et novem. Tunc mandávit Valeriánus Ipólito : ut addúceret ad palácium Lauréntium. Cunque veníssent ambo simul : Valeriánus dixit ad beátum Lauréntium, Jam depóne pertináciam : et thesáuros ecclésie manifésta. Beátus Lauréntius dixit, Da michi indúcias bídui vel trídui : et próferam tibi thesáuros. Valeriánus dixit ad Ipólitum, In tua pollicitatióne hábeat trídui indúcias. Tu autem Dómine miserére nostri.

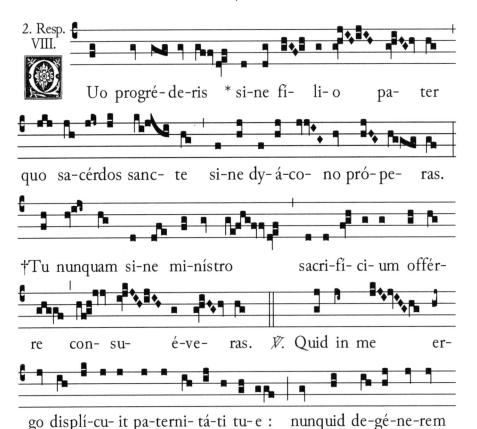

2. Resp. VIII.

Uo progré-de-ris * si-ne fí- li- o pa- ter quo sa-cérdos sanc- te si-ne dy-á-co- no pró-pe- ras. †Tu nunquam si-ne mi-nístro sacri-fí- ci- um offér- re con- su- é-ve- ras. ℣. Quid in me er- go displí-cu- it pa-terni- tá-ti tu- e : nunquid de-gé-ne-rem

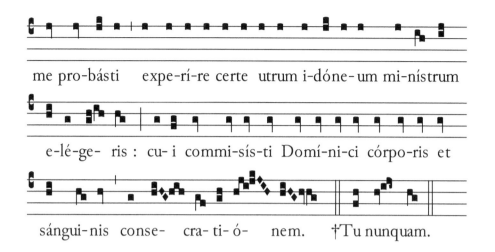

me pro-básti   expe-rí-re certe utrum i-dóne-um mi-nístrum

e-lé-ge- ris : cu- i commi-sís-ti Domí-ni-ci córpo-ris et

sángui-nis conse- cra- ti-ó- nem.   †Tu nunquam.

Lectio iij.

AB eódem die collégit beátus Lauréntius cecos, et claudos, et débiles, et páuperes : et abscóndit eos in domo Ipóliti. Complétis autem tribus diébus representávit se in palácio Salustiáno. Dixit Décius Cesar beáto Lauréntio : presénte Valeriáno prefécto, Ubi sunt thesáuri quos pollícitus es te declaratúrum ? Beátus Lauréntius colléctam multitúdinem páuperum indúxit in palácium : et voce clara dixit, Ecce isti sunt thesáuri etérni, qui nunquam minuúntur. Valeriánus dixit, Sacrífica diis : et oblivíscere artes mágicas in quibus confídis. Tunc beátum Lauréntium líbera voce contradicéntem, et sacrificia ydolórum recusántem, Décius furóre plenus jussit expoliári, et cum scorpiónibus cedi. Deínde leváto a terra jussit ei omne genus tormentórum exhíberi : et cathénis vinctum in palácium Tybérii duci. Et sedens in basílica Jovis : fecit eum nudum fústibus cedi, et láminis férreis ardéntibus látera ejus adúri. Dehinc plumbátis diutíssime mactári : et exténsum in catásta íterum scorpiónibus cedi. Sed sanctus martyr divína manum dante grátia inflexíbilis manébat : quinétiam hílaris et letus grátias Deo agébat. Tu autem Dómine miserére nostri.

3. Resp.
VIII.

O- li me * de-re-línque-re pa-ter sancte
qui- a the-sáuros tu- os jam ex- pén- di non e- go
te dé-se-ro fi- li ne-que de-re- lín-quo. †Sed
ma- jó-ra ti-bi de-bén-tur pro fi-de Chris- ti
cer- támi- na. ℣. Nos qua-si se-nes le-vi- ó-
ris pugne cursum re-cé-pimus te qua-si jú-ve-nem
magnum glo-ri- ó-si- or de ty-ránno tri- úmphus expéc- tat
post trí-du- um me séque- ris sa-cerdó- tem le-ví-

ta.   †Sed ma- jó-ra.   ℣. Gló-ri- a   Pa-tri et Fí-

li- o :   et Spi-rí-   tu- i Sanc- to.   †Sed ma- jó-ra.

❰ *In secundo nocturno.*

4. Ant.
VIII.i.

E-á-tus * Laurénti- us o-rá-bat di-cens, Dó-mi-ne

Je-su Chris- te De-us de De-o   mi-se-ré-re michi servo

tu-o.   *Ps.* Cum invocárem. (*iiij.*) [17].

℣. Qui- a accu-sá-tus non ne-gá-vi nomen sanctum tu-um :

interro-gá-tus te Christum conféssus sum.

5. Ant.
VIII.i.

E-á-tus * Laurénti- us dix-it, Me-a nox obscúrum non ha- bet : sed ómni- a in lu- ce cla-réscunt.

Ps. Verba mea. (*v.*) [18].

℣. Qui- a ipse Dómi-nus nó-vit : qui- a accu-sá-tus non

ne-gá-vi.

6. Ant.
VII.i.

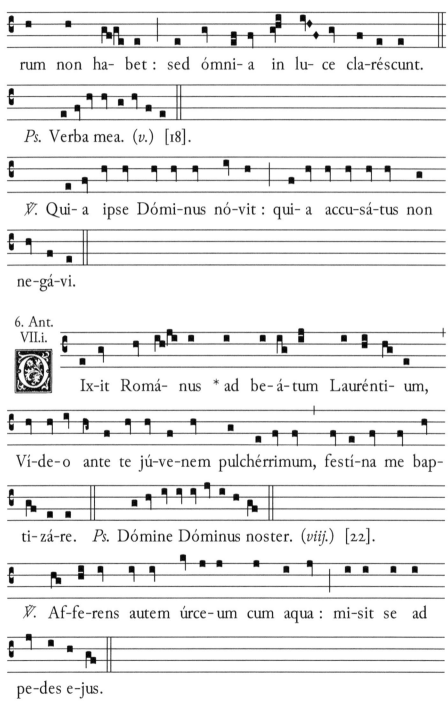

Ix-it Romá- nus * ad be- á-tum Laurénti- um,

Ví-de-o ante te jú-ve-nem pulchérrimum, festí-na me bap-

ti-zá-re. *Ps.* Dómine Dóminus noster. (*viij.*) [22].

℣. Af-fe-rens autem úrce-um cum aqua : mi-sit se ad

pe-des e-jus.

℣. Posuísti Dómine super caput ejus.

℟. *privatim.* Corónam de lápide precióso.

Lectio iiij.

Videns autem Décius non solum non se prevalére mártyri, sed étiam a mártyre contémni : furóre replétus et dolóre, de catásta levátum réddidit eum in custódiam Ipóliti, recogitatúrus de innovatióne torménti. Sequénti vero nocte sedens cum Valeriáno in termis Olympiádis, jussit eum sibi offérri. Quo facto jussit omne genus tormentórum ante tribúnal suum parári. Quibus parátis : ita allóquitur Décius beátum Lauréntium : Jam depóne artis mágicas perfídiam : et dic nobis generositátem tuam. Beátus Lauréntius dixit, Quantum ad genus Hispánus sum, a cunábulis Christiánus : in hac urbe nutrítus, et lege sancta ac divína erúditus. Décius dixit, Vere non divína, quia nec deos colis, nec torménta times. Beátus Lauréntius dixit, In nómine Dómini mei Jesu Christi torménta tua non tímeo. Tu autem Dómine miserére nostri.

4. Resp. II.

B E-á-tus * Laurén-ti-us clamá- vit et dix- it, De-um me- um co- lo : et il-li so- li sér- vi- o. †Et í-de-o non tí- me-o tor-mén-ta

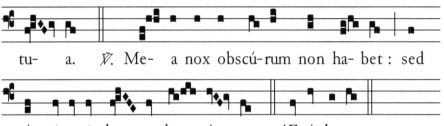

tu- a. ℣. Me- a nox obscú-rum non ha- bet : sed

ómni- a in lu- ce cla- rés- cunt. †Et í-de-o.

Lectio v.

Ecius dixit ad beátum Lauréntium, Sacrífica diis : ne nox ista in te expendátur cum supplíciis. Beátus Lauréntius dixit, Mea nox obscúrum non habet : sed ómnia in luce claréscunt. Tunc jussit Décius ut os sancti Lauréntii cum lapídibus cederétur. Quod cum fíeret, ipse tamen gratulabátur, et grátias agens confortabátur. Jussit Décius lectum férreum in modum cratícule afférri, et beátum mártyrem expoliári, et expoliátum in lecto férreo exténdi : precípiens ut sacrificáret diis. Beátus Lauréntius respóndit, Ego me óbtuli sacrificium Deo in odórem suavitátis : quia sacrificium Deo est spíritus contribulátus. Carnífices vero urgéntes ministrábant carbónes subter cra´ticulam : et désuper cum furcis férreis sanctum corpus imprimébant. Beátus Lauréntius dixit, Disce miser : quia carbónes tui michi refrigérium prestant : tibi autem supplícium etérnum. Ipse enim Dóminus novit quod accusátus non negávi, interrogátus Christum conféssus sum : assátus grátias ago. Tu autem Dómine miserére nostri.

5. Resp.
II.

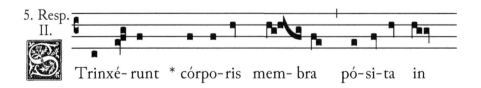

Trinxé-runt * córpo-ris mem-bra pó-si-ta in

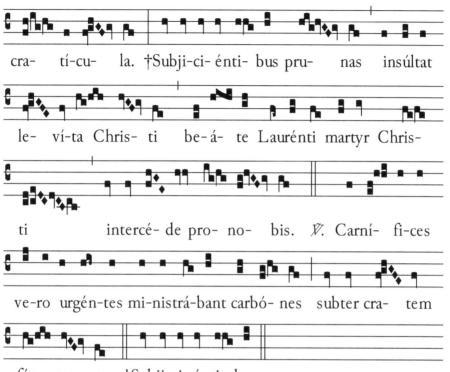

cra- ti-cu- la. †Subji-ci- énti- bus pru- nas insúltat le- ví-ta Chris- ti be-á- te Laurénti martyr Chris- ti intercé- de pro- no- bis. ℣. Carní- fi-ces ve-ro urgén-tes mi-nistrá-bant carbó- nes subter cra- tem fér- re- am. †Subji-ci- énti- bus.

Lectio vj.

ET dicébat beátus Laurén-
tius, O insáni et vere infe-
líces, non recognóscitis quia carbónes vestri non ardórem sed refrigérium michi prestant. Admi-
rabántur omnes super crudelitáte
Décii : quod precéperat eum vi-
vum assári. Ille autem hílari vultu dicébat, Grátias tibi ago, Dómine Jesu Christe, quia me confortáre dignátus es. Et élevans
óculos ad Décium de cratícula
dicébat, Assásti unam partem,
gyra et áliam : et quod assátum
est mandúca. Tunc agens grátias
Deo dixit, Grátias tibi ago, Dómine Jesu Christe : quia jánuas
tuas ingrédi mérui, et emísit
spíritum. Eádem nocte Décius et
Valeriánus abiérunt exínde per-
térriti ad palácium Tybérii : relícto super cratículam et ignem

córpore beáti Lauréntii. In primo autem crepúsculo rápuit Ipólitus corpus ejus, et invólvit illud líntheis, et condívit aromátibus. Et mandávit factum Justíno presbýtero, quómodo scílicet beátus Lauréntius emisísset spíritum, et quáliter Décius et Valeriánus confúsi exínde exíssent : quod étiam corpus sanctum super cratículam et carbónes reliquíssent. At beátus Justínus présbyter cum Ipólito in plorátu et gémitu multo corpus beáti Lauréntii tulérunt, et in prédium matróne vídue Cyriáce via Tyburtína asportavérunt, et facto véspere in crypta que erat in agro Veráno quarto idus Augústi sepeliérunt. Tu autem Dómine miserére nostri.

6. Resp.
II.

B E-á-tus * Laurén-ti- us dix- it, Ego me óbtu- li sacri-fí-ci- um De- o. †In odó- rem su-a- vi-tá- tis. ℣. Gáu-de- o pla- ne : qui-a hósti-a Chris-ti éffi- ci mé- ru- i. †In odó- rem. ℣. Gló- ri- a Pa-tri et Fí-li- o : et Spi-

rí- tu- i Sanc-to. †In odó- rem.

❡ *In tertio nocturno.*

7. Ant.
VII.ii.

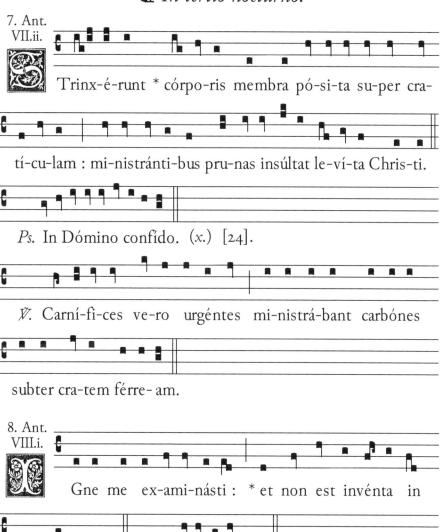

Trinx-é-runt * córpo-ris membra pó-si-ta su-per cra-

tí-cu-lam : mi-nistránti-bus pru-nas insúltat le-ví-ta Chris-ti.

Ps. In Dómino confído. (*x.*) [24].

℣. Carní-fi-ces ve-ro urgéntes mi-nistrá-bant carbónes

subter cra-tem férre- am.

8. Ant.
VIII.i.

Gne me ex-ami-násti : * et non est invénta in

me i-níqui-tas. *Ps.* Exáudi Dómine justíciam. (*xvj.*) [33].

℣. Pro-básti Dómi-ne cor me-um : et vi-si-tásti nocte.

9. Ant.
VII.i.

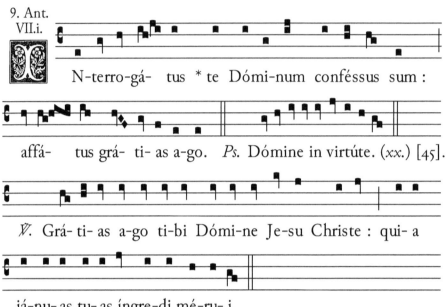

N-terro-gá- tus * te Dómi-num conféssus sum :

affá- tus grá- ti-as a-go. *Ps.* Dómine in virtúte. (*xx.*) [45].

℣. Grá-ti-as a-go ti-bi Dómi-ne Je-su Christe : qui-a

já-nu-as tu-as íngre-di mé-ru-i.

℣. Justus ut palma florébit.

℟. *privatim.* Sicut cedrus Líbani mutliplicábitur.

Léctio sancti Evangélii secúndum Johánnem. *xij.* 24. *Lectio vij.*

IN illo témpore, Dixit Jesus discípulis suis, Amen amen dico vobis : nisi granum fruménti cadens in terram mórtuum fúerit, ipsum solum manet. Si autem mórtuum fúerit : multum fructum affert. Et réliqua.

Omélia beáti Augustíni epíscopi.

AGnóscit fides vestra granum quod cécidit in terram, et mórtuum multiplicátum est. Agnóscit, inquam, hoc granum fides vestra : quia ipsum hábitat in mente vestra. Hoc enim quod de semetípso díxerat Christus, nullus ámbigit Christiánus. Sed plane illo grano mórtuo et multiplicáto, multa grana sunt sparsa in terra : ex quibus unus est beátus Lauréntius, cujus seminatiónem hódie celebrámus. Tu autem Dómine miserére nostri.

7. Resp. IV.

I N cra-tí-cu-la * te De- um non ne- gá- vi, et ad ig- nem ap-pli-cá- tus. †Te Dómi-num Je-sum Chris- tum con- féssus sum. ℣. Accu-sá-tus non ne-gá-vi nomen sanctum tu- um : et in- terro- gá- tus. †Te Dómi-num.

Lectio viij.

DE illis autem granis sparsis toto orbe terrárum, quanta pulluláverit seges vidémus : gaudéntes sumus si tamen et nos per illíus grátiam ad hórreum pertinémus. Neque enim ad hórreum pértinet, quicquid a segéte est. Eadem quippe plúvia útilis et nutritória et tríticum pascit et páleam. Absit ut simul utrúmque in hórreo condátur, quamvis simul utrúmque in agro nutriátur,

et simul utrúmque in área tritu-
rétur. Nunc tempus est eligéndi.
Antequam véniat ventilátio, fiat
morum separátio : sicut in área
granum adhuc mundatióne dis-
cérnitur, nondum ventilábro úl-
timo separánte. Audíte, grana
sancta, que hic esse non dúbito.

Nam si dúbito, granum non ero.
Audíte, inquam, me, immo audíte primum granum per me.
Non amétis in hoc século ánimas
vestras. Qui amat in hoc século
ánimam suam perdet eam. Tu
autem Dómine miserére nostri.

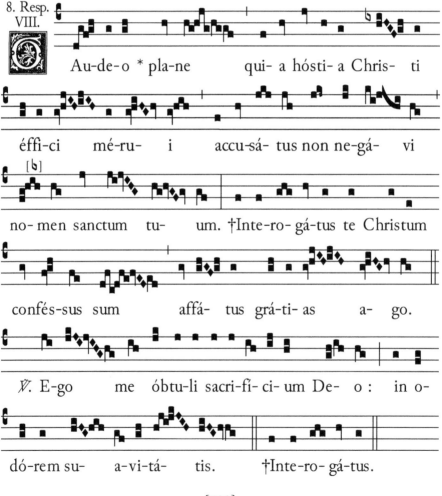

8. Resp.
VIII.

Au-de-o * pla-ne qui- a hósti- a Chris- ti
éffi-ci mé-ru- i accu-sá- tus non ne-gá- vi
[♭]
no- men sanctum tu- um. †Inte-ro- gá-tus te Christum
confés-sus sum affá- tus grá-ti- as a- go.
℣. E-go me óbtu-li sacri-fí- ci- um De- o : in o-
dó-rem su- a-vi-tá- tis. †Inte-ro- gá-tus.

Lectio ix.

GRanum lóquitur : quod mórtuum multiplicátur. Lóquitur, audiátur : quia non méntitur. Quod admónuit : ipse fecit. Instrúxit precépto : precéssit exémplo. Non amávit Christus in hoc século ánimam suam. Non amávit beátus Lauréntius in hoc século ánimam suam, quia nisi cúperet ad celórum palácia migráre : supplícia et incéndia non toleráret. Nóverat namque victúrum se esse post funus : post ignes refrigéria repertúrum. Solvebátur namque corpus ejus : et defluébat ardéntibus prunis. Exústum erat in cíneres et favíllas : quod de terra erat procreátum. Reddébat mísere genitríci partum suum : fundébat limóse matri vásculum suum. Quod de terra erat : terre reddébat. Quod de humo excréverat : flamma conflabátur. Quid ígitur inter hec torménta spíritus faciébat ? Ad celum subvolábat. Non enim póterat ánima igne tórqueri : quia in carne non póterat superári. Tu autem Dómine miserére nostri.

9. Resp. II.

E-ru-it * esse hósti-a Chris- ti le-ví- ta Lau- rénti- us qui dum as- sa-ré- tur non ne-gá-vit Dó- mi- num. †Et í-de-o invén-tus est

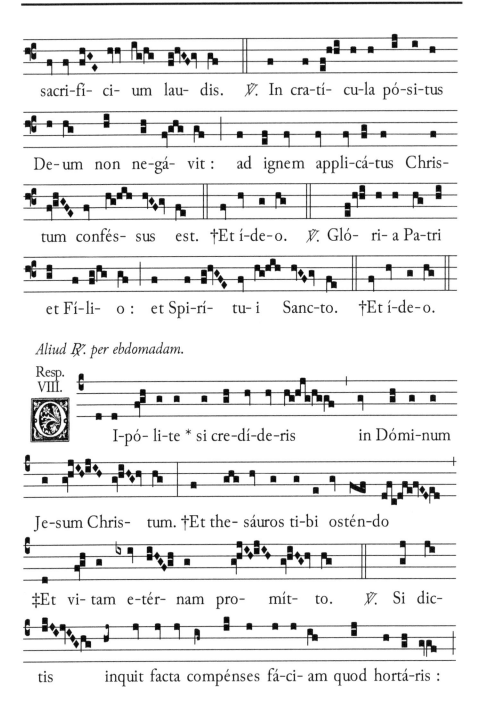

sacri-fí- ci- um lau- dis. ℣. In cra-tí- cu-la pó-si-tus

De-um non ne-gá- vit : ad ignem appli-cá-tus Chris-

tum confés- sus est. †Et í-de-o. ℣. Gló- ri- a Pa-tri

et Fí-li- o : et Spi-rí- tu- i Sanc-to. †Et í-de-o.

Aliud ℟. per ebdomadam.

Resp.
VIII.

I-pó- li-te * si cre-dí-de-ris in Dómi-num

Je-sum Chris- tum. †Et the- sáuros ti-bi ostén-do

‡Et vi- tam e-tér- nam pro- mít- to. ℣. Si dic-

tis inquit facta compénses fá-ci- am quod hortá-ris :

cu- i be- á-tus Laurénti- us dix- it : Tu michi tantúmmodo

pre- be assén- sum.   †Et the- sáuros. ℣. Gló-ri- a

Pa-tri et Fí-li- o : et Spi-rí- tu- i Sanc- to.

‡Et vi- tam.

Hoc predictum ℟. O Ypólite. *non dicitur nisi quando in die vj. octava-*
rum dies dominicus evenerit, tunc enim erit vj. responsorium.

❡ *Quinta die, de descriptione nominis Jesu.*

xj. Augusti.

Invitatorium, hymnus, antiphone et psalmi sicut in prima die. {744}.

℣. Non nobis Dómine non nobis.

℟. *privatim.* Sed nómini tuo da glóriam.

Lectio j.

Audia festi contemplán-
tes : beatíssimi nóminis
Jesu descriptiónem per-
scrutémur.   Ad nostram doctrínam mentísque consolatiónem,
adverténdum esse arbítror non
ociósum quod sub legis figúra
pretérite factum est : quod nobíscum gratióse agítur in re, que
in etérnum est permansúra. Lé-

gimus útique apud Hebréos tetra-grámmaton reveréncie et honóris nomen Dei fuísse digníssimum : summi pontíficis fronti super-éminens, atque lámina áurea sculptum. Hoc lítteris quátuor Hebráicis scriptum : sancti preci-nuére patres magni esse mystérii. Tetragrámmaton namque nostra in lingua sonat : iste est princí-pium vite. Iste profécto hoc áliud nomen venerábile Jesus quam princípium vite : hoc est Salva-tórem esse Christum Jesum de-signáre perhibétur. Signátur ergo in re sub Jesus nómine : quod in figúra préfuit sub áltero. O no-men cunctis admirábile : terríbile peccatóribus, et preamábile justis. Nec hoc látuit in somno Jacob : qui cum scalam vidísset terram celósque tangéntem ait, O quam terríbilis est locus iste. Sacrum mystérium ínnuens, ut malis fie-ret terríbilis : quos spíritu oris sui interfíceret, qui bonis vénerat ut ángelus consílii : et fieret pater futúri séculi, Christus Jesus qui ínibi natus est : ubi scalam víderat Jacob. Jesus ígitur est scala celi : quia Jesu scánditur celum. Sig-nétur in fronte mentis devóte : que ánima justi mérito nuncu-pátur. Tu autem Dómine mise-rére nostri.

℞. 1. Ecce concípies. *vij.* {762}.

Lectio ij.

Aude ígitur gáudio magno scútifer Jesu Christi, qui dum gúrgite sancto immérgeris, sacro inúngeris chrismáte, atque alta fronte crucis signo insígnitus fúeris, totus in te descríbitur Je-sus : impréssus ánime carácter in-delébilis Jesu nomen gratióse por-tat. Hinc in Apocalýpsi scriptum est, Vidébunt fáciem ejus : et no-men ejus scriptum in fróntibus suis. Quod láminam auri týpice gestábat in fronte póntifex : jam eternáliter justus quisque sub nómine gerit in ánima. O gens sancta, genus eléctum, regále sacerdótium : pópulus acquisitiónis : vobis credéntibus honor et virtus, ut virtútes ejus Jesu annunciétis de die in diem, donec auferátur luna : quia de ténebris vos vocávit in admirábile lumen nóminis sui et glórie. Gaudéte : íterum dico et exultáte, quia nómina vestra scripta sunt in celis : per Jesum Christum, qui est primogénitus mortuórum, et predestinátus Fílius Dei in virtúte. Ideo prímitus ut décuit nomen ejus inscríptum díxerat : sicut per Prophétam ait, In cápite libri scriptum est de me : ut fácerem voluntátem tuam. Tu autem Dómine miserére nostri.

℟. 2. Cum appropinquáret. *viij.* {764}.

Lectio iij.

N On absque prophético preságio reor id esse actum ab iníquo Pyláto : sicut nec quod Cáyphas póntifex prophetávit nesciénter dicens, Mélius est ut unus morátur pro pópulo : quam ut tota gens péreat. Dénique insultántibus Judéis Pylátus ait, Quod scripsi, scripsi : quando pro título triumpháli eréxit, Jesus Nazarénus rex Judeórum. Hoc tribus linguis scriptum est, Hebráica, Greca, et Latína : ut Christi fides toto orbe terrárum annunciarétur ad salútem. Nomen Jesu ad contuméliam eréxit Hierúsalem in terris : ut invenirétur ad glóriam in Hierúsalem, cujus participátio est in idípsum in celis. Unde Johánnes in Apocalýpsi vidit sanctam civitátem Hierúsalem : habéntem claritátem Dei. Vidit in fundaméntis duódecim portárum lápide precióso ornatárum, nómina apostolórum et Agni Jesu Christi spléndide descrípta : ubi et templum erat Deus et Agnus ille Christus Jesus omni majestátis glória plenum. Ad hoc charíssimi festinémus nos ingrédi : ut sicut véndicat in nobis esse et bonum, ita et nos maneámus in illo. Tu autem Dómine miserére nostri.

℟. 3. Hec autem. *ix.* {766}.

❡ *Sexta die, de pronunciatione nominis Jesu.*

xij. Augusti.

℣. *et responsoria de primo nocturno.* {748}.

Lectio j.

Vida mens hóminum dum scire semper áppetit, cógimur inférre quómodo ameníssimum nomen prenunciátum est. Prophétam audi, Revelábitur Fílius meus Jesus : eum his qui cum eo jocundabúntur. Et séquitur, Post paucos annos moriétur Fílius meus Jesus : et convertétur séculum. Satis namque ex afféctu : manifésta patet hujus divíni oráculi prenunciáta véritas. Quid maniféstius apertiúsve illo prophético vaticínio ? In Deo gaudébo : et exultábo in Deo Jesu meo. Quem nascéndum córporis non víderat óculo : longe novit ex nómine páriter et re. Nam divínus ille Esáyas dicit, Ex útero matris mee vocávit me nómine meo, meo útique non aliéno : quia Jesus secúndum carnem Salvátor appellátus est, qui ab etérno Salvátor erat secúndum divinitátem. A século non est ignótum sacrosánctum nomen Jesu : cum a tot tantísque viris fidei testimónio dignis prophétice ac mirífice prenunciátum est. Tu autem Dómine miserére nostri.

Lectio ij.

Uamquam vero in Véteri testaménto nonnúlli appelláti sunt nómine Jesus, ut Jesus Nave, qui Jósue dicebátur, Jesus Syrac, et Jesus filius Jósedech : eórum tamen nullus futúrus erat, qui salvum fáceret pópulum suum a peccátis eórum. Plures fáteor in lege prenomináti fúere ántequam nati : Ismael, Ysaac, Sanson, Josías, Cyrus, Agag, Hieremías, atque Johánnes baptísta, sed omnes Jesum Christum designáre censéntur. Alios vero ex lege salvatóres nóvimus, Móysen, Cyrum, et Joseph : nec eórum áliquis qualis iste ad quem genu fléctimus Jesus, nómine et re prefigurábat. Sunt et isti salvatóres, nam quisquis eórum magne salútis fuit promótor, aut pópuli remóvit dédecus, aut ab ingruénti clade liberávit pátriam : sínguli tamen sub umbra degéntes, in spe advéntus Dómini nostri Jesu Christi. Namque Jesus Christus heri et hódie. Recte ergo et juste impósitum est sibi nomen : quod est laudábile ab ortu solis usque ad occásum. Si enim hóminum concéntus, si angelórum júbilus canor mentes állicit, jubilántes ánimos éfficit ut se vix cápere possint : non minus profécto hoc verbum Jesus, quod prenunciári mandávit in mille generatiónes. Nobis speculántibus que non licet hómini loqui, sit Jesus verbum semper manens in ore et ópere, qui semper est verbum Dei manans ex corde. Noster Jesus est Verbum Dei : quia Verbum Dei caro factum habitávit in nobis. Tu autem Dómine miserére nostri.

Lectio iij.

TRíplici nómine devóte insignítum et prenunciátum Salvatórem nostrum : ex Evangélio didícimus. Primo Fílius Dei appellátur : secúndo Christus, tértio Jesus. Vocátur étenim Fílius Dei : inquántum est de Deo Deus. Christus : quia homo a persóna divína, quantum ad humánam natúram assúmptus. Jesus : ut Deus humanitáti conjúnctus. Fratres ígitur charíssimi, qui in púlvere estis expergiscímini et laudáte. Ecce Dóminus venit cum salúte : venit cum unguénto, venit cum glória. Neque enim hinc salúte venit Jesus, neque Christus sine unctióne : neque sine glória venit Fílius Dei. Ipse équidem salus : ipse únctio : ipse glória. Deum et Dóminum nostrum Jesum Christum his modis cognóscimus : nómine, natúra, nativitáte, potestáte, et professióne. Hunc Jesum Salvatórem sancti predixérunt prophéte : de eo testátur Pater, de se ipse profitétur. Apóstoli prédicant, religiósi credunt : demónes confiténtur, Judéi negant, gentíles in passióne cognóscunt. Obmutéscat ergo omnis impíetas : que Fílium Dei Jesum Christum esse negat aut dúbitat. Discédat ímpia gens Judáica : que Dei Fílium Christum Jesum incarnátum spernit et dénegat. Accédas o ánima Christiána. Confiteámur nómini sancto Dómini : et gloriémur in laude Jesu. Cui est honor et glória : per infiníta seculórum sécula amen. Tu autem Dómine miserére nostri.

❧ Septima die, de sancto Ipolito sociisque ejus martyrum.

xiij. Augusti.

Novem lectiones fiant, invitatorium duplex.

Invitatorium. Mirábilem Deum. [281].

Ps. Veníte. 10*.

Hymnus, antiphone, psalmi et ℣. de communi plurimorum martyrum. [282].

℣. Letámini in Dómino et exultáte justi.

℟. *privatim.* Et gloriámini omnes recti corde.

Tres prime lectiones et responsoriis de communi plurimorum martyrum. [289].

Medie lectiones de octavis Jesu et non de sancto Laurentio {801}. *ut patet quando festum sanctorum Johannis et Pauli infra octavas Corporis Christi evenerit.* 949.

Tres ultima lectiones de proprietate sanctorum.

Lectio vij.

Ost tértium diem sepultúre beáti Lauréntii mártyris : revérsum in domum suam Ipólitum tenuérunt mílites, et perduxérunt eum ad Décium Cesárem. Cui Décius súbridens ait, Nunquid et tu magus factus es, quia corpus Lauréntii abstulísse díceris ? Respóndit Ipólitus, Hoc feci non quasi magus : sed quasi Christiánus. Décius irátus : jussit ut lapídibus os ejus tunderétur. Et expólians eum hábitu Christiáno : hortabátur ut sacrificáret diis et ad milítiam redíret. Ipólitus dixit, Non me expoliásti : sed magis cepísti vestíre. Décius dixit, Quómodo insípiens factus es : ut nuditátem tuam non erubéscas ? Ipólitus dixit, Ego et sápiens et Christiánus factus sum : qui ignórans credébam quod tu credis. Tu autem Dómine miserére nostri.

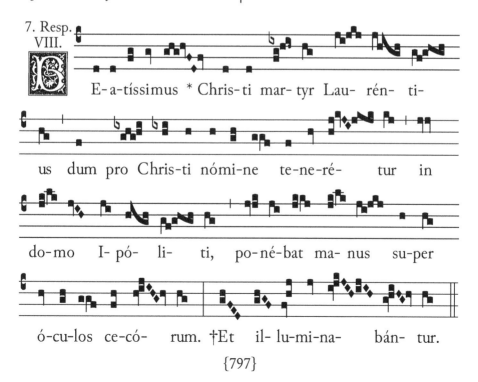

7. Resp. VIII.

B E-a-tíssimus * Chris-ti mar-tyr Lau- rén- ti-us dum pro Chris-ti nómi-ne te-ne-ré- tur in do-mo I-pó- li- ti, po-né-bat ma-nus super ó-cu-los ce-có- rum. †Et il-lu-mi-na- bán- tur.

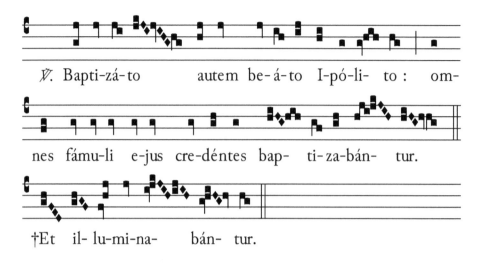

℣. Bapti-zá-to autem be-á-to I-pó-li- to : om-

nes fámu-li e-jus cre-déntes bap- ti-za-bán- tur.

†Et il- lu-mi-na- bán- tur.

Lectio viij.

DEcius dixit, Sacrífica ne péreas per torménta : sicut Lauréntius. Ipólitus dixit, Exémplum mérear fieri beáti mártyris Lauréntii : quem tu miser ausus es ore pollúto nomináre. Tunc jussit eum Décius exténdi et fústibus cedi : et cesum cárduis laniári. Post hec levátum a terra : jussit eum vestíri veste qua ante utebátur gentílis, et dixit ei, Utere prístina milítia, quam in conspéctu nostro semper habuísti : et esto noster amícus. Beátus Ipólitus voce clara dixit, Milítia mea hec est : Christo firmiter militáre, et ei militándo celériter ad fructuósam palmam veníre. Tu autem Dómine miserére nostri.

8. Resp.
I.

Equi-sí- tus * a Dé- ci- o sanctus I-pó- li-

tus de córpo-re Laurénti- i ut quid se-pe-

lís- set, respóndens I-pó-li-tus dix- it. †Chris-ti- á- nus

e-go sum : et Chris- ti már-ty- rem di-li-gén-

ter se- pe- lí- vi. ℣. Mi-rum michi

valde est, ut quid o-re pollú- to márty-rem no-mi-

nás- ti. †Chris-ti- á- nus.

Lectio ix.

Ecius iracúndia plenus, jussit Valeriáno ut omnes facultátes Ipóliti accíperet : et eum crudéli examinatióne interfíceret. Eódem die Valeriánus, exquisíta facultáte ejus : omnem famíliam ejus Christiánam ante conspéctum suum fecit addúci. Inter quos erat nutrix Ipóliti Christiána nómine Concórdia, quam Valeriánus jussit plumbátis cedi presénte Ipólito, donec emítteret spíritum. Ipsum vero Ipólitum fecit duci foras muros porte Tiburtíne cum família sua : ut decollaréntur. Quos Ipólitus confortábat dicens, Fratres nolíte contristári et metúere : quia ego et vos unum Deum habémus. Jussit vero Valeriánus ut in conspéctu Ipóliti omnes decollaréntur. Et decolláti sunt promíscui sexus, número decem et novem. Beátum vero Ipólitum pedes ligátum ad colla equórum indomitórum : jussit per cárdetum et tríbulos trahi, donec emítteret spíritum. Quorum córpora collégit Justínus présbyter et sepelívit. Tu autem Dómine miserére nostri.

9. Resp.
VIII.

X-po-li- á-vit * veste I-pó-li-tum Dé- ci- us qua indu-e- bá- tur in há- bi- tu Chris- sti- á- no, et dix- it e- i. †Sacrí- fi-ca di- is et acqui- ésce pre-cép- tis nos- tris. ‡Et vi- ve et frú-e-re mi-lí-ti- e

palma. ℣. Ce-sar dix-it ad I-pó-li-

tum, Quómodo factus es insí-pi- ens : ut nu-di-tá-tem

tu- am non e-ru-bés- cas. †Sacrí- fi-ca. ℣. Gló-

ri- a Pa-tri et Fí-li- o : et Spi-rí- tu- i

Sanc- to. ‡Et vi- ve.

❦ *Dominica infra octavas Jesu.*

❦ *Si dies dominicus infra octavas contigerit et vacaverit a festo sancti Laurentii : et festo sanctorum Ipoliti sociorumque ejus.*

Omnia fiant sicut in prima die {744}. preter vj. lectionem. Tres ultime lectiones de expositione Evangelii, sicut in prima die. {761}.

Lectio j.

On latet vos, dilectíssimi Deo et homínibus, quómodo novíssimis diébus istis Deus suam multiplicávit misericórdiam, ut nobíscum grátie magnificáret letíciam : qui non solum advénit Dominátor Dóminus, sed qualis quantúsve fúerat osténdit, cum pie et mansuéte manifestávit suum nomen coram homínibus. Credidérunt patriárche de Christi futúra incarnatióne, certificáti fúere patres : quibus profécto hoc de quo ágimus devótum nomen maniféste non est revelátum. Jacob Christum incarnándum predíxit. Non auferétur, inquit, sceptrum de Juda, et dux de femóre ejus : donec véniat qui mitténdus est. Tu autem Dómine miserére nostri.

Lectio ij.

HOc mirábile mystérium, sed mirabílior Dei bónitas : ut glorlósius nomen Jesu venerándum a nobis sua mediánte passióne exaltarétur, quod prius fúerat abscónditum. Vocábulum istud Jesu dulce et gloriósum, omni adorátu cultúque digníssimum, nomen super omne nomen : non décuit ab homínibus appellári, neque ab eis afférri in mundum, sed ab excellentióri majoríque natúra angélica. Gábriel ergo ad Maríam ait, Ecce concípies in útero et páries fílium : et vocábis nomen ejus Jesum. Hoc nempe nomen novum : quod os Dómini, non hóminis nominávit. Tu autem Dómine miserére nostri.

Lectio iij.

QUamquam enim légifer Deo acceptatíssimus Móyses divína orácula accéperat, et ut amícus ad amícum locútus est ei Deus : hoc tamen venerábile nomen non vidit apérte. Peténti vidére fáciem ejus ait, Non potes vidére fáciem meam et vívere : sed posterióra mea vidébis. Pópulus Israel Móyse signátus incarnatiónem, circuncisiónem, passiónem, et ascensiónem, que Dei posterióra appelléntur, re et nómine vidit : quem ille in rubo, in anterióribus invisíbilis Dei majestátis non pótuit cérnere vivens. Tu autem Dómine miserére nostri.

Lectio iiij.

Oluit ejus nomen nosci ad salútis plenitúdinem de celis, usque dum nascerétur plenitúdine témporis et nominarétur in terris. In fácie nominátur, Deus ego sum : in posterióribus Jesus appellátur. Primum nomen ignóti Dei et timóris. Jesus nomen ab ómnibus pregustátum est et amóris. Jesus amor indicíbilis, amor delectábilis : amor inextinguíbilis. Jesus peccáti ábluit máculam ne culpa coínquinet : mentem justíficat, ne reátus ad penam óbliget, ad glóriam sanctíficat. Unde Apóstolus ait, Ablúti estis, sanctificáti estis, justificáti estis : in nómine Dómini nostri Jesu Christi. Hoc ergo nomen Dómini quicúnque invocáverit, salvus erit. Tu autem Dómine miserére nostri.

Lectio v.

Enerémur ígitur hoc devotíssimum nomen : et ómnia quecúnque fácimus in verbo aut ópere, ut suádet Apóstolus, in nómine Jesu faciámus. Quippe bene erit ómnibus invocántibus eum in veritáte, et voluntátem timéntium se fáciet, et deprecatiónem eórum exáudiet Jesus. Jesum beátus Ignátius sue passiónis in agóne invocávit : et bene sibi erat. Béstias ferocíssimas, ardentíssimos ignes, ac cétera génera tormentórum superávit. Gloriósum memoriále ultra humánam estimatiónem corde suo inscríptum suscépit de manu Dómini Jesu sempitérnum. Namque corde particulátim scisso, lítteris áureis inscríptus invenítur Jesus : cujus ob mirábilem grátiam plures venerántur eum fidéles. Tu autem Dómine miserére nostri.

Lectio vj.

Ionýsius Atheniénsis hujus virtúte nóminis cecum illuminávit. Evangelíste Johánni venénum non nócuit : Dyáne in nómine Jesu templum dejécit. Aristódimus intoxicátos mórtuos suscitávit. Claudum sedéntem in porta Petrus et Johánnes erexérunt. Enee paralýtico Petrus gressum restaurávit : ac Thábitam víduam mórtuam vite prístine redúxit vivam. Mérito ergo coléndum et venerándum est tam éfficax nomen : ad cujus virtútem grátiam et consolatiónem tot tantáque consístunt mirácula. Tu autem Dómine miserére nostri.

Tres ultime lectiones de expositione Evangelii sicut in prima die. {761}.

❦ *In octava nominis Jesu.*

xiv. Augusti.

Novem lectiones, invitatorium triplex.

Invitatorium, hymnus, antiphone et psalmi, ℣. et vj. ℟. sicut in prima die. {744}.

Lectio j.

Onfiténtibus hoc salutíferum nomen Jesu coram homínibus : copiósa merces repromíttitur in celis. Venerémur ígitur invocándo, invocémus confiténdo : et confiteámur nómini sancto ejus quóniam bonum est. Quóniam qui confitétur, confitébitur a Dómino Jesu Christo coram Deo Patre et ángelis : non in terra sed in celis. O vere beáta conféssio hóminis : sed felicíssima Jesu Fílii Vírginis. Illa conféssio moriéntis et meréntis in via : ista in etérnum vivéntis atque premiántis in pátria. Illa laudis : ista retributiónis. Illa in peregrinatióne : ista in quiéte. Corde simul et voce Jesum veneráre et ópere ne detráctes : quia qui ore et ópere Jesum negat, fidem negat, et est infidéli detérior. Nec quisquam de fide Jesu requísitus celáre habet nomen hoc gloriosíssimum. Qui enim pro nómine Jesu mori parátum non se invénerit : nec se nóverit fore Christiánum. Pauli ut testántur mirácula amputáto cápite, pálpitans lingua ter Jesum conféssa est. Ad cujus nóminis confessiónem, tres fontes ubi lánguidi et infírmi sanántur : mirum in modum erupérunt. Saulus audíta voce hac, Ego sum Jesus quem tu perséqueris : cecus cecídit. Ab Ananía in Jesu nómine baptizátur : atque ab óculis suis squamis cadéntibus illuminátur. Gaudeámus ígitur evangelizándo hoc dulce nomen : ut ab ipso laudémur, et vasa glórie cum Paulo simus elécta. Unde scriptum est, Vas electiónis est michi : ut portet nomen meum coram régibus. Tu autem Dómine miserére nostri.

Lectio ij.

HOc devotissímum nomen fratres mente honorémus dum cogitátur, voce dum audítur, verbo dum enunciátur : orátione dum légitur, inspiráta visióne aut scriptúra dum vidétur : quia profécto ómnibus his modis esse habet Jesus. Et pretérea non venerábile solum homínibus : sed et demónibus multum terríbile. Clamant namque semper : Jesu cur venísti ante tempus pérdere nos ? Christi discípulis hec potéstas trádita est : ut suo nómine demónia subjícerent. Angelis profécto hoc nomen letábile : cum in eo ipsórum ruína reparátur. Hinc subtílius fuit prophetátum, utílius peroptátum : gratiósius nobis publicátum. Et quamquam Greco stultum, et Judéo scandalósum : his tamen qui salvi facti sunt, summe virtuósum est. Nec immérito véndicat sibi nomen quod est super omne nomen. Hoc ergo nomen devotíssime venerémur : a quo nostra fluunt cuncta presídia. Jesum dúlcia precórdia pulsent, éxitus aquárum nostri dedúcant óculi, atque crebris singúltibus árida suspírent péctora. Quorum non erunt compúncta corda, tot ubi vidéntur leguntúrque facta mirácula ? O ergo dulcíssime Jesu, si dulce est flere de te in mundo : quam dulce est de te Jesu gaudére in celo. Tu autem Dómine miserére nostri.

Lectio iij.

EXúltet jam angélica turba ob hujus festi sacráti nóminis Jesu divína mystéria : ac pro tante benignitátis dignitáte íntonet canor júbilus cordi et ori salutáris. Gáudeat se nostra régio tanti nóminis lustráta honóribus, pópulus sedens in ténebris séntiat se amisísse calíginem : et in hoc beáto nómine gáudeat recepísse salútem. Letétur pia mater ecclésia hujus festivitátis decoráta gáudiis : Christianórum devótis melódiis vocíferet hec ecclésia Christi. Congáudeant hujus sanctíssimi festi procuratóres, in quo non Deus détinet, sed grátiam confert, servátque copiósam meréndi matériam : ut plénius gloriéntur in laude sui. Hoc fídei, hoc spei, hoc charitátis nomen, fun-

daméntum mérito nuncupátur : a quo non potest quisquam áliud pónere, quia id pósitum est Christus Jesus. Exculpémus in hoc lápide angulári qui crevit in montem vária tabernáculi festa : et cauti simus ne segnes dilectióne, gloriatióne pigri, inveniámur in Christo Jesu. Hunc dilígere ex toto corde téneris : tota ánima et ómnibus víribus tuis. Ecce homo. Nichil relíquit : qui totum sibi véndicat. Próspice quid negas : vide quid potes. Mensúres ópere quid debes Jesu Christo, vero Regi immortáli : qui vivit et ímperat per sécula Deus, atque veritúrus est judicáre vivos et mórtuos et séculum per ignem. Tu autem Dómine miserére nostri.

Medie lectiones de sancto Eusebio. Lectio iiij.

TEmpore quo Libérius de exílio revocátus fúerat : a Constántio Augústo herético ut una communióne contamináret

plebem. Eusébius présbyter urbis Rome cepit declaráre Libérium heréticum : et amícum Constáncii. Quo facto : occupántur ecclésie a Libério, ejícitur Felix de episcopátu, subrogátur Libérius : tenétur Eusébius présbyter. Tunc Constáncius imperátor aggréditur cum Libério Eusébium presbýterum dicens, Tu solus Christiánus es in urbe Roma ?

Eusébius présbyter respóndit, Sic confídimus in Dómino : quia fidéles nos Christus invéniet, sicut et baptizáti sumus : et benedictiónem servábimus, quam a beáto Júlio suscépimus. Tu autem Dómine miserére nostri.

℟. 4. Euge serve. *in communi. j.* [324].

Lectio v.

Ibérius dixit, Et nos cujus fúngimur vice ? Nonne anterióris nostri ? Eusébius présbyter dixit, Ita esset : si perseverásses in fide : quam in persecutióne primo tenére visus fúeras. Libérius dixit presénte Augústo, Tam contumácem me exístimas ? Eusébius dixit, Res ipsa te docet et declárat. Imperátor Constáncius dixit, Et quid est

inter fidem et fidem ? Eusébius présbyter respóndit, Quantum ad nos peccatóres, integritátem tenéntes sumus : quantum ad vos insánia pleni estis : qui felícem epíscopum cathólicum et Dóminum Jesum Christum invocántem, purum sacerdótem ab ómnibus declarátum, in exílium direxístis. Tu autem Dómine miserére nostri.

℟. 5. Justus germinábit. *ij.* [251].

Lectio vj.

Rátus Constáncius subrogátu Libérii inclúdit Eusébium presbýterum in quoddam cubículum domus sue, quod húmile erat, in latitúdine pédibus quát-

tuor : et ibi multis ménsibus in oratióne constánter perséverans inclúsus. Post menses septem dormitiónem accépit decimonóno kaléndas Septémbris. Cujus corpus collégit Gregórius et Orósius presbýteri paréntes ejus et sepeli-érunt in crypta juxta corpus beáti Sixti mártyris et epíscopi in cimitério Kalíxti. Ibi et títulum ipsíus scribéntes posuérunt pro commemoratióne hóminis Dei. Hic autem Orósius : étiam hec gesta conscrípsit. Tu autem Dómine miserére nostri.

℞. 6. Jurávit. *in communi. iij.* [326].

❡ Léctio sancti Evangélii secúndum Lucam. *ij. 21. Lectio vij.*

IN illo témpore, Postquam consummáti sunt dies octo, ut circuncicerétur puer : vocátum est nomen ejus Jesus. Et réliqua.

Omélia de divérsis tractátibus.

NEque enim quérere est Christiánis, cur volúerit Dóminus circuncídi, prop-ter quid circuncísus est, propter quid passus : prop-ter quid tali ac tanto nómine vocátus. Nichil horum propter se, sed ómnia propter eléctos : ómnia propter delícta nostra. Quod vocátum est inquit, ab ángelo : priúsquam in útero con-ciperétur. Vocátum plane non impósitum. Nempe hoc nomen est ei ab etérno. A natúra própria habet ut sit Salvátor : innátum est ei hoc nomen, non índitum ab

Bernardi ser. 2. de circuncis. in medio.

humána vel angélica creatúra. Sed quid dícimus quod egrégius ille Prophéta hunc ipsum púerum multis nomínibus appellándum fore prédicens, hoc unum tacuísse vidétur, quod solum premónuit ángelus : ut testátur Evangelísta, Vocátum est nomen ejus Jesus. Exultávit Esáyas ut víderet hunc diem : et vidit et gavisus est. Dénique et loquebátur gratula-búndus et laudans Deum, Puer natus est nobis, et Fílius datus est nobis, cujus impérium super hú-merum ejus : et vocábitur nomen ejus admirábilis, consiliárius, De-us fortis, pater futúri séculi, prin-ceps pacis. Magna quidem nó-mina, sed ubi est nomen quod est super omne nomen : nomen Jesu in quo omne genu flectátur ?

Forte in his ómnibus unum illud invénies : sed expréssum quodámmodo et effúsum. Nempe ipsum est de quo sponsa in Cántico amóris : Oleum inquit effúsum nomen tuum. Tu autem Dómine miserére nostri.

Lectio viij.

Abes unum in his ómnibus appellatiónibus Jesum : nec omníno aut vocári posset aut esse Salvátor, si forte horum quíppiam defecísset. Nunquid non vere admirábilem eum sumus sínguli expérti, in mutatióne útique naturárum ? Hoc nempe est salvatiónis nostre princípium : cum incípimus respúere quod diligebámus, dolére unde letabámur, amplécti quod timebámus, sequi quod fugiebámus, optáre quod contemnebámus. Admirábilis plane qui hec operátur mirabília. Sed nichilóminus et consiliárium sese exhíbeat necésse est in electióne peniténcie, et vite ordinatióne : ne forte sit nobis absque sciéncia zelus, ubi tanti boni prudéncia desit. Sane opus est ut Deum quoque probémus in remissióne vidélicet peccatórum, quia nec sine hac salus nobis constáre potest : et nemo potest dimíttere peccáta nisi solus Deus. Verum nec id quidem súfficit ad salútem : nisi fortem quoque experiámur in expugnándo, expugnántes nos, ne ab eísdem rursum concupiscéntiis superémur, et fiant novíssima nostra deterióra prióribus. Vidétur ne áliquid deésse Salvatóri ? Plane deésset quod máximum est, nisi Pater esset futúri séculi ut per eum immortálem resurgerémus qui per preséntis séculi patrem generámur ad mortem. Neque hoc satis, si non étiam Princeps pacis Patri nos reconciliáret, cui traditúrus est regnum : ne forte sicut fílii perditiónis útique non salútis resurrectúri viderémur ad penam. Multiplicábitur ejus impérium sane, ut mérito Salvátor dicátur : étiam pro multitúdine salvandórum. Et pacis non erit finis :

ut veram novéritis esse salútem, que non possit timére deféctum : Jesu nómine invocáto. Tu autem Dómine miserére nostri.

Lectio ix. Idem ser. 1. ante medium.

POstquam consummáti sunt dies octo ut circunciderétur puer : vocátum est nomen ejus Jesus. Magnum et mirábile sacraméntum. Circuncíditur puer : et vocátur Jesus. Quid sibi vult ista connexio ? Circuncísio nempe salvándi magis quam Salvatóris esse vidétur : et Salvatórem circuncídere decet magis quam circuncídi. Sed agnósce Mediatórum Dei et hóminum : qui ab ipso nativitátis sue exórdio divínis humána sóciat ima summis. Náscitur ex mulíere : sed cui fecunditátis fructus sic accédat, ut non décidat flos virginitátis. Pannis invólvitur : sed panni ipsis angélicis láudibus honorántur. Abscónditur in presépio : sed próditur stella radiánte de celo. Sic et circuncísio veritátem suscépte humanitátis : et nomen quod est super omne nomen glóriam índicat majestátis. Circuncíditur tanquam verus Abrahe filius : Jesus vocátur tanquam Fílius Dei. Non est in eo nóminis umbra : sed Jesu véritas manifésta. Célitus quidem indíctum nomen Evangelísta testátur : Quod vocátum est ab ángelo, priúsquam in útero conciperétur. Et atténde verbi profunditátem. Postquam natus est, Jesus vocátur ab homínibus : quod vocátum est ab ángelis priúsquam in útero conciperétur. Idem quippe et ángeli Salvátor et hóminis : sed hóminis ab incarnatióne, ángeli ab inítio creatúre. Vocátum est ergo nomen ejus Jesus, quod vocátum erat ab ángelo : ut in ore duórum vel trium téstium stet omne verbum : et ipsum quod in Prophéta abbreviátum maniféstius in Evangélio légitur caro factum. Vos ergo fratres mei réspicit hec parábola. Jesus enim nec angélico éguit testimónio nec humáno : sed triplex nobis salútis nostre testimónium ab ángelo : María et

Joseph relíquit ne forte videámur assumpsísse nomen Dei in va-

num. Tu autem Dómine miserére nostri.

Secundum antiquum usum.

ℂ *Sancti Sixti sociorumque ejus.*

vj. Augusti.

Tres lectiones fiant, invitatorium simplex.

Lectio j.

Ecius Cesar et Valeriánus preféctus : jussérunt sibi sanctum Sixtum epíscopum cum clero suo presentári. Et presentátus est eis nocte : cum duóbus dyacónibus Felicíssimo et Agapíto. Cumque fecíssent eos duci ad templum Martis ut sacrificárent, et illi non acquiéscerent : jussérunt eos in custódia reclúdi. Altera die fecé-

runt eos duci de cárcere : ut audiréntur. Dixit autem sancto Sixto Décius iracúndia plenus, Nos quid consúlimus senectúti tue : audi precépta nostra et sacrífica. Respóndit beatus Sixtus, Miser tu tibi consúle, et noli Deum blasphemáre : sed age peniténciam de sánguine sanctórum quod effudísti. Tu autem Dómine miserére nostri.

Lectio ij.

Ecius furóre plenus : dixit ad Valerianum, Si iste extínctus non fúerit : non erit timor clarus. Valeriánus respóndit, Cápite truncétur. Respondérunt Agapítus et Felicíssimus dyáconi et dixérunt, O míseri si audiátis mónita patris nostri evadétis tor-

ménta etérna : que vos tórquere promíttunt. Ducántur íterum ad templum Martis : et sacríficent. Quod si nolúerint : in eódem loco capítibus truncéntur. Et edúcti sunt foras murum porte Appie. Et dixit beátus Sixtus, Ecce ydóla vana : muta surda et lapídea, quibus míseri inclinántur : et perdunt vitam etérnam. Tu autem Dómine miserére nostri.

Lectio iij.

ET dixit beátus Sixtus ad templum Martis, Déstruat te Christus fílius Dei vivi. Quod cum dixísset : respondérunt omnes Christiáni, Amen. Et súbito cécidit áliqua pars templi : et cominuáta est. Tunc mílites sanctum Sixtum epíscopum et Felicíssimum et Agapítum dyáconos in clivum Martis duxérunt ante templum, et ibi decollavérunt eos octáva idus Augústi : et dimisérunt córpora eórum in plátea. Nocte vero venérunt clérici et presbýteri et dyáconi et máxima plebs Christianórum, et collegérunt córpora sanctórum : et sepliérunt beátum Sixtum epíscopum et mártyrem in crypta, in cimitério Kalíxti : sanctos vero Felicíssimum et Agapítum in cimitério Pretaxtáti. Tu autem Dómine miserére nostri.

Cetera de communi plurimorum martyrum. [281].

❧ *Sancti Donati episcopi et martyris.*

vij. Augusti.

Tres lectiones fiant, invitatorium simplex.

Lectio j.

Eátus Donátus nutrítus a sancto Pigménlo presbýtero : in título beáti pastóris erúditus est non solum divínis : verum et humánis lítteris sufficientíssime. Cum quo et Juliánus crevit : et subdyáconus ordinátus est, qui relícto póstmodum gradu, inútilis factus ad impérium aspirávit. Quo témpore beátum Pigménium Rome in custódia mancipávit : et patrem matrémque sancti Donáti gládio occídit. Donátus vero lector pétiit Arécium civitátem, et habitávit cum Hylário monácho sérviens Deo contínuis oratiónibus et jejúniis. Tu autem Dómine miserére nostri.

Lectio ij.

FActum est aut múlier nómine Surána gentílis : et pagána capta, óculis et corde vere ceca : cum uno fílio Ercúlio nómine cellam beáti Hylaríni, cum quo beátus vir habitábat, requíreret. Quam fide Christi instrúctam ad beátum Sátirum epíscopum beátus Hilarínus et Donátus perduxérunt. Qui fidem ipísus gratánter accépit, grátias agens Deo, indixítque ei jejúnium : et ut humiliarétur in cilício et cínere. Et sic deínde cathecizávit tam ipsam quam fílium ejus. Et mox apérti sunt óculi Suráne : cepítque clamáre, Vere Deus est, qui illuminávit óculos meos. Verum recépto beáto Sátiro cum pátribus suis : in ejus loco sacerdótium beátus Donatus suscépit. Tu autem Dómine miserére nostri.

Lectio iij.

SAnctus ergo Donátus epíscopus factus cum quadam die missas celebráret, et dyáconus cálicem tenens, sancta fidélibus dispensáret, impelléntibus pagánis : calix de manu dyáconi lapsus : et fractus est. Cujus fragménta sanctus epíscopus cólligi fecit et édito crucis signo, ac nómine Dómini invocáto ádeo eum redintegrávit : ut nulla fractúre vestígia in eo possent vidéri. Multis ergo signis gloríficans Dóminus sanctum suum : ad corónam martýrii provéxit. Dénique tentus témpore Juliáni imperatóris, a Quadratiáno Augustáli : simúlque cum eo Hylarínus vir Dei, jubétur sacrificáre ydólis. Cunque viríliter reluctaréntur : jussit Quadraciánus os ejus lapiídibus contúndi. Hylarínum vero monáchum in conspéctu ejus támdiu fústibus cedi : donec spíritum emítteret. Deínde beátum Donátum in custódia jussit reclúdi. Ubi cum innúmera mirácula Dóminus per servum suum operarétur : misit Quadraci-ánus et gládio percússit eum séptimo idus Augústi. Cujus corpus Christiáni juxta civitátem cum veratióne sepeliérunt. Tu autem Dómine miserére nostri.

Cetera de communi unius martyris et pontificis. [271].

❧ *In festo sancti Ciriaci sociorumque ejus martyrum.*

viij. Augusti.

Tres lectiones, invitatorium duplex.

Lectio j.

Ioleciánus Augústus comprehéndi fecit Ciriácum Románe ecclésie dyáconum cum áliis sanctis, et in custódia pública trudi. Ubi eo multo témpore pósito, plúrimas per eum Dóminus operabátur virtútes. Eódem témpore úrgeri cepit a demónio Arthémia filia Diocleciáni : clamánte demóne per os ejus presénte Diocleciáno : quia nisi vénerit Ciriácus dyá-conus non éxeo. Mittens ergo Dyocleciánus ejécit beátum Ciriácum de custódia, et sócios ejus Largum et Smarágdum, et rogávit eum ut liberáret filiam ejus. At ille in nómine Dómini nostri Jesu Christi ab ea immúndum spíritum éxpulit, et presénte matre sua Seréna Augústa baptizávit eam : et deínceps in religióne Christiána fidélis permánsit. Tu autem Dómine miserére nostri.

Lectio ij.

POst hec Dyocleciánus Augústus beáto Ciriáco domum in urbe Roma donávit : et faciénte Seréna Christianíssima uxóre ejus ut secúrus víveret precépit. Mórtuo autem Dyocleciáno precépit Maximiánus fílius ejus, ut Christiáni ubicúnque invénti essent puniréntur. Et zelo ductus propter sorórem suam Arthémiam ténuit beátum Ciriácum dyacónum : et commendávit eum Carpásio vicário dicens, Ciriácum sacrilégum divérsis afflíge tor-

méntis : si non libámina diis obtúlerit. Tunc precépit Carpásius picem reliquári : et in caput beáti Ciriáci fundi. Et cepit beátus Ciriácus clamáre dicens, Glória tibi, Dómine Jesu Christe : qui nos servos tuos dignátus es portas regni celéstis aperíre. Tu autem Dómine miserére nostri.

Lectio iij.

POst hec precépit Carpásius sanctos Dei, Ciriácum, Largum, et Smarágdum in custódia trudi. Transáctis autem quátuor diébus, precépit Carpásius beátum Ciriácum sibi presentári : et sic eum cepit álloqui, Ciriáce, sacrífica diis, et vives. Respóndit beátus Ciriácus, Sacríficent eis qui non cognovérunt Salvatórem suum Dóminum Jesum Christum. Et irátus Carpásius jussit beátum Ciriácum in catásta exténdi, et áttrahi nervis, et fústibus cedi : clamánte beáto Ciriáco, Miserére mei, Dómine Jesu Christe. Et

nunciávit Carpásius Maximiáno quod factum fúerat. At ille jussit omnes vinctos qui erant cum beáto Ciriáco cápite truncári. Et data senténcia decolláti sunt cum beáto Ciriáco, número vigínti et unus. In ipso témpore : interfécit Maximiánus sorórem suam Arthémiam. Véniens autem Marcéllis, urbis Rome epíscopus, sanctórum córpora cum aromátibus condívit, et in via Ostiénsi in sarcófagis lapídeis recóndidit. Tu autem Dómine miserére nostri.

Cetera de communi plurimorum martyrum. [281].

❡ *In festo sancti Romani martyris.*

ix. Augusti.

Tres lectiones cum nocturno propter vigiliam : invitatorium simplex.

Lectio j.

Um fuísset beátus Lauréntius a minístris Décii comprehénsus, et eídem presentátus : jussit eum Décius in catásta exténdi et tórqueri. Qui dum torquerétur : subrídens et grátias agens dicébat, Benedíctus es, Dómine Deus Pater Dómini nostri Jesu Christi : qui nobis misericórdiam quam mériti non sumus prestitísti. Da nobis Dómine grátiam tuam ut cognóscant omnes circunstántes, quia tu consoláris servos tuos. Eádem hora unus ex milítibus nómine Románus crédidit Dómino Jesu Christo : per verba beáti Lauréntii. Tu autem Dómine miserére nostri.

Lectio ij.

Epit autem Románus dícere ad beátum Lauréntium, Vídeo ante te júvenem pulchérrimum stantem eum líntheo : et extergéntem membra tua. Qua propter adjúro te per Jesum Christum, qui tibi misit ángelum suum : ne me derelínquas. Tunc Décius Cesar furóre plenus dixit ad Valeriánum, Victi sumus omnes : per artem mágicam. Et jussit eum de catásta solvi. Eádem hora áfferens Románus úrceum cum aqua cepit quérere horam qua eam offérret beáto Lauréntio. Décius autem cepit estuári : et jussit ut Lauréntius Ipólito rederétur ibi in palácio. Tu autem Dómine miserére nostri.

Lectio iij.

Eniens autem Románus cum aqua misit se ad pedes beáti Lauréntii, orans eum cum láchrymis ut baptizarétur. At ille accépta aqua : benedíxit et baptizávit eum. Audiens Décius hoc factum : dixit, Exhibéte eum fústibus. Et addúctus ante conspéctum Décii Cesáris : non interrogátus cepit clamáre voce magna dicens, Christiánus sum. Et jussit Décius : ut ipsa hora capitálem subíret senténciam. Et ductus foras muros porte Salárie : decollátus est. Ea nocte venit Justínus présbyter : et cóllegit corpus ejus et sepelívit. Tu autem Dómine miserére nostri.

Cetera de communi unius martyris. [243].

❧ *In festo sancti Laurencii martyre.*

x. Augusti.
Novem lectiones, invitatorium triplex. Ut supra. {771}.

❧ *In festo sancti Tyburtii martyris.*

xj. Augusti.
Invitatorium duplex, iij. lectiones.

Lectio j.

Eátus Tybúrtius erúditus est in fide Christi a beáto Sebastiáno : et a glorióso Polycárpo presbýtero, sacro baptismáte innovátus. Qui cum jejúniis et oratiónibus occuparétur, quadam die tránsiens occúrrit hómini qui de alto lapsus fúerat, et ita ómnia membra capútque quassáverat : ut de sola ejus sepultúra agerétur. Juxta quem ipse accéssit : et cepit dícere super vúlnera ejus oratiónem Dóminicam, et sýmbolum. Et ita factus est homo solidátis membris incólumis : quasi nichil mali contigísset ei. Tu autem Dómine miserére nostri.

Lectio ij.

POst hec comprehénsus a Fabiáno júdice, cum constantíssime júvenis sanctus Christum confiterétur : jussit judex ante pedes ejus carbónes effúndi ardéntes, dicens ad eum, Elige tibi unum ex duóbus. Aut thura diis in his carbónibus ádjice : aut pédibus super eos nudis incéde. Ille autem fáciens super eos signum crucis : constánter super eos nuda ingréssus est planta, et cepit dícere, Depóne infidelitátem et

disce quia hic est Deus solus : quem confitémur creatúris ómnibus dominári. Nam michi in nómine Dómini mei Jesu Christi vidétur, quod super róseos flores grádiar : quia creatúra ipsa Creatóris famulátur império. Tu autem Dómine miserére nostri.

Lectio iij.

Abiánus preféctus dixit ad beátum Tybúrtium, Quis ígnorat mágicam artem vos docuísse Christum vestrum. Obmutésce ínfelix, ait Tybúrtius : et noli áuribus meis hanc injúriam fácere ut áudiam te rábido ore latrántem mellífluum nomen et sanctum nomináre. Irátus Fabiánus dictávit sentánciam : ut glá-

dio animadverterétur. Ductus est ítaque in viam Lavicánam : tértio miliário ab urbe. Et effúndens oratiónem ad Dóminum uno ictu gládii verberátus decéssit : et in eódem loco apparénte quodam Christiáno sepúltus est tértio idus Augústi. Tu autem Dómine miserére nostri.

Cetera de communi unius martyris. [243].

❧ *Tertia die.*

Invitatorium, hymnus, antiphone de hystoria, absque versibus, sicut in die dicantur. {771}.

℞. Levíta Lauréncius. *j.* ℣. Dispérsit. {774}.

℞. Quo progréderis. *ij.* {776}.

℞. Noli me. *iij.* {778}.

Si in tertia die a festo vel in die sancti Ipoliti dies dominicus evenerit, medie lectiones fiant de sancto Laurencio.

❡ *Sancti Ipoliti sociorumque ejus martyrum.*

xiij. Augusti.

Tres lectiones fiant sine regimine chori, invitatorium duplex. {796}.

Si festum sancti Ipoliti die dominica contigerit, totum servicium fiat de festo et nichil de dominica preter memoriam ad utrasque vesperas et ad matutinas.

Invitatorium, antiphone, et psalmi, et iij. prime lectiones, et responsoria de communi plurimorum martyrum fiant. [281].

Medie lectiones de sancto Laurencio cum versiculi et responsoriis de secundo nocturno. {781}. *Ita tamen quod vj. ℞. erit* O Ipólite. {790}.

Lectio iiij.

IN illo témpore, accépta potestáte beátus Lauréntius cepit per regiónes quérere curióse ubicúnque sancti clérici vel páuperes essent abscónsi : et portans thesáuros, prout cúique opus erat ministrábat. Venit autem in Céllium montem ubi erat quedam vídua que fúerat cum viro suo annis úndecim, et in viduitáte permánsit annos trigínta duos : que habébat in domo sua multos Christiános et presbýteros et cléricos abscónsos. Hoc cum audísset beátus Lauréntius : tulit vestes et thesáuros, et venit noctu ad eam. Tunc véniens invénit multitúdinem Christianórum in domo Cyriáce vídue : et cepit ómnium Christianórum pedes laváre. Et in ipsa nocte véniens Cyriáca ad beátum Lauréntium : misit se ad pedes ejus : et dixit ei, Per Christum te cónjuro ut manus tuas ponas super caput meum : quia infirmitátes multas pátior cápitis mei. Tu autem Dómine miserére nostri.

Lectio v.

Tunc beátus Lauréntius dixit, In nómine Dómini nostri Jesu Christi Fílii Dei omnipoténtis : ponam manum meam super caput tuum. Et facto signo crucis : pósuit manus super caput Cyriáce vídue. Pósuit étiam super caput ejus líntheum : de quo extergébat pedes sanctórum. Eádem ítaque nocte ambulávit inde, et cepit quérere ubicúnque essent congregáti Christiáni : sive in dómibus, sive in cryptis. Venit autem in vicum qui dícitur Canárius : et invénit multos Christiános in domo cujúsdam Narcíssi Christiáni congregátos. Ubi introívit cum láchrymis et lavit pedes ómnium : et dedit eis de thesáuro quem beátus Sixtus precípiens trádidit. Et invénit in eádem domo hóminem nómine Crescéntium cecum : ubi ipse cum láchrymis cepit rogáre dicens, Pone manum tuam in óculos meos : ut vídeam fáciem tuam. Tu autem Dómine miserére nostri.

Lectio vj.

Tunc beátus Lauréntius láchrymas óculis distíllans, dixit, Dóminus noster Jesus Christus qui apéruit óculos ceci nati : ipse te illúminet. Et facto signo Christi in óculis ejus : ipsa hora áperti sunt, et vidit lumen et beátum Lauréntium sicut petívit. Tunc éxiens inde, audívit quod in vico Patrícii multi Christiáni congregáti essent in crypta Nepociána : et véniens illuc beátus Lauréntius détulit secum ea que necessária erant sanctis, et invénit ibi ánimas sexagínta tres promíscui sexus. Et introívit cum láchrymis ad eos dans pacem ómnibus : et invénit ibi presbýterum nómine Justínum, qui fúerat ordinátus a beáto Sixto epíscopo. Et misit se ad pedes ejus : et cepérunt se ambo in paviménto volutáre ut ínvicem sibi pedes oscularéntur. Dixit autem beátus Lauréntius ad beátum Justínum, Comple votum meum ut lavéntur pedes sanctórum et tui, per manus meas. Justínus présbyter dixit, Hoc Domínicum precéptum est : fiat volúntas Dómini nostri Jesu Christi. Et pósita pelve misit aquam, et lavit ómnium virórum pedes. Véniens autem ad beátum Justínum : cepit primo osculári pedes ejus et laváre. Et ubi lavit pedes ejus : commendávit se beáto Justíno. Tu autem Dómine miserére nostri.

Tres vero ultime lectiones de proprietate sanctorum que habentur {797}. *cum responsoriis supradictis.* {797}.

ℂ *Sancti Eusebii presbyteri et confessoris.*

xiv. Augusti.

Tres lectiones cum nocturno fiant propter vigiliam : invitatorium simplex.
Lectio j. Témpore quo. {806}.
℞. Euge serve. *in communi.* [324]. *&c.*

℟ *In festo assumptionis beate Marie Virginis.*

Festum principale.

xv. Augusti.

Invit.
IV.v.

E-ní- te * a-do-rémus Re-gem re-gum. †Cu-jus

hó- di- e   ad ethé-ri- um Ma- ter Vir-go as-súmpta

est ce-lum. *Ps.* Ve-ní-te. 21*.

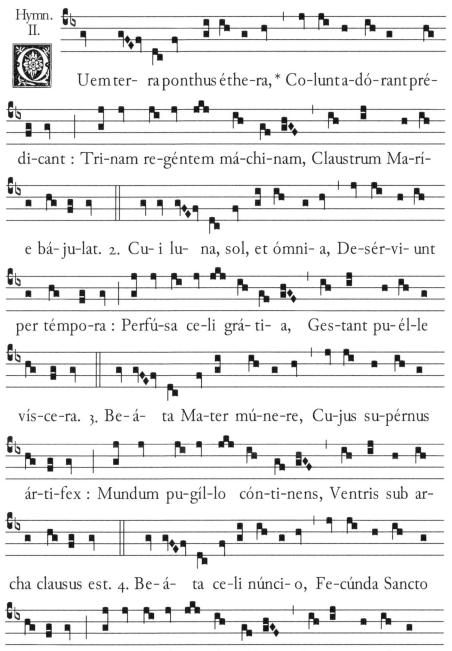

Hymn. II.

Uem ter- ra ponthus éthe-ra, * Co-lunt a-dó-rant pré-

di-cant : Tri-nam re-géntem má-chi-nam, Claustrum Ma-rí-

e bá-ju-lat. 2. Cu- i lu- na, sol, et ómni- a, De-sér-vi- unt

per témpo-ra : Perfú-sa ce-li grá- ti- a, Ges-tant pu-él-le

vís-ce-ra. 3. Be- á- ta Ma-ter mú-ne-re, Cu-jus su-pérnus

ár-ti-fex : Mundum pu-gíl-lo cón-ti-nens, Ventris sub ar-

cha clausus est. 4. Be- á- ta ce-li núnci- o, Fe-cúnda Sancto

Spí- ri-tu : De-si-de-rá-tus gén-ti-bus, Cu-jus per al-vum

fu-sus est. ⁊. Gló-ri- a ti-bi Dó-mi-ne, Qui na-tus es

de Vír-gi-ne : Cum Patre et Sancto Spí- ri- tu, In sempi-

térna sé-cu-la. Amen.

❡ *In primo nocturno.*

1. Ant.
I.ii.

C-ce tu pulchra es * amí-ca me- a : ecce tu pul-

chra ó-cu-li tu- i co-lumbá-rum. *Ps.* Dómine Dóminus noster.
(*viij.*) [22].

2. Ant.
II.i.

I-cut lí-li- um * in-ter spi-nas, sic a-mí-ca me-a

in- ter fí- li- as. *Ps.* Celi ennárant. (*xviij.*) [40].

{824}

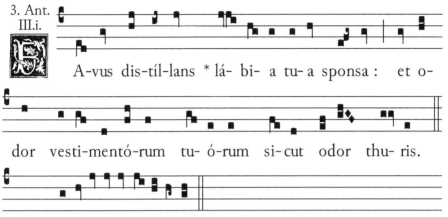

3. Ant.
III.i.

A-vus dis-tíl-lans * lá- bi- a tu- a sponsa : et o-

dor vesti-mentó-rum tu- ó-rum si-cut odor thu- ris.

Ps. Dómini est terra. (*xxiij.*) [53].

℣. Sancta Dei Génitrix Virgo semper María.

℟. *privatim.* Intercéde pro nobis ad Dóminum Deum nostrum.

Lectio j. Hiero. in episto. ad Paulam et Eustochium.

Ogitis me o Paula et Eustóchium, immo chá-ritas Christi me compél-lit : qui vobis dudum tractátibus loqui consuéveram, ut novo lo-quéndi génere, sanctis que vobís-cum degunt virgínibus, Latíno utens elóquio, exhortatiónis grá-tia, sermónem fáciam de assump-tióne beáte et gloríóse semper Vírginis Maríe, more eórum qui declamatórie in ecclésiis solent loqui ad pópulum, quod útique genus docéndi necdum attígeram. Sed quia negáre néqueo quicquid injúngitis, nímia vestra devíctus dilectióne : expériar que hortá-mini, afféctu infáncium, more balbutiéntium, qui quecúnque audíerint fari géstiunt, cum nec-dum possint ad plenum verba formáre. Tu autem Dómine mi-serére nostri.

1. Resp.
III.

VI-di * spe-ci- ó- sam si-cut co-lúm-bam as-cendéntem dé-su-per ri-vos aquá- rum, cu-jus in-esti-má- bi-lis odor e-rat ni- mis in vestimén-tis e-jus. †Et si- cut di- es ver- ni circundá-bant e- am flo-res ro-sá- rum et lí- li- a convá- li- um. ℣. Que est is- ta que ascéndit per de-sértum si-cut vírgu-la fumi ex a-romá-ti- bus mir- rhe et thu- ris.

†Et si- cut.

Lectio ij.

IDcírco máxime expériar, quia propter simplicióres quasque id me deprómere compéllitis, ut hábeant sermóne Latíno quibus se óccupent, láudibus ex eádem die, quibúsve divínis vacent lectiónibus, presértim cum et eádem in multis festivitátibus multórum sanctórum patrum stúdia, miro cúderint elóquio : que de hac quidem ubérius ubíque in scriptúris divínis predicáta legúntur. Quid enim áliud sonant Evangélia, nisi nascéntem Dóminum ex María Vírgine ? Et ómnia ejus increménta duntáxat divínis efférunt precóniis. Porro ab exórdio sancti Evangélii Gabriélem archángelum colloquéntem Maríe audístis : et deínceps réliqua ómnia plénius legístis. Tu autem Dómine miserére nostri.

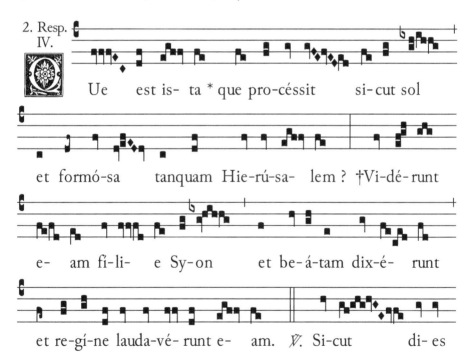

2. Resp. IV.

Ue est is- ta * que pro-céssit si-cut sol et formó-sa tanquam Hie-rú-sa- lem ? †Vi-dé-runt e- am fí-li- e Sy-on et be-á-tam dix-é- runt et re-gí-ne lauda-vé- runt e- am. ℣. Si-cut di- es

verni circundá-bant e- am flo-res ro-sá- rum : et lí-li-

a convál- li- um. †Vi-dé-runt.

Lectio iij.

AD presépe quoque o Paula te teste, nato púero multitú-dinem angelórum inter crepúndia novi partus et querélas néscii plorátus pro fescénninis, glória in excélsis Deo et in terra pax ho-mínibus bone voluntátis cantán-tem audísti : et radiántem stellam vidísti. Pastóribus ínsuper evan-gelizántibus credidísti. Magos pretérea tria deferéntes múnera, in visióne beátis óculis conspexísti : ipsa éadem múnera bene intel-ligéndo votis ómnibus fide Deo obtulísti, nam et eum eísdem ma-gis Deum púerum in presépe adorásti. Sed forte conquésta me delatórem quod te prodíderim clamábis. Ad quod ego, Si ce-látum esse volébas teste consci-éntia : michi narráre ante presé-pium ubi plúrimum lachrymáta es non debúeras. Quod ut verum fátear Christi precónia étiam si volúero adjurátus, neque tuas lau-des omníno tácere queo. Idcírco te tue intérrogent fílie, quas lacte nutris, tu ea mélius reserábis : que néscio si per spéciem áliquam certe aut in spíritu vidísti. Tu autem Dómine miserére nostri.

3. Resp.
II.

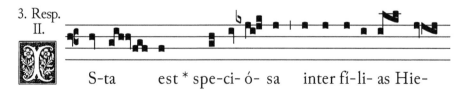

S-ta est * spe-ci- ó- sa inter fí-li- as Hie-

rú-sa- lem si-cut vi-dís-tis e- am ple-nam ca-ri-tá-te

et di- lecti- ó- ne. †In cu-bí-li-bus et in or- tis

a- ró-ma- tum. ℣. Is- ta est qui ascéndit de

de-sér-to de-lí-ci- is áf- flu- ens. †In cu-bí-li-bus.

℣. Gló- ri- a Pa-tri et Fí-li- o : et Spi-rí- tu- i

Sanc-to. †In cu-bí-li-bus.

❰ In secundo nocturno.

4. Ant.
IV.i.

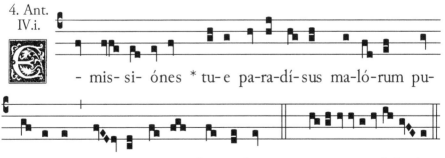

- mis- si- ónes * tu- e pa-ra-dí-sus ma-ló-rum pu-

ni-có-rum cum pomó-rum frúc-ti-bus. *Ps.* Eructávit. (*xliiij.*)

[84].

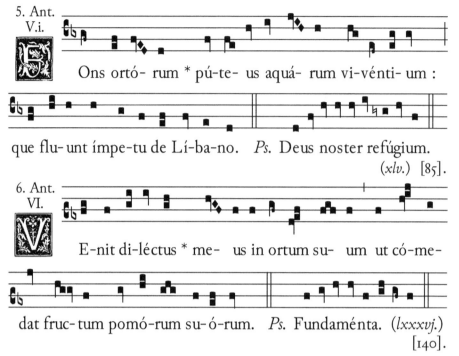

5. Ant. V.i.

Ons ortó- rum * pú-te- us aquá- rum vi-vénti- um : que flu-unt ímpe-tu de Lí-ba-no. *Ps.* Deus noster refúgium. (*xlv.*) [85].

6. Ant. VI.

E-nit di-léctus * me- us in ortum su- um ut có-me-dat fruc-tum pomó-rum su-ó-rum. *Ps.* Fundaménta. (*lxxxvj.*) [140].

℣. Post partum Virgo inviláta permansísti.

℟. *privatim.* Dei Génitrix intercéde pro nobis.

Lectio iiij.

UNde vos o filie, pulsáte Matrem précibus : pulsáte ad óstium invitántis amíci, si quo modo tandem vobis aperiántur que reseráta sunt Matri. Verúntamen de his quid plura dicámus ? Omnia Salvatóris gesta et beáte Maríe obséquia : necnon actus vite ex Evangélio didicístis. Et nunc quid súperest ut aliquem doctórum requirátis ? De assumptióne tamen ejus, quáliter assúmpta est, quia vestra id depóscit inténtio, preséncia absens describere curávi, que abséncia presens devótus óbtuli, ut hábeat sanctum collégium vestrum in die tante solennitátis munus Latíni sermónis, in quo discat ténera infáncia lactis experíri dulcédinem, et de exíguis exímia cogitáre, quáliter favénte Deo per

{830}

síngulos annos, tota hec dies expendátur in laudem, et cum gáudio celebrétur : ne forte si vénerit in mánibus vestris illud apócryphum de tránsitu ejúsdem Vírginis, dúbia pro certis recipiátis : quod multi Latinórum pietátis amóre stúdio legéndi cárius amplectúntur, presértim cum ex his nichil áliud experíri potest pro certo, nisi quod hodiérna die gloriósa migrávit a córpore. Tu autem Dómine miserére nostri.

4. Resp.
VIII.

Rná- tam * mo-ní- li-bus fí-li- am Hie- rú-sa- lem Dó-mi-nus concu- pí- vit. †Et vi-déntes e-am fí-li- e Sy- on be-a- tíssimam pre-di- ca- vé- runt di-cén-tes, Unguéntum ef-fú- sum no-men tu- um. ℣. Asti- tit re-gí-na a dextris tu- is in vésti-tu de-aurá-to circúnda-ta va-

ri- e-tá- te. †Et vi-déntes.

Lectio v.

MOnstrátur autem sepúl-chrum ejus, cernéntibus nobis, usque ad presens in vallis Jósaphat médio : que vallis est inter montem Syon et montem Olivéti pósita, quam et tu o Paula óculis aspexísti. Ubi in ejus honóre fabricáta est ecclésia miro lapídeo tabulátu, in qua sepúlta fuísse ut scire potéstis : ab ómnibus ibídem predicátur, sed nunc vácuum esse cernéntibus osténditur. Hoc idcírco díxerim, quia multi nostrórum dúbitant, utrum assúmpta fúerit simul cum córpore : an obíerit relícto córpore. Quómodo autem, vel quo témpore, aut a quibus persónis sanctíssimum corpus ejus inde ablátum fúerit, vel ubi transpó-situm, utrum vero surréxerit, néscitur. Quamvis nonnúlli astrúere velint eam jam resúscitatam : et béata cum Christo immortalitáte in celéstibus vestíri. Quod et de beáto Johánne evangelísta ejus minístro, cui vírgini a Christo Virgo commíssa est plúrimi asséverant : quia in sepúlchro ejus ut fertur non nisi manna invénitur, quod et scaturíre cérnitur. Verúntamen quid horum vérius censeátur : ambígimus. Mélius tamen Deo totum, cui nichil impossíbile est commíttimus : quam áliquid témere diffiníre vélimus auctoritáte nostra quod non probámus. Tu autem Dómine miserére nostri.

5. Resp.
IV.

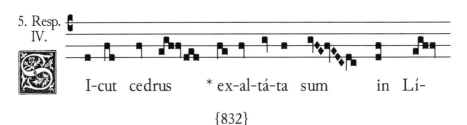

I-cut cedrus * ex-al-tá-ta sum in Lí-

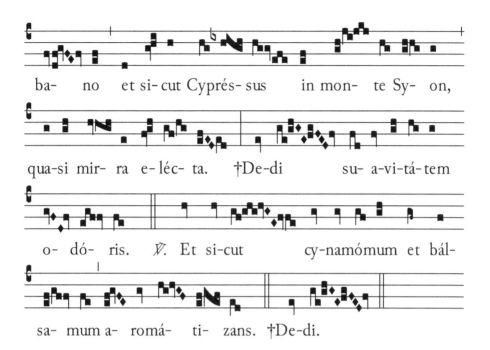

ba- no et si- cut Cyprés- sus in mon- te Sy- on,

qua-si mir- ra e- léc- ta. †De-di su- a-vi-tá-tem

o- dó- ris. ℣. Et si-cut cy-namómum et bál-

sa- mum a- romá- ti- zans. †De-di.

Lectio vj.

DE his quoque quos cum Dómino teste Evangélio resurrexísse crédimus, sed utrum redíerint in terre púlverem, certum non habémus : nisi quod légimus quia multa córpora sanctórum qui dormíerant surrexérunt, ac venérunt in sanctam civitátem, scílicet Hierúsalem, et apparuérunt multis. De quibus profécto nonnúlli doctórum sensérunt, étiam et in suis reliquérunt scriptis, quod jam in illis perpétua sit compléta resurréctio. Faténtur enim quod veri testes non essent : nisi et vera esset eórum resurréctio. Unde et beátus Petrus dixísse légitur, cum de David loquerétur in testimónium : Et sepúlchrum inquit ejus apud nos est : quasi non sit ausus dícere, quod ipse aut corpus ejus apud nos est, sed tantum sepúlchrum quo cónditus fúerat. Hinc áiunt resurrexísse et ipsum cum céteris sanctis, et ídeo vácuum remansísse monuméntum : uti nunc beáte Maríe cérnitur.

Quod sane factum est et de áliis quibúslibet locis scripturárum firmáre conántur : quod hi cum Christo jam regnent resuscitáti, in etérna societáte. Quod quia Deo nichil est impossíbile, nec nos de beáta María factum abnúimus : quamquam propter cautélam, salva fide, pio magis desidério opinári opórteat, quam inconsúlte diffiníri, quod sine perículo néscitur. Unde de his ex quibus certi sumus tantísper loquámur ad exhortatiónem vestram qualicúnque sermóne ad edificatiónem et laudem nominis Dei : ut et relígio conservétur pro famulátu, et devótio augeátur pro afféctu. Quóniam hoc est Virgo que sola intéremit univérsam heréticam pravitátem, sola sit post Deum que nos confirmet in omni bonitáte : suísque comméndet méritis, et précibus auxiliétur : ut ipsi digni inveniámur in ejus láudibus. Tu autem Dómine miserére nostri.

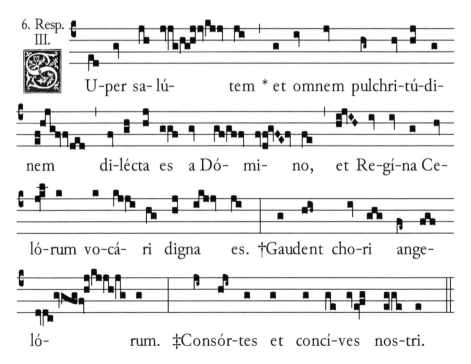

6. Resp. III.

U-per sa-lú- tem * et omnem pulchri-tú-di-nem di-lécta es a Dó- mi- no, et Re-gí-na Ce-ló-rum vo-cá- ri digna es. †Gaudent cho-ri ange-ló- rum. ‡Consór-tes et concí-ves nos-tri.

℣. Val- de   te nos opórtet ve-ne-rá- ri que tam sanc-

ta et intác-   ta es Vir- go. †Gaudent. ℣. Gló- ri-

a   Pa-tri et Fí-li-   o :   et Spi-rí-   tu- i Sanc-to.

‡Consór-tes.

❧ *In tertio nocturno.*

7. Ant.
VII.iv.

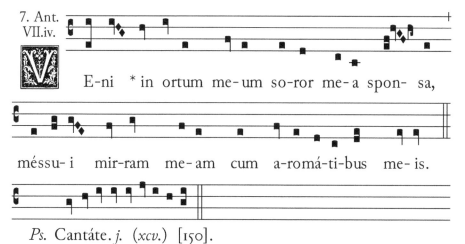

E-ni * in ortum me-um so-ror me-a spon- sa,

méssu- i mir-ram me-am cum a-romá-ti-bus me- is.

Ps. Cantáte. *j.* (*xcv.*) [150].

8. Ant.
VIII.i.

Ome-di * fa-vum cum mel-le me- o, bi- bi vi-

num me- um cum lacte me- o. *Ps.* Dóminus regnávit exultet.
(*xcvj.*) [151].

9. Ant.
VII.ii.

Urge a-quílo * et ve-ni auster, perfla ortum me-

um et flu-ent a-róma- ta il-líus. *Ps.* Cantáte. *ij.* (*xcvij.*)
[155].

℣. Speciósa facta es et suávis.

℞. *privatim.* In delíciis tuis sancta Dei Génitrix.

❡ Léctio sancti Evangélii secúndum Lucam. *x.* 38. *Lectio vij.*

IN illo témpore, Intrávit Jesus in quoddam castéllum : et múlier quedam Martha nómine excépit illum in domum suam. Et huic erat soror nómine María, que étiam sedens secus pedes Dómini audiébat verbum illíus. Et réliqua.

Omélia venerábilis Bede presbýteri.

ADvéniens Cónditor mundi pro redemptióne géneris humáni, cum dives esset pauper pro nobis fieri vóluit : ut sua paupertáte nos dívites fáceret. Qui étiam de sinu Patris descéndens, tantum pro nobis humiliári dignátus est : ut própriam domum non habéret, ubi caput reclináret. Qui concéptus est de Spiritussáncto intra úterum Vírginis ut Deus : sed natus humíliter ut homo. De cujus ortu Psalmísta lóquitur, Etenim Dóminus dabit benignitátem : et terra nostra dabit fructum suum. Dóminus nempe dedit benignitátem : quando genus humánum a reátu prime prevaricatiónis per Unigénitum suum liberáre dispósuit. Sive certe dedit benignitátem : quia ejus ingréssu virginális úteri templum, Spiritussáncti grátia consecrávit. Terra autem nostra dedit fructum suum : quia éadem Virgo que de Adam corpus assúmpserat, Fílium génuit, divinitáte quidem Deo Patri coequálem : sed sibi carnis veritáte consubstantiálem. Tu autem Dómine miserére nostri.

7. Resp.
IV.

Uam pulchra es * amí-ca me- a, quam pulchra es et de-có- ra, ó-cu-li tu- i co- lumbá- rum. †Absque e- o quod intrín-se-cus la- tet. ℣. Si-cut vit-ta coccí-ne-a lá-bi- a tu- a : et e-lóqui- um tu- um dul- ce. †Absque.

Lectio viij.

CUm ergo pérgeret Dóminus per civitátes et castélla atque vicos evangélium regni annunciándo : intrávit Bethániam ubi erat domus Marthe et Maríe, ubi étiam Dóminus quatriduánum Lázarum fratrem eárum resuscitávit a mórtuis. Martha ergo accépit Dóminum in domum suam, illi nimírum ministratúra in mundo : cui ángeli minístrant in celo. Felíces illi : qui Dóminum in domum suam suscípere meruérunt. Illi quoque Dóminum in domum suam suscípiunt : qui fidéliter ejus precépta áudiunt, libentiúsque ópere adímplent. María vero que quondam peccátrix pedes Dómini láchrymis rigáverat, et capíllis suis térserat, quia multa ei peccáta dimíssa fúerant, multum diligébat : et ídeo devotíssima circa pedes Dómini frequentábat, devóto corde verbum illíus audíre cúpiens. Martha ítaque Dóminum páscere dispónens, et préparans ei cibos : circa multa ministéria occupabátur. María vero soror ejus pasci magis elégit a Dómino : sedítque circa pedes ejus, vacánsque audiébat verbum illíus. Que quanto humílius sedébat : tanto ámplius capiébat. Sed quia mélior est reféctio ánime, quam preparátio cibórum corporálium : recte Martha a Dómino dícitur, Martha Martha sollícita es : et turbáris erga plúrima. Porro unum est necessárium. Ac si ei Dóminus díceret, Tu quidem in curis et sollicitudínibus et labóre es pósita, sed unum est necessárium quod María elégit. Tu autem Dómine miserére nostri.

8. Resp.
VI.

E-á- ta es * Vir-go Ma-rí- a De- i Gé-ni- trix

que cre-di-dí- sti Dómi- no per- fécta sunt in te

que dicta sunt ti- bi. †Ecce ex-al-tá-ta es su-per

cho- ros ange- ló- rum, intercé-de pro no- bis

ad Dómi-num Je-sum Chris- tum. ℣. Be-ne-díc-ta

et ve-ne-rá-bi-lis es Vir-go Ma- rí- a : que si-ne tactu

pudó-ris invénta es Ma-ter Salva-tó- ris. †Ecce.

Lectio ix.

NOn pars Marthe reprehén-ditur : sed Maríe prepóni-tur. Per has enim duas diléctas soróres, due sancte ecclésie vite designántur : actíva scílicet et contemplatíva. Martha actívam vitam signíficat : qua próximo in caritáte sociámur. María autem contemplatívam : qua in amóre Dei suspirámus. Actíva vita est esuriénti cibum tribúere, sitiénti potum : et cétera ópera misericórdie impéndere. Contemplatíva est, ómnibus curis séculi remótis, soli Deo inherére, oratióni, et lectióni vacáre : mente et desidério angelórum chorus interésse. Sciéndum vero est quia cum actíva vel contemplatíva ex grátia Dei sint : una nobis in necessitáte est, áltera in voluntáte. Quis enim ad Dei regnum ingréditur, nisi bene prius operétur ? Sine contemplatíva vero vita, intráre possunt ad celéstem pátriam : qui bona que possunt operári non négligunt. Actíva ergo est in necessitáte : contemplatíva in voluntáte. Illa in labóre : ista in réquie. Illa in via : ista in pátria.

Dénique actíva in presénti século inchoátur : et in presénti vita finítur. Quis enim in futúra vita mórtuum sepéliet, ubi nemo móritur, sed est vita perénnis ? Quis ibi esuriénti cibum tríbuet, ubi nemo esúrit ? Contemplatíva autem vita hic quidem inchoátur, sed in futúro perficiétur : quia quod nunc vidémus per spéculum in enigmáte, tunc vidébimus fácie ad fáciem, quando percipiémus illud quod óculus non vidit, nec auris audívit, nec in cor hóminis ascéndit, quod preparávit Deus diligéntibus se. Tu autem Dómine miserére nostri.

9. Resp. I.

E-lix namque es * sacra Virgo Ma- rí- a,

et omni lau-de dignís- si-ma. †Qui- a ex

te ortus est Sol justí- ci- e Christus De- us

nos- ter. ℣. O-ra pro pópu-lo, intervé-ni pro cle- ro,

intercé-de pro de-vó-to femí-ne-o sex- u : sénti- ant omnes

tu-um le-vámen qui-cúnque cé-lebrant tu-am as- sumpti-

ó- nem. †Qui- a. ℣. Gló-ri- a Pa-tri et Fí-li- o :

et Spi-rí- tu- i Sanc-to. †Qui- a.

❡ *Per octavas quando de tertio nocturno dicitur tunc erit hoc sequens* ℟. iij.

3. Resp.
VIII.

E-á- tam * me di-cent omnes ge-ne-ra-ti-

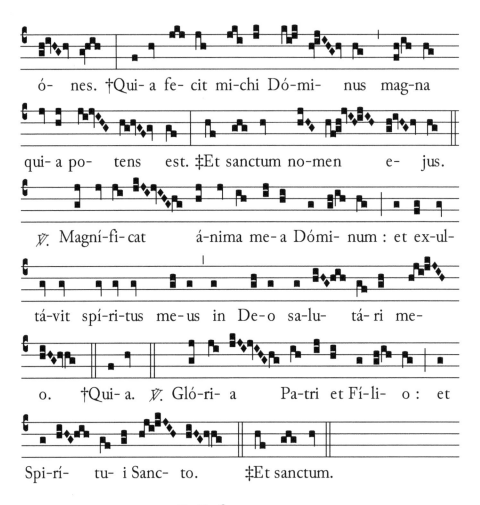

ó- nes. †Qui- a fe- cit mi-chi Dó-mi- nus mag-na

qui- a po- tens est. ‡Et sanctum no-men e- jus.

℣. Magní-fi- cat á-nima me-a Dómi- num : et ex-ul-

tá-vit spí-ri-tus me-us in De-o sa-lu- tá- ri me-

o. †Qui- a. ℣. Gló-ri- a Pa-tri et Fí-li- o : et

Spi-rí- tu- i Sanc- to. ‡Et sanctum.

ℂ *Infra octavas.*

Quotidie infra octavas nisi in dominica hoc modo fiat servitium.

Invit.
IV.i.

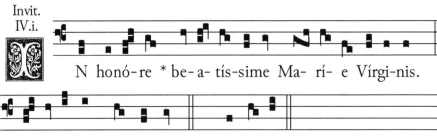

N honó-re * be-a- tís-sime Ma- rí- e Vírgi-nis.

†Ju-bi-lémus Dó-mi-no. *Ps.* Ve-ní- te. 10*.

Hymnus. Quem terra ponthus éthera. {823}.

1. Ant.
IV.v.

X-al-tá-ta es * sancta De- i Gé-ni-trix : su-per cho-

ros ange-ló-rum ad ce-lésti- a regna. *Ps.* Dómine Dóminus noster. (*viij.*) [22].

2. Ant.
IV.v.

I-cut mir-ra e- lécta * odó-rem de-dís-ti su- a-vi-

tá- tis, sancta De- i Gé-ni-trix. *Ps.* Celi enárrant. (*xviij.*) [40].

3. Ant.
IV.v.

A-ra-dí-si por-te * per te no-bis a-pérte sunt

quas hó-di- e glo-ri- ó-sa cum ánge-lis tri- úmphas.

Ps. Dómini est terra. (*xxiij.*) [53].

4 Ant.
VII.ii.

Pé-ci- e tu- a * et pulchri-tú-di-ne tu- a : inténde

próspe-re pro-cé-de et regna. *Ps.* Eructávit. (*xliv.*) [84].

5. Ant.
VII.ii.

D-ju-vá-bit e- am* De- us vultu su-o : De- us in

mé-di- o e-jus non commo-vé-bi-tur. *Ps.* Deus noster refúgium. (*xlv.*) [85].

6. Ant.
VII.ii.

I-cut le-tánti- um * ómni- um nostrum ha-bi-tá-ti-

o est in te sancta De- i Gé-ni-trix. *Ps.* Fundaménta. (*lxxxvj.*)
[140].

7. Ant.
IV.iv.

Aude Ma-rí- a Vir-go : * cunctas hé-re-ses so-la

inter-emís-ti in u-ni-vérso mundo. *Ps.* Cantáte. *j.* (*xcv.*)
[150].

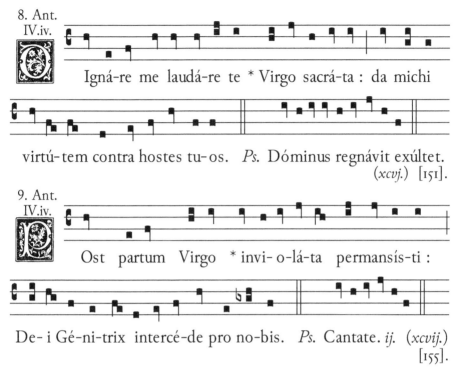

8. Ant.
IV.iv.

Igná-re me laudá-re te * Virgo sacrá-ta : da michi

virtú-tem contra hostes tu-os. *Ps.* Dóminus regnávit exúltet.
(*xcvj.*) [151].

9. Ant.
IV.iv.

Ost partum Virgo * invi- o-lá-ta permansís-ti :

De- i Gé-ni-trix intercé-de pro no-bis. *Ps.* Cantate. *ij.* (*xcvij.*)
[155].

℣. Sancta Dei Génitrix Virgo semper María.

℟. *privatim.* Intercéde pro nobis ad Dóminum Deum nostrum.

❦ *Secunda die infra octavas*
assumptionis beate Marie.

xvj. Augusti.

Lectio j.

Ohánnes apóstolus quicquid est quod María génuit, evangelizándo suo comméndat elóquio : Verbum quod in princípio erat et Verbum erat apud Deum, et Deus erat Verbum. Hoc quippe Verbum quod erat in princípio et apud Deum erat et Deus erat Verbum : ipsum Deum génuit beáta et gloriósa Virgo María ex se carnem factum. Idcírco et virgínitas longe sacrátior, et fecúnditas (ut ita dicam) multo ineffabílior : quam suo potúerit ille explicáre elóquio. Verúntamen quanto virgínitas cognátior virginitáti, tanto beátus Evangelísta céteris est excelléntior et vicínior Verbo. Ideo quicquid est quod Virgo génuit, totum prout pótuit homo per Spíritum Sanctum : nobis reserávit maniféstius et dócuit. Tu autem Dómine miserére nostri.

❡ *Responsoria de primo nocturno hystorie prime diei.* {826}.

Lectio ij.

Eterum ad exémplum humáne vite conversátio ejus post ascensiónem Christi generáliter cum apóstolis fuit, quoúsque dispergeréntur sicut Lucas méminit dicens : quod regréssi quidem a monte Olivéti : Hierosólymam venérunt, et ascendérunt in cenáculum ubi manébant, Petrus et Johánnes, Jacóbus et Andréas, Philíppus et Thomas, Bartholoméus et Mathéus, Jacóbus Alphéi et Symon Zelóthes, et Judas Jacóbi. Hi omnes inquit erant perseverántes unanímiter in oratióne : cum muliéribus et María matre Jesu et frátribus ejus. Ecce Jesu ascendénte cum quibus Virgo vacat in schola virtútum, et meditátur in lege mandatórum Dei : ut et ipsa sit forma disciplíne Christi, et exémplum perfectiónis virgínibus. Conversátur autem cum téstibus sancte resurrectiónis, et ipsa testis : conversátur cum senatóribus celi infra cúriam paradísi, sub Spíritus Sancti disciplína, et magistério totíus divíne majestátis. Tu autem Dómine miserére nostri.

Lectio iij.

Nvenítur prima beáta María inter primas summi Regis cohórtes, quorum vita non erat jam de terris, in quibus jam Christus preliabátur : sed de celis. Hinc ascendísse legúntur in cenáculum : quo Pascha digníssime celebrátur. Ibi quippe manébant ipsi cum María matre Jesu unanímiter aspiráti in charitáte, perseverántes in oratióne : donec indueréntur virtúte ex alto. Céperant enim jam oráre qui dudum cum Dómino conversántes virtútibus et miráculis pascebántur. Et bene perseverántes in oratióne, nichil hesitántes : donec accíperent múnera Spiritussáncti que poscébant. Quos et vos o fílie imitámini : que in schola Christi permanére voluístis. Perseveráte in oratiónibus unanímiter vivéntes : quoúsque intráre póssitis gáudia etérne vite, quo beáta Virgo felíciter hódie introívit, alternántibus hymnídicis angelórum choris, infra páscua etérne viriditátis, ubi una socíetas ómnium supernórum cívium, ubi dulcis solénnitas angelórum, ubi post labóres et erúmnas séculi hujus felix et suávis reféctio animárum. Tu autem Dómine miserére nostri.

❡ *Tertia die infra octavas assumptionis beate Marie.*

xvij. Augusti.

Ad matutinas invitatorium, hymni, antiphone et psalmi sicut in precedenti die dicuntur. {842}.

℣. Sancta Dei Génitrix Virgo semper María.

℟. *privatim.* Intercéde pro nobis ad Dóminum Deum nostrum. *et non*

℣. Post partum. *et hoc propter ix. antiphonam que est* Post partum.

Lectio j.

Ve María grátia plena, Dóminus tecum : benedícta tu in muliéribus. Tálibus namque decébat Vírginem oppignerári munéribus ut esset grátia plena, que dedit celis glóriam, terris Deum, pacémque refúdit, fidem géntibus, finem víciis, vitas órdinem, móribus disciplínam. Et bene ángelus ad Vírginem míttitur : quia semper est ángelis cognáta virgínitas. Profécto in carne preter carnem vívere : non terréna vita est, sed celéstis. Unde in carne angélicam glóriam acquírere : majus est méritum quam habére. Esse enim ángelum felicitátis est, esse vero vírginem virtútis : dum hoc obtínere nítitur víribus cum grátia, quod habet ángelus a natúra. Utrúmque tamen et esse vírginem vel ángelum : divíni múneris est offícium non humáni. Tu autem Dómine miserére nostri.

℩ *Responsoria de secundo nocturno dicuntur.* {831}.

Lectio ij.

AVe inquit grátia plena. Et bene plena : quia céteris per partes prestátur, Maríe vero simul se tota infúdit plenitúdo grátie. Hoc quippe est quod David canit, Descéndit sicut plúvia in vellus. Vellus ítaque cum sit de córpore, nescit córporis passiónem : sic et virgínitas cum sit in carne, vícia carnis nescit. Celéstis plane ymber in virgíneum vellus, plácido se infúdit elápsu, et tota divinitátis unda se cóntulit in carne : quando Verbum caro factum est. Ac deínde per crucis patíbulum expréssum terris ómnibus plúviam salútis effúdit : et stillicídia grátie humánis préstitit méntibus. Tu autem Dómine miserére nostri.

Lectio iij.

DOminus tecum inquit. Mira res. Et jam erat cum Vírgine, qui ad Vírginem mittébat ángelum : et precéssit núncium suum Deus, sed a Deo non recéssit. Nec tenéri pótuit locis qui ómnibus habétur in locis : et totus ubíque est sine quo nichil, et per quem totum. Ergo Verbum Patris, nunquam a Patre

discédens, homo próprie fíeri dig- | piens quod Dei est : omníno á-
nátus est : secréto suo mystério | liud quam Deus qui natus est ex
quod ipse novit. Qui quóniam to- | María esse non pótuit. Tu autem
tum suscépit quod est hóminis : | Dómine miserére nostri.
homo totus est. Et totum accí- |

❧ *Quarta die et de dominica infra octavas assumptionis beate Marie.*

xviij. Augusti.

℣. Speciósa facta es et suávis.

℟. *privatim.* In delíciis tuis sancta Dei Génitrix.

Responsoria de iij. nocturno dicuntur. {837}. *Ita tamen quod tertium* ℟. *erit* Beátam me dicent. {841}. *loco responsorii* Felix namque.

Hac die et reliquis diebus sequentibus infra octavas, dicuntur antiphone de nocturnis prime diei : scilicet Emissiónes. {829}.

Sequentibus vero diebus infra octavas servetur ordo de ℣. *et* ℟. *ad matutinas qui in precedentibus tribus diebus : si dies dominicus non interfuerit.*

❧ *Si dies dominicus infra octavas contigerit servitium fiat de sancta Maria hoc modo.*

Invitatorium. Veníte adorémus. {822}.

Ps. Veníte. 21*.

Hymnus. Quem terra. {823}.

In primo nocturno Ant. Ecce tu pulchra. {824}. *Ps.* Dómine Dóminus noster. (*viij.*) [22]. *et cetere antiphone cum suis psalmis.* ℣. *et* ℟. *sicut in prima die dicuntur preter ix.* ℟. *quod erit* Cándida virgínitas. *et dicitur a duobus de superiori gradu in superpelliciis ad gradum chori.*

Ante lectiones versus in primo nocturno.

℣. Sancta Dei Génitrix Virgo semper María.

℞. *privatim.* Intercéde pro nobis ad Dóminum Deum nostrum.

Lectio j.

Haríssime, quia iter salútis nostre in láudibus est Salvatóris : hortor vos et commóneo, in hac sacra solennitáte Genitrícis Dei Maríe, nolíte cessáre a láudibus. Quod si virgo es : gaude quia meruísti esse et tu quod laudas. Tantum cura : ut sis que digne laudáre possis. Quod si cóntinens et casta, veneráre et lauda : quia non aliúnde constat ut possis esse casta, quam ex grátia Christi, que fuit pleníssime in María quam laudas. Tu autem Dómine miserére nostri.

Lectio ij.

SI conjugáta es certe aut peccátrix, nichilóminus confitére et lauda : quóniam inde misericórdia ómnibus proflúxit et grátia ut laudent. Et quamvis non sit speciósa laus in ore peccatóris, noli cessáre : quia inde tibi promíttitur vénia, unde et ómnibus ut laudes. Alíoquin nisi juxta módulum ingénii nostri Deum laudáre in sanctis suis studeámus : quómodo eum secúndum quod cánimus juxta multitúdinem magnitúdinis ejus laudáre potérimus ? Omníno pretermitténdum non est quod impletúri sumus, quod quandóque dictúri, Beáti qui hábitant in domo tua, Dómine : in sécula seculórum laudábunt te. Tu autem Dómine miserére nostri.

Lectio iij.

JNtérdum vero quia imménsus est, quod voce non póssumus, nec facúndia valémus : exequámur votis et medúllis cordis. Quia magnus et bonus est, atque imménsus, tantus ac talis quantum et qualem ipse se novit, ore ac spíritu confiteámur ad justíciam et salútem. Hinc ergo páriter omnes festivitátem glorióse semper Vírginis Maríe devotíssime celebrémus : quia hec est dies preclára, in qua méruit exaltári super choros angelórum, et perveníre ultra quam nostre humani-

tátis est natúra. Ubi non substáncia tóllitur : sed glórie magnitúdo monstrátur, cum elevátur in déxteram Patris, ubi Christus introívit póntifex factus in etérnum ad celi palácium. Tu autem Dómine miserére nostri.

Lectio iiij.

HEc est inquam dies in qua usque ad throni celsitúdinem intemeráta Mater et Virgo procéssit : atque in regni sólio sublimáta post Christum gloriósa resédit. Sic ítaque ubíque confidénter sancta Dei canit ecclésia quod de nullo álio sanctórum fas est crédere : ut ultra angelórum

vel archangelórum mérita transcénderit : quia et si similitúdo repromíttitur sanctis : véritas tamen negátur. Hoc quippe privilégium non natúre est : sed grátie beáte Vírginis Maríe, de qua natus est ipse Deus et homo. Tu autem Dómine miserére nostri.

Lectio v.

IDcírco et ipsa plus est méritis, et non natúra : quam virgo et homo. Unde et si cétere vírgines imitántur illam usque ad concéptum partus, et Gabriélis nove salutatiónis obséquium, deínceps totum divínum est quod operátur in ea, teste ángelo, quia Spíritu Sancto et virtúte Altíssimi

obumbrátur. Ante hoc ipsum sane úterus Vírginis quamvis mundus, quamvis impollútus et aliénus a contagióne peccáti, quamvis sanctus : tamen adhuc vilitáte humanitátis indúitur, ut ita dicam ac si lana candidíssima, suíque colóris dealbáta. Tu autem Dómine miserére nostri.

Lectio vj.

AD quam sane cum accéssit Spiritussánctus, quasi ipsa eadémque lana cum inficitur sánguine conchílii vel múricis vértitur in púrpuram, versa est ipsa sine cóitu in matrem : ut non sit jam ámodo quod fúerat, sed púrpura veríssima, ad induméntum et glóriam summi Regis divínitus aptíssime dedicáta, ut nulli deínceps ea uti usu femíneo licúerit nisi Deo. Quippe ut ita loquar beáta et gloriósa Virgo María eo modo, quamvis dudum incomparábilis esse univérsis que sub celo sunt virgínibus comprobétur : ut decénter posset in se suscípere divinitátis admixtiónem, salva utráque natúra, tamen cum grátia replétur, cum Spíritu Sancto perfúnditur, cum virtúte Altíssimi obumbrátur, fit preciósior méritis, celsis sublímior fastígiis, púlchrior sanctitáte, gloriósior suórum prerogatívis meritórum, ita ut nullis jam úsibus sit ipsa eadémque mancipánda nisi divínis. Tu autem Dómine miserére nostri.

❧ Léctio sancti Evangélii secúndum Lucam. *x. 38. Lectio vij.*

IN illo témpore, Intrávit Jesus in quoddam castéllum : et múlier quedam Martha nómine excépit illum in domum suam. Et réliqua.

Omélia beáti Augustíni epíscopi.

De verbis Domini, sermo 27.

SAnctum Evangélium fratres mei cum legerétur, audívimus a fémina religiósa suscéptum esse Dóminum hospítio : ab ea que Martha vocabátur. Et cum ipsa occupáta esset in cura ministrándi : soror ejus María sedébat ad pedes Dómini, audiebátque verbum ejus. Laborábat illa : vacábat ista. Illa erogábat : hec implébat. Verúntamen Martha labórans multum in illa occupatióne et negócio ministrándi interpellábat Dóminum et de soróre sua conquésta est quod eam laborántem non adjuváret. Dóminus autem pro María respóndit Marthe : et ipse est factus ejus advocátus, qui judex fúerat interpellátus, Martha inquit circa multa es occupáta, quando unum est necessárium. María meliórem partem elégit : que non auferétur ab ea. Audívimus ergo et interpellatiónem interpellántis : et senténciam júdicis. Que senténcia interpellánti respóndit suspéctam deféndit. Erat enim María inténta dulcédini verbi Dei. Inténta erat Martha quómodo pásceret Dóminum inténta erat María : quómodo pascerétur a Dómino. A Martha convívium Dómino parabátur : in cujus convívio jam María jocundabátur. Tu autem Dómine miserére nostri.

Lectio viij.

CUm autem María suáviter audíret verbum dulcíssimum et corde intentíssimo pascerétur : interpelláto Dómino a soróre sua : quómodo putámus eam timuísse : ne díceret ei Dóminus, Surge et ádjuva sorórem tuam. Mira enim suavitáte tenebátur quia profécto major inténtio mentis quam ventris. Excusáta est : sedit secúrior. Quómodo autem excusáta ? Attendámus, inspiciámus, perscrutémur quod póssumus pascámur et nos. Quid enim ? Putámus ministérium Marthe reprehénsum esse : quam cura hospitalitátis occupáverat : que ipsum Dóminum hospítio recéperat ? Quómodo reprehendebátur : que tanto hóspite letabátur ? Hoc si verum est : dimíttant hómines quod minístrant egéntibus : éligant partem meliórem que non auferétur ab eis. Vacent verbis : ínhient doctríne dulcédini : occupéntur circa sciénciam salutárem. Nichil eis cure, si quis peregrínus in vico sit : quis égeat pane quis induménto : quis visitándus : quis rediméndus, quis sepeliéndus. Vacent ópera misericórdie : uni instent sciéncie. Si mélior pars est : cur non omnes hoc fáciunt quando ipsum Dóminum in hac causa patrónum habémus ? Non enim timémus in hac re ne offendámus ejus justíciam : cum patrónam teneámus ejus senténciam. Et tamen ita non est : sed sicut Dóminus dixit ita est. Tu autem Dómine miserére nostri.

Lectio ix.

Uómodo intélligis non est : est autem quómodo intellígere debes. Ecce advérte. Circa multa es occupáta, quando unum est necessárium. María meliórem partem elégit. Non tu malam sed ista meliórem. Sed unde meliórem ? Quia tu circa multa : illa circa unum. Prepónitur unum multis. Non enim a multis unum : sed multa ab uno. Multa sunt que facta sunt : unus qui fecit celum et terram, mare et ómnia que in eis sunt. Que multa sunt ? Quis ista númeret : quis horum multitúdinem cógitet ? Quis hec fecit ? Deus ómnia. Ecce bona valde : bona valde que fecit : quanto mélior est ille qui fecit. Attendámus ígitur occupatiónes nostras circa multa. Necessárium est ministérium córpora refectúris. Quare hoc ? Quia esúritur quia sítitur. Misericórdia míseris necessária est. Frange panem e-suriénti : quia invenísti esuriéntem. Tolle famem : cui frangis panem ? Tolle peregrinatiónem : cui éxhibes hospitalitátem ? Tolle nuditátem : cui préparas vestem ? Non sit egritúdo : quem vísitas ? Non sit captívitas : quem rédimis ? Non sit rixa : quem concórdas ? Non sit mors : quem sépelis ? In illo século futúro non erunt ista mala : ergo nec ministéria ista. Bene ergo Martha circa corporálem Dómini : (quid dicam, necessitátem, an voluntátem) ministrábat carni mortáli ? Sed quis erat in carne mortáli ? In princípio erat Verbum : et Verbum erat apud Deum, et Deus erat Verbum. Ecce quod María audiébat, Verbum caro factum est et habitávit in nobis. Ecce cui Martha ministrábat. Ergo María meliórem partem elégit : que non auferétur ab ea. Tu autem Dómine miserére nostri.

Resp. I.

An- di-da * virgí-ni-tas pa- ra- dý- si

ca- ra co- ló- nis, or- tus con- clú- sus flo-

rén-ti céspi-te ver- nans. †Cu- i mé- ri-to mun-

dus cé- lebrat. ‡Pre- có-ni- a

to-tus. ℣. Que mé-ru- it Dó-mi-num pro-ge-ne-rá-re

su- um. †Cu- i. ℣. Gló- ri- a Pa- tri et Fí-li- o :

et Spi-rí-tu- i Sanc- to. ‡Pre- có-ni- a.

Deinceps vero non servetur ordo dierum in ℣. et responsoriis ad matutinas cantandis, et in lectionibus legendis, sed supradictus ordo versiculorum, lectionum et responsorium servetur in sequentibus diebus infra octavas. Ita tamen quod die lune semper dicantur ℣. et ℟. de j. nocturno hystoria.

❦ *Quinta die infra octavas assumptionis beate Marie.*

xix. Augusti.

Lectio j.

Ue est ista que ascéndit per desértum : quasi vírgula fumi ex aromátibus. Et bene quasi vírgula fumi : quia grácilis et delicáta : quia divínis extenuáta disciplínis : et concremáta intus in holocáustum incéndio pii amóris et desidério caritátis. Ut vírgula fumi inquit ex aromátibus. Nimírum quia multis repléta erat virtútum odóribus manans ex ea fragrábat suavíssimus odor étiam spirítibus angélicis. Tu autem Dómine miserére nostri.

Lectio ij.

Scendébat autem de desérto preséntis séculi : virga de radíce Jesse olim exórta. Sed mirabántur electórum ánime pre gáudio quenam esset : que étiam meritórum virtútibus angelórum vínceret dignitátem. De qua rursus idem Spiritussánctus in eísdem Cánticis : Que est ista que ascéndit inquit quasi auróra consúrgens, pulchra ut luna, elécta ut sol, terríbilis ut castrórum ácies ordináta. Admirabátur autem Spiritussánctus : qui omnes de ascénsu hujus Vírginis admirántes facit : quod quasi novi dilúculi auróra consúrgens vel rútilans ascénsu suo respléndeat : multis freta et valláta sanctórum agmínibus. Unde dícitur : Terríbilis ut castrórum ácies ordináta. Síquidem terríbilis suis facta virtútibus ut castrórum ácies ádmodum ordináta : hinc inde sanctórum angelórum fulta pre-

sídiis. Tu autem Dómine miserére nostri.

Lectio iij.

Pulchra ut luna : immo púlchrior quam luna : quia jam sine deféctu sui chorúscat : celéstibus illustráta fulgóribus. Elécta ut sol fulgóre virtútum : quia ipse eam elégit Sol justície ut nascerétur ex ea. Ad cujus profécto exéquias, quantum fas est crédere famulabántur ángeli et univérse celórum congratulabántur cúrie. Nec mirum : quia honor matérnus ejus est qui est natus ex ea : quem omnis celórum ordo venerátur et adórat super se elevátum cum Patre in sede majestátis Dómini. Légimus

ergo quam sepe ad fúnera et ad sepultúras quorúmlibet sanctórum ángelos advenísse : et ad exéquias eórum obséquia prestitísse : necnon et ánimas electórum usque ad celos cum hymnis et cánticis detulísse. Ubi et utriúsque sexus chori commemorántur frequénter audíri laudes cecinísse. Intérea et quod perspicácius est, multo nonnúnquam lúmine eósdem resplenduísse : insuper et adhuc vivéntes in carne ibídem miri odóris fragrántiam diútius persensísse. Tu autem Dómine miserére nostri.

❡ *Sexta die infra octavas assumptionis beate Marie.*

xx. Augusti.

Lectio j.

Uam sane intelligéndo cognóscit naturális atque secúndum substán-

ciam convéntio unitátis : ut neque convérsio in alterútram duárum substanciárum partem recipiátur neque divísio. Sic namque crédere, honoráre est Matrem Dómini : que et Deum nobis génuit et hóminem. Neque hóminem sine Deo, neque sine hómine Deum : sed Deum et hóminem unum et verum Jesum Christum. Alíoquin Dei Génitrix dici non posset, quod multi hereticórum negáre conáti sunt : nisi vere Deum genuísset incarnátum. Tu autem Dómine miserére nostri.

Lectio ij.

PRoptérea duas in Christo recte confitémur nativitátes, unam vidélicet de Patre sine inítio et sine témpore sempitérnam, et coetérnam Deo Patri : álteram de Matre cum témpore : quando miseratiónem índuens et misericórdiam spontánea voluntáte ad nos descéndit natus homo Deus. Ac per hoc juxta veritátem, et Matris gestátur útero : qui semper Deus agnóscitur. Hinc et Theotécon eam veráciter confitémur Dei scílicet genitrícem, necnon et Christotécon non quod Verbum carnem secum detúlerit, neque olim prefáte carni copulátum sit : sed tunc quando Verbum caro factum est ex carne Vírginis. Tu autem Dómine miserére nostri.

Lectio iij.

DIvinitátis atque humanitátis substáncia in útero ita inconfúse unítur : ut una persóna sit Deus et homo Deus Christus. Ex duábus síquidem natúris sine confusióne altérius, non nisi unus invenítur Jesus Dóminus, manens Deus in forma Dei, qui semetípsum exinanívit formam servi accípiens : manens unus idémque in forma servi quam suscépit. Totus quippe in carne Vírginis Deus de qua natus est : et totus homo. Hinc quoque Apóstolus, In quo hábitat inquit corporáliter omnis plenitúdo divinitátis. Quaprópter o fílie, estóte prudéntes sicut serpéntes, et símplices sicut colúmbe, ut ex prudéncia perfécte intelligéncie ánulum fídei vestre, et margarítam pro qua ómnia reliquístis íntegram inviolatámque servétis : ne dotem simul et arram Spíritus Sancti (quod absit) perdátis. Tu autem Dómine miserére nostri.

❡ *Septima die infra octavas assumptionis beate Marie.*

xxj. Augusti.

Lectio j.

Unt enim et prudéntes vírgines : sunt et fátue. Et ídeo dilectíssime, imitémini quam amátis, imitémini beátam et gloriósam Vírginem : cujus hódie festa in terris cólitis. De qua dícitur, María autem conservábat ómnia verba hec, que de Christo dicebántur : cónferens in corde suo. Conférte ergo et vos in córdibus vestris charíssime, que de ipso eódem Dómino cathólice dicúntur : ut et fidem íntegram serváre póssitis, et matrem ejus débite venerári, quóniam nullus honor ejus álius, nisi cum ille jure honorátur, qui nasci dignátus est ex ea. Tu autem Dómine miserére nostri.

Lectio ij.

Eterum rogo quecúnque estis fílie, quécunque matres, cogitáte atténtius, et perpéndite diligéntius, quibus afficiebátur beáta et intemeráta Virgo dolóribus, post Christi ad celos ascénsum, explétis ómnibus que de ipso erant ab ángelis predicáta, et a prophétis multiphárie multísque modis presignáta : divínis declaráta oráculis, virtútibus exhíbita, et que humanitátis sunt osténsa preságiis. Queso si qua sunt in vobis víscera pietátis : consideráte quo cruciabúntur amóre, quove desidério estuábat hec Virgo : dum revólvit ánimo cuncta que audíerat, que víderat, que cognóverat. Tu autem Dómine miserére nostri.

Lectio iij.

Uto quod quicquid cordis est, quicquid mentis, quicquid virtútis humáne si totum adhíbeas : non suffíciat ut cogitátio váleas, quanto indesinénter cremabátur ardóre pii amóris, quantis movebátur repléta Spíritu Sancto celéstium secretórum incitaméntis. Quia et si diligébat Christum ex toto corde, et ex tota ánima, et ex tota virtúte, novis tamen quotídie inflammabátur preséncia absens desideriórum afféctibus : tanto síquidem valídius, quanto divínis illustrabátur intus visitatiónibus. Quam totam repléverat Spíritus Sancti grátia, totam incandúerat divínus amor : ita ut in ea nichil esset mundánus quod voláret afféctus, sed ardor contínuus, et ebrietas perfúsi amóris. Tu autem Dómine miserére nostri.

❡ In octava assumptionis beate Marie.

xxij. Augusti.

Novem lectiones fiant, invitatorium triplex. Tota cantetur hystoria sicut in prima die more simplicis festi, preter nonum responsorium quod erit Cándida virgínitas. {855}.

Lectio j.

I gáudium sit in celo de quólibet peccatóre convérso, multo magis putándum pro tante Vírginis exaltatióne et glória, quod exultátio sit in supérnis : cujus nimírum festívitas ómnium supernórum cívium est gratulátio, presértim quia ejus celébritas laus et favor est Salvatóris. Unde crédimus ut supradíctum est, quod non hunc tantum diem solénnem ducunt pro ejus honóre ánnuum verum contínuum étiam et etérnum, jocunditátis ac letície veneratiónis obséquio : cum omni colunt tripúdio amóris et gáudii. Nec immérito ígitur omnis illa celéstis cívitas congratulátur et venerátur Matrem, cujus super se adórat Fílium Regem : ante quem tremunt potestátes, et curvátur omne genu. Tu autem Dómine miserére nostri.

Lectio ij.

DE hujus nimírum ad celos ascensióne multo admirántius intúitu, secretórum contemplátor celéstium in Cánticis, Vidi inquit speciósam ascendéntem quasi colúmbam désuper rivos aquárum. Et vere speciósa quasi colúmba : quia illíus spéciem colúmbe ac simplicitátem premonstrábat, que super Dóminum venit et dócuit Johánnem quia hic est qui baptízat. Et bene super rivos aquárum : quia super aquam reflectiónis educáverat eam Dóminus et nutríerat, ex qua multi dedúcti rivi omnem írrigant terram deliciárum, et infúndunt ortum voluptátis, ex quibus quotídie lota et perfúsa beáta Dei Génitrix ascéndit hodiérna die speciósa valde et admirábilis. Cujus odor inestimábilis erat nimis : et ídeo ineffábilis. Tu autem Dómine miserére nostri.

Lectio iij.

AD cujus profécto fragránciam odóris, omnis illa celéstis Hierúsalem leta decúrrit, quam circundábant flores rosárum et lília convállium : eo quod omnes ánime martýrio rubricáte : eam etérne dilectiónis complectúntur ampléxibus, et virginitátis splendóre candidáte, ac si lília in valle humilitátis enútrite, circúndant eam, veneratiónis grátia obsequéntes. Recte ígitur beáta Dei Génitrix et martyr et virgo fuit : quamvis in pace vitam finíerit. Hinc quoque quod vere passa sit : Sýmeon prophéta loquens ad eam, Et tuam inquit ipsíus ánimam pertransíbit gládius. Ex quo constat quod álii sancti et si passi sunt pro Christo in carne : tamen in ánima quia immortális est pati non potuérunt. Tu autem Dómine miserére nostri.

Lectio iiij.

BEáta ígitur Virgo Génitrix quia in ea parte passa est que impassíbilis habétur, ídeo (ut ita fátear) quia spiritáliter et atrócius passa est gládio passiónis Christi plusquam martyr fuit. Unde constat quia plus ómnibus diléxit : proptérea et plus dóluit, íntantum ut ánimam ejus totam pertransíret et possíderet vis dolóris : ad testimónium exímie dilectiónis. Que quia mente passa est : plusquam martyr fuit. Nimírum et ejus diléctio ámplius fortis quam mors : quia nimírum Christi mortem suam fecit. Tu autem Dómine miserére nostri.

Lectio v.

NUnc autem circúndant eam flores rosárum, indesinénter ejus admirántes pulchritúdinem inter fílias Hierúsalem : in qua pósuit Rex thronum suum quia concupívit ejus spéciem et decórem. Fuit enim plena charitáte ac dilectióne : idcírco séquitur post eam purpuratórum exércitus et candidatórum grex. Quam si diligéntius aspícias nichil virtútis est, nichil speciositátis : nichil candóris et glórie quod in ea non respléndeat. Et ídeo bene circúndant eam flores rosárum et lília conkállium, ut virtútes virtútibus fulciántur : et formósitas decóre castitátis augeátur. Nam omnis splendor et glória quanto illustrátur fulgóre suo sublímius : tanto appáret prestántior claritáte : et quorúmlibet subjectórum exímior predicátur. Tu autem Dómine miserére nostri.

Lectio vj.

SIc et beáta Dei Génitrix, cujus candor virginitátis ac si plantátio rose in Hiérico speciálius refúlsit : circúndata officio charitátis splendídius enítuit. Submíttitur sanctórum cláritas, ut ejus ámplius glória commendétur, que super angelórum choros eleváta : jam beatíssima predicátur. Nam angelórum quamvis célsior natúra sit : non tamen grátia major, quia et ipsi gratúita grátia ne corrúerent sunt salváti. Unde David, Verbo inquit Dómini celi firmáti sunt : et spíritu oris ejus omnis virtus eórum. Quod si spíritu Dei omnis virtus eórum, constat beátam et gloriósam Vírginem, in quam supervénit Spiritussánctus : et Deus totus illápsus portabátur novem ménsibus in útero, credéndum amplióra promeruísse virtútum privilégia : et percepísse grátiam ab ángelis étiam collaudátam. Unde, et si mirábilis est eórum virtus et firmitas et perpetúitas, mirabílior tamen in María, quam obumbrávit virtus Altíssimi, ut ultra omnem virtútem sit angélicam quod factum est in ea, et admirábile cunctis séculis sacraméntum. Tu autem Dómine miserére nostri.

Tres ultime lectiones de expositione Evangelii Intrávit Jesus in quoddam. *sicut in prima die legantur.* {836}.

❧ Sanctorum Thimothei et Apollinaris martyrum.

xxiij. Augusti.

Tres lectiones fiant cum nocturno propter vigiliam, invitatorium simplex. Cetera de communi plurimorum martyrum. [281].

❡ *In festo sancti Bartholomei apostoli.*

Festum inferius duplex.

xxiv. Augusti.

Novem lectiones fiant sine expositione Evangelii.

Lectio j.

N inferiórem Indiam véniens beátus Bartholoméus apóstolus, ingréssus est templum in quo erat ydólum Astaroth : et quasi peregrínis ibi manére cepit. In hoc ydólo demon talis erat, qui díceret securáre languéntes : quos sine dúbio ipse lédebat. Et cum lédere eos desiísset : curásse putabátur. Factum est ergo ut manénte ibi sancto Bartholoméo, nulla respónsa daret Astaroth : nullíque póterat ex his quos léserat subveníre. Jamque plenum erat de languéntibus templum : et quotídie sacrificántibus, nullum póterat demon dare respónsum. Tu autem Dómine miserére nostri.

Lectio ij.

PErrexérunt ergo in áliam civitátem ubi áliud demónium colebátur cui nomen Berith : et illi sacrificántes cepérunt inquírere, quare deus eórum Astaroth non illis daret respónsa. At ille dixit, Deus vester sic captívus et religátus cáthenis ígneis strictus tenétur, ut neque suspiráre áudeat neque loqui : ex illa hora qua ibi apóstolus Dei Bartholoméus ingréssus est. Dicunt ei, Et quis est iste Bartholoméus ? Respóndit demon, Amícus Dei omnipoténtis est : et ad hoc venit in istam provínciam, ut ómnia númina que colunt Indi evácuet. Qui dixérunt, Dic nobis ejus signa : ut póssimus cognóscere eum. Tu autem Dómine miserére nostri.

Lectio iij.

Espóndit demon, Capíllo nigro cápitis et crispo : caro cándida, óculi grandes. Nares equáles, et dirécte aures coopértas crine cápitis, barba prolíxa, paucos habens canos, statúra equális. Cénties vero flexis génibus per diem, et cénties per noctem orat Dóminum. Dixit étiam demon, Hic autem apóstolus Dei omnem linguam ómnium géntium et lóquitur et intélligit. Ambulant quoque cum eo ángeli Dei qui non permíttunt eum fatigári ne-que esuríre. Hoc étiam quod vos interrogátis, et quod ego respónsum de eo dedi : jam novit. Angeli enim Dei : ipsi núnciant ei. Rogo autem vos : ut dum invenéritis eum, rogétis ut huc non véniat, ne hoc michi fáciant ángeli qui cum eo sunt : quod fecérunt collége meo Astaroth. Reverténtes autem hómines illi, circúibant ómnium peregrinórum vultus et hábitus : et per duos dies non invenérunt eum. Tu autem Dómine miserére nostri.

Lectio iiij.

Actum est autem post hec : ut quidam plenus demónio clamáret dicens, Apóstole Dei Bartholomée : incéndunt me oratiónes tue. Tunc apóstolus dixit ei, Obmutésce et exi ab eo. Et statim liberátus est homo : qui per multos annos fúerat fatigátus ab eo. Polémius autem rex illíus províncie habébat fíliam lunáticam : nunciatúmque est illi hoc de demonióso. At ille statim misit ad apóstolum Dei dicens, Peto ut sicut liberásti Pseústicum, qui per multos annos passus est : ita et fíliam meam salves. Tu autem Dómine miserére nostri.

Lectio v.

Xúrgens autem apóstolus : perréxit ad regem. At ubi vidit puéllam cathénis constríctam, quia omnes morsu attrectábat : et quos póterat tenére scindébat et cedébat, et nullus erat ausus accédere ad eam : jussit eam solvi. Dicunt ei minístri, Et quis audet manum míttere ad eam ? Dicit eis apóstolus, Jam vinctum téneo inimícum qui in ipsa erat : et vos adhuc timétis e-am ? Fecérunt autem minístri si-cut jussit apóstolus : et ultra non pótuit eam vexáre demon. Sanc-tus autem apóstolus prédicans regi evangélium Christi : duxit eum ad templum in quo erat ydólum Astaroth, sacrificántibus ex more cultóribus : cepit clamáre demon, Cessáte míseri sacrificáre michi : ne pejóra patiámini quam ego, qui cathénis ígneis ligátus sum ab ángelis Jesu Christi : quem Judéi occidérunt. Tu au-tem Dómine miserére nostri.

Lectio vj.

ILle autem ipsam mortem tértia die resurgéndo des-trúxit : et signum sue crucis misit per apóstolos suos in omnes par-tes séculi, ex quibus unus est hic qui me vinctum tenet. Sanctus autem apóstolus dixit ad demó-nem, Si vis ut te non fáciam in abýssum mitti : exi de simulácro isto et confrínge illud, et vade in terram desértam ubi accéssus hó-minum non sit. At ille statim egréssus ómnia commínuit : ita ut omnem pictúram diluísset. Tunc apóstolus expándens manus suas ad celos dixit, Peto Dómine ut hec multitúdo salvétur : ut cognóscant omnes quia tu es De-us unus in celo et in terra : qui salútem réparas, per ipsum Dó-minum nostrum Jesum Chris-tum, qui tecum et Spíritu Sancto vivit et regnat in sécula secu-lórum. Tu autem Dómine mise-rére nostri.

Lectio vij.

ORánte sancto apóstolo ap-páruit ángelus Dómini : et per quátuor ángulos templi, dí-gito suo in saxis signum crucis scripsit et dixit, Tale vos fácite in fróntibus vestris : et ómnia mala fúgient a vobis. Tunc sanctus ángelus osténdit eis ingéntem E-gýptium nigriórem fulígine, acúta fácie cum barba prolíxa, crínitum usque ad pedes, óculos ígneos sicut ferrum ignítum habéntem, scintíllas sulphúreas ex ore et náribus emitténtem : et erat vinctus ignitis cathénis. Et dixit ei ángelus, Quóniam audísti vocem apóstoli : et ómnia pollutiónis génera de isto templo mundásti : solvam te ut vadas ubi nulla hóminum conversátio sit. Tunc demon ejulátum magnum emíttens : volávit et nusquam compáruit. Angelus autem Dómini, vidéntibus ómnibus : celos pétiit. Tunc rex Polémius cum uxóre et fíliis et omni pópulo suo baptizátus est : et depósito dyademáte, cepit apóstolo adherére. Tu autem Dómine miserére nostri.

Lectio viij.

Tunc congregáti sunt sacerdótes et pontífices templórum ad fratrem ejus, majórem regem Astríagen : et dixérunt ei, Frater tuus discípulus factus est illíus magi : qui templa nostra et deos nostros destrúxit. Cunque hec flentes regi reférrent : rex indignátus misit minístros suos cum pontíficibus, ut ubicúnque invenírent apóstolum, vinctum illum perdúcerent ad eum. Quod cum fecíssent : dixit ad eum Astríages, Tu es Bartholoméus, qui avertísti fratrem meum ? Sanctus apóstolus respóndit, Ego non avérti eum sed convérti. Dixit ei rex, Tu es qui deos nostros fecisti commínui ? Sanctus apóstolus respóndit, Ego dedi potestátem demónibus qui in eis erant, ut ipsi conquassárent ydóla vana in quibus degébant : et feci ut hómines relícto erróre, créderent omnipoténti Christo qui in celis hábitat. Dixit ei rex, Sicut tu fecísti fratrem meum relínquere deum suum et crédere Deo tuo : ita ego fáciam te relínquere Deum tuum, et crédere deo meo. Tu autem Dómine miserére nostri.

Lectio ix.

Dixit autem sanctus apóstolus ad regem, Si ego feci ut deus quem colébat frater tuus frángeret simuláchrum suum, et hoc tu póteris fácere Deo meo : póteris me ad sacrificium provocáre. Sin autem : ego omnes deos tuos commínuam, et tu crede Deo meo. Intérea nunciátum est regi, quod deus suus quem colébat cecidísset et minutátim abísset. Tunc scidit rex purpúream vestem qua indútus erat : et fecit fústibus cedi sanctum apóstolum Bartholoméum, et cesum jussit decollári. Veniéntes autem pópuli qui per apóstolum credíderant una cum Polémio rege abstulérunt cum hýmnis et cum glória corpus ejus. Tricésimo autem discessiónis sancti apóstoli die arréptus est rex Astríages a demónio, omnésque pontífices demónio pleni venérunt ad templum ejus confiténtes apostolátum ejus, et ibi sunt mórtui. Factúsque est timor super omnes incrédulos : et credéntes univérsi baptisáti sunt a presbýteris : quos ordináverat beátus apóstolus Bartholoméus. Rex étiam Polémius acclamánte univérso pópulo et clero, epíscopus ordinátus : cum in sancta conversatióne episcopátum annis vigínti tenuísset, migrávit ad Dóminum. Tu autem Dómine miserére nostri.

℣ *Cetera omnia de communi unius apostoli.* [227].

ℭ Sancti Ruphi martyris.

xxvij. Augusti.

Tres lectiones fiant, invitatorium duplex.

Lectio j.

Uphus patrícius et excónsul, ducátum agébat Ravénne : cujus única fília infirmabátur. Cui indicátum est de nómine Apollináris sacerdótis. Quem mox jussit ad domum suam addúci : ut visitáret fíliam ejus. At ubi ingréssus est domum cum cléricis suis : statim defúncta est puélla. Cunque lamentatiónes audísset beátus Apollináris : cognóvit quia transísset. Et descendéntem increpábat eum Ruphus patrícius : cum láchrymis dicens, Utinam domum meam non introísses. Dii enim magni indignáti sunt : et noluérunt fíliam meam salváre. Tu vero in quo póteris salváre eam ? Et omnes qui áderant flebant cum eo. Tu autem Dómine miserére nostri.

Lectio ij.

Beátus Apollináris ait Rupho, Fiduciáliter age pátrici : et jura michi per salútem Cesáris, quia permíttes puéllam sequi Salvatórem suum : et modo cognósces virtútem Dómini nostri Jesu Christi. Ruphus patrícius respóndit, Scio quod mórtua est puélla et non vivit. Tamen si vídero eam stantem et loquéntem, laudábo virtútem Dei vivi : et non prohibébo puéllam sequi Salvatórem suum. Tunc univérsa multitúdine flente, ipse fidúciam habens in Jesu : accéssit et tétigit puéllam dicens, Dómine Jesu Christe Deus meus, qui magístro meo Petro apóstolo tuo dedísti locum impetrándi apud te que desíderat : tu súscita hanc puéllam quia tua est creatúra, et non est álius Deus preter te. Et respíciens ad puéllam ait, Quid jaces ? Surge : confitére Salvatórem tuum. Que statim surréxit : et loquebátur, vocíferans, et dicens, Magnus est Deus quem prédicat Apollináris fámulus ejus : et nullus est álius preter eum. Tu autem Dómine miserére nostri.

Lectio iij.

Actum est in illa hora gáudium magnum coram ómnibus Christiánis : quia magnificátum est nomen Dómini Jesu Christi. Baptisáta est autem puélla cum patre et matre et família promíscui sexus, ánime trecénte trigínta quátuor. Sed et multi álii ex pagánis credidérunt in Christum. Ruphus vero patrícius timens Cesárem occúlte diligébat beátum Apollinárem : et ministrábat ei. Fília vero ejus consecráta est Christo : et permánsit virgo. Nunciátum est hoc Cesári a pagánis, quod quidam vir véniens ab Antióchia mágicis incantatiónibus nomen Jesu Christi Hebréi indúxit in urbem Ravénnam, et magna multitúdo obédit illi : et étiam domus Ruphi patrícii. Cui Cesar misit successórem. Idem vero Ruphus patrícius post áliquod tempus in Capuána urbe sexto kaléndas Septémbris : pro Christi nómine martýrium sumpsit. Tu autem Dómine miserére nostri.

Cetera omnia de communi unius martyris. [243].

ℂ *Sancti Augustini episcopi et confessoris atque doctoris.*

Festum inferius duplex.

xxviij. Augusti.

Novem lectiones fiant. Cetera omnia de communi unius confessoris et pontificis. [315].

Lectio j.

X província Affricána, civitáte Tagasténsi, de número curiálium, paréntibus honéstis et Christiánis : beátus Augustínus progénitus est. Aliúsque ac nutrítus eórum cura et diligéncia et impénsis, seculáribus lítteris erúditus est : appríme ómnibus vidélicet disciplínis imbútus, quas liberáles vocant. Nam et grammáticam prius in sua civitáte : et rethóricam in Africe cápite Carthagíne póstea dócuit. Dócuit étiam consequénti témpore trans mare in urbe Roma, et apud Mediolánum : ubi tunc imperatóris Valentiniáni junióris comitátus fúerat constitútus. In urbe Mediolano tunc episcopátum administrábat acceptíssimus Deo, et in óptimis viris preclaríssimus sacérdos Ambrósius. Tu autem Dómine miserére nostri.

Lectio ij.

Ujus intérea verbi Dei predicatóris frequentíssimis in ecclésia disputatiónibus astans in pópulo : intendébat Augustínus suspénsus atque affixus. Aliquándo enim Manicheórum apud Carthagínem adoléscens fúerat erróre sedúctus, et ídeo céteris suspénsior áderat : ne quid vel pro ipsa vel contra ipsam héresim díceret Ambrósius. Et prevénit Dei liberatóris cleméncia sui sacerdótis cor pertractántis, ut contra illum errórem lucidéntes legis solveréntur quéstiones : atque ita héresis illa miseratióne divína ejus ex ánimo pulsa est. Prótinus ergo in fide cathólica confirmátus Augustínus, ádeo divíni amóris ardóre ígnitus est : quod propinquántibus diébus sanctis Pasche salútis aquam percíperet. Et factum est divína prestánte opitulatióne : ut per illum tantum ac talem antístitem Ambrósium, et doctrínam salutárem ecclésie cathólice, et divína percíperet sacraménta. Moxque ex íntimis cordis medúllis : spem omnem quam habébat in século derelíquit. Jam non uxórem, non fílios carnis, non divítias, non honóres séculi querens, Deo cum suis servíre státuit. Tu autem Dómine miserére nostri.

Lectio iij.

ET non erat tunc major annis trigínta : sola supérstite matre sibíque adherénte Mónica nómine, et de suscépto ejus propósito serviéndi Deo, ámplius quam de carnis nepótibus exultánte, nam jam ejus pater ántea defúnctus erat. Renunciávit étiam scolásticis quos rhetor docébat, ut sibi magístrum álium providérent : eo quod servíre Deo ipse decrevísset. Tunc plácuit ei percépta grátia cum áliis cívibus et amícis suis Deo páriter serviéntibus : ad Affricam et própriam domum agrósque remeáre. Ad quos véniens et in quibus constitútus ferme triénnio et a século jam alienátus, cum his qui eídem adherébant Deo vivébat, jejúniis, oratiónibus, bonísque opéribus in lege Dómini méditans die ac nocte, et de his que sibi Deus cogitánti atque oránti intellécta revelábat : preséntes et abséntes sermónibus ac libris docébat. Factum est autem, ut a Valério sancto epíscopo in ecclésia Ipponénsi quamvis multum renítens et láchrymans présbyter ordinarétur : ómnibus id uno consénsu et desidério fíeri perficíque peténtibus, magnóque stúdio et clamóre flagitántibus. Tu autem Dómine miserére nostri.

Lectio iiij.

FActus présbyter Augustínus, monastérium intra ecclésiam mox instítuit : et cum Dei servis vívere cepit, secúndum modum et régulam sub sanctis apóstolis constitútam. Sanctus vero Valérius ordinátor ejus, ut erat vir pius et Deum timens, exultábat et Deo grátias agébat, suas a Dómino exaudítas preces, quas se frequentíssime fudísse narrábat, ut sibi divínitus homo concederétur talis : qui posset verbo Dei et doctrína salúbri ecclésiam Dómini edificáre. Sciénsque se córpore et etáte infirmíssimum, egit secrétis lítteris apud primátem episcopórum Carthaginénsem, preténdens imbecillitátem córporis sui etatísque gravitátem, et óbsecrans ut Ipponénsi ecclésie ordinarétur epíscopus : quo sue cáthedra non tantum succéderet, sed consacérdos accéderet Augustínus. Et que optávit et rogávit : sátagens rescrípto impetrávit. Tu autem Dómine miserére nostri.

Lectio v.

POstea ergo pétito ad visitándum et adveniénte ad ecclésiam Ipponénsem tunc primáte Numídie Megálio Calaménsi, sancto Valério antístite, epíscopis qui forte tunc áderant, ac cléricis ómnibus Ipponénsibus, et univérsa plebe inopinátam cunctis suam insinuánte voluntátem, omnibúsque audiéntibus gratulántibus, atque id fieri perficíque ingénti desidério acclamántibus : episcopátum suscípere contra morem ecclésie suo vivénte epíscopo présbyter recusábat. Dumque illi ut fieri solet ab ómnibus suaderétur, atque id ignáro de transmarínis et Affricánis ecclésie exémplis probarétur : compúlsus atque coáctus succúbuit. Quod in se fieri non debuísse, ut suo vivénte epíscopo ordinarétur, póstea et dixit et scripsit propter consílii universális vétitum, quod jam ordinátus dídicit : nec quod sibi factum esse dóluit áliis fieri vóluit. Augustínus ígitur factus epíscopus : multo instántius atque fervéntius, majoréque auctoritáte verbum salútis etérne in Dómini ecclésia predicábat. Qui sane dícere inter familiária collóquia consuéverat, post percéptum baptísmum étiam laudátos Christiános vel sacerdótes, absque digna et competénte peniténcia exíre de córpore non debére : quod et ipse fecit última qua defúnctus est egritúdine. Tu autem Dómine mise- | rére nostri.

Lectio vj.

Am sibi jússerat psalmos Davíticos qui sunt paucíssimi de peniténcia scribi : ipsósque quaterniónes jacens in lecto contra paríetem pósitos, diébus sue infirmitátis intuebátur, et legébat : et ubértim ac júgiter flebat. Et ne inténtio ejus a quoquam impedirétur, ante dies ferme decem quam exíret de córpore, postulávit a preséntibus ne quis ad eum ingrederétur : nisi his tantum horis quibus médici ad inspiciéndum intrábant, vel cum ei reféctio inferebátur. Et ita observátum et factum est : et in illo témpore oratióni vacábat. Verbum Dei beátus Augustínus usque ad extrémam egritúdinem impretermísse alácriter et fórtiter, et sana fide in ecclésia predicávit : membris ómnibus sui córporis incólumis, íntegro aspéctu atque audítu. Sed ne civitátis sue ruínam víderet, tértio obsidiónis ejus mense migrávit ad Dóminum :

quinto kaléndas Septémbris, cum vixísset annos etátis sue septuagínta sex, in clericátu autem vel episcopátu annos ferme quadragínta. In suis quidem scriptis ille Deo accéptus et carus sacérdos, quantum lucénte veritáte vidéri concéditur : recte ac sane fídei, spei, et charitátis fuísse : et ad utilitátem cathólice ecclésias vixísse manifestátur. De quo cum divína scribénte legéntes profíciant : arbitrándum est plus ex eo profícere potuísse illos, qui eum et loquéntem in ecclésia preséntes audíre et vidére potuérunt, et ejus presértim inter hómines conversatiónem non ignoravérunt. Erat enim erúditus scriba in regno celórum de thesáuro suo próferens nova et vétera : et negociátor qui invéntam preciósam margarítam, vénditis que habébat comparávit. Tu autem Dómine miserére nostri.

❡ Léctio sancti Evangélii secúndum Mathéum. *v.* 13. *Lectio vij.*

IN illo témpore, Dixit Jesus discípulis suis, Vos estis sal terre. Quod si sal evanúerit : in quo saliétur ? Et réliqua.

Omélia excérpta de divérsis commentatóribus.

Et legatur hac die tantum.

SAl appellántur apóstoli : quia per ipsos univérsum hóminum cónditur genus. Terre enim nómine humána natúra significátur : salis vero Verbi sapiéncia. Quod autem apóstolos suos celésti ac divína sapiéncia ple-nos, sal terre Salvátor nóminat, osténdit fátuos esse judicándos, qui terréna tantum sápiunt, qui temporálium bonórum vel cópiam sectántes, vel inópiam metuéntes amíttunt etérna, que nec dari possunt ab homínibus nec auférri. Notándum autem quod salis natúra infecunditátem terre facit. Unde et in psalmo scriptum est, Pósuit terram fructíferam in salságinem. Tu autem Dómine miserére nostri.

Lectio viij.

QUasdam urbes légimus ira victórum sale seminátas : ut nullum in eis germen orirétur. Allegórice autem hoc bene convénit doctríne apostólica, ut destrúctis adversariórum munitiónibus et peccáti regno dejécto, sale sapiéncie compéscat ultra in carnis humáne terra séculi fluxum atque feditátem germináre viciórum. Item quia sal ad condiéndos cibos carnésque siccándas aptum est, rite demónstrat, quod per predicatiónem evangélii fluxus restíngitur voluptátum : et humána natúra exclúsis vérmibus et putrédine peccatórum, illésa servátur suo Conditóri, per ejus custódiam mandatórum. Quod si sal evanúerit : in quo saliétur ? Ad níchilum valet ultra nisi ut mittátur foras, et conculcétur ab homínibus. Id est, si vos, per quos condiéndi sunt quodámmodo pópuli : metu persecutiónum temporálium amiséritis regna celórum :

qui erunt hómines per quos vobis error auferátur, cum vos elégerit Deus per quos errórem áuferat ceterórum ? Tu autem Dómine miserére nostri.

Lectio ix.

ᴇRgo ad níchilum valet sal infatuátum : nisi ut mittátur foras et calcétur ab homínibus. Non ítaque calcátur ab homínibus qui pátitur persecutiónem : sed qui persecutiónem timéndo infatuátur. Calcári enim non potest : nisi inférior. Sed inférior non est, qui quamvis córpore multa in terra sustíneat : corde tamen fixus est in celo. Ergo sal infatuátum, cum ad condiéndos cibos carnésque siccándas valére desíerit : nulli jam úsui aptum erit. Neque enim ut álius testátur Evangelísta : In terram útile est, cujus injéctu germináre probibétur, neque in sterquilínium agricultúre profutúrum : quod vivácibus licet glebis immíxtum, non fetáre sémina frugum, sed extingúere naturáliter solet. Sic omnis qui post agnitiónem veritátis retro redíerit, neque ipse fructum boni óperis ferre, neque álios excolére valet, sed foras mitténdus : hoc est ab ecclésie est unitáte secernéndus, ut juxta áliam parábolam, irridéntes eum inimíci dicant, quia hic homo cepit edificáre, et non pótuit consummáre. Tu autem Dómine miserére nostri.

❧ *In decollatione sancti Johannis baptiste.*

xxix. Augusti.

Novem lectiones, invitatorium triplex.

Invit.
III.

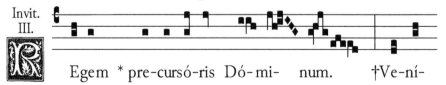

Egem * pre-cursó-ris Dó-mi- num.   †Ve-ní-

te a- do-ré-mus. *Ps.* Ve- ní-te. 7*.

Hymnus. Martyr Dei qui únicum. *in communi.* [243].

❦ *In primo nocturno.*

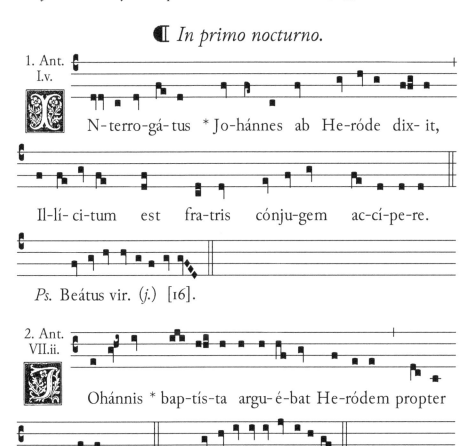

1. Ant.
I.v.

IN-terro-gá-tus * Jo-hánnes ab He-róde dix- it,

Il-lí- ci-tum est fra-tris cónju-gem ac-cí-pe-re.

Ps. Beátus vir. (*j.*) [16].

2. Ant.
VII.ii.

Ohánnis * bap-tís-ta argu- é-bat He-ródem propter

He-ro-di- á-dem. *Ps.* Quare fremuérunt. (*ij.*) [16].

3. Ant.
I.v.

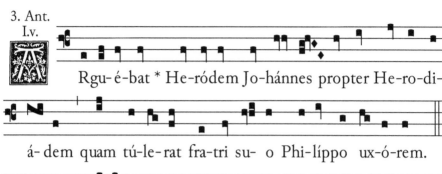

Rgu-é-bat * He-ródem Jo-hánnes propter He-ro-di-

á-dem quam tú-le-rat fra-tri su- o Phi-líppo ux-ó-rem.

Ps. Dómine quid multiplicáti. (*iij.*) [17].

℣. Glória et honóre coranásti eum Dómine.

℟. *privatim.* Et constituísti eum super ópera mánuum tuárum.

Lectio j.

Dest nobis fratres charíssimi dies solénnis quem consecrávit beáti Johánnis baptíste et precursóris Christi purpúreus sanguis : innocénter pro veritáte que Christus est ab ímpio Heróde martýrio profúsus. Qui mirabíliter natus est : et mirabílius occísus. Natus est enim in prophécia : in veritáte perémp-

Beda super Marcum senten. lib. II. super capit. 6.

tus est. Nascéndo annúnciat Salvatóris advéntum : moriéndo condemnávit incéstum, et illícitum matrimónium. Et idcírco cárceris obscuritáte detrúditur : deínde malígne muliércule insídiis prevéntus capitálem senténciam súbiit. Decollátus vero est in castéllo quodam Arábie : quod Macherónte nominátur. Tu autem Dómine miserére nostri.

1. Resp.
VIII.

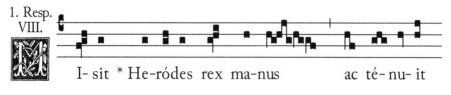

I- sit * He-ródes rex ma-nus   ac té-nu- it

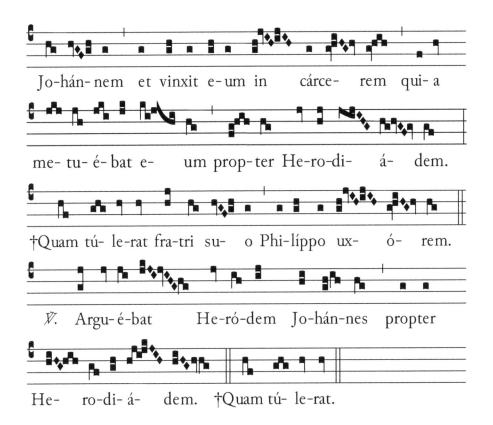

Jo-hán-nem et vinxit e-um in cárce- rem qui-a

me-tu-é-bat e- um prop-ter He-ro-di- á- dem.

†Quam tú- le-rat fra-tri su- o Phi-líppo ux- ó- rem.

℣. Argu-é-bat He-ró-dem Jo-hán-nes propter

He- ro-di-á- dem. †Quam tú- le-rat.

Lectio ij. Libro II. *cap. 28.*

Icut in ecclesiásticis invénimus hystóriis, corpus ejus in civitáte Samárie, que nunc Sebáste vocátur : caput autem in Hierosólymis humátum est. Juliáni vero tempóribus velut relaxátis frenis, efférbuit in omnem sevíciam féritas paganórum. Ex quo áccidit ut apud Sebásten sepúlchrum beáti Johánnis baptíste mente rábida et funéstis mánibus inváderent, ossa dispérgerent, atque ea rursum collécta igne concremárent : et sanctos cíneres púlveri immíxtos, per agros et rura dispérgerent. Dei autem providéncia factum est quosdam de Hierosólymis monáchos, ex monastério Philíppi hóminis Dei, oratiónis illuc causa per idem tempus venísse. Tu autem Dómine miserére nostri.

2. Resp.
IV.

Ohánnes * baptís-ta argu-é-bat He-ró- dem.

†Prop-ter He-ro- di- á- dem quam tú-le- rat fra-tri

su- o Phi-líppo ux-ó- rem. ℣. He-ródes

e-nim té-nu- it et li-gá-vit e- um : et pó-su- it in

cár- ce- rem. †Prop-ter.

Lectio iij.

QUi cum tantum nephas humánis quidem mánibus, sed ferína mente fieri vidérent : mori grátius habéntes quam hujuscémodi piáculo funestári : inter eos qui ossa ad exuréndum legébant mixti, diligéntius in quantum res patiebátur, ac religiósius congregántes, furtim se vel stupéntibus vel insaniéntibus subtráxere, et ad patrem suum Philíppum venerándas relíquias pertulére. Ille super se tantum ducens serváre thesáurum : própriis vigíliis ad pontíficem máximum tunc Athanásium hóstie immaculáte relíquias, per Juliánum dyáconum suum misit. Quas ille suscípiens paucis cum arbítris sub cávato sacrárii paríete inclúsas :

prophético spíritu profutúras ge-
neratióni póstere conservávit.
Cujus preságium sub Theo-
dósio príncipe per Theó-
philum ejúsdem urbis epíscopum

Hucusque in Hystoria ecclesiastica.

complétur : qui destrúcto Será-
phis simuláchro sancti Johánnis
ibídem consecrávit ecclésiam. Tu
autem Dómine miserére nostri.

3. Resp.
IV.

E-tu-é-			bat	* He-ródes	Jo-hán-nem.

†Sci- ens e-um vi-rum is- tum	et sanc- tum.	‡Et cus-

to-di- é-bat	e- um.	℣. Et audí-to	e-o

multa fa-ci- é- bat : et li-bénter e-um audi- é- bat.

†Sci- ens e-um. ℣. Gló-ri- a		Pa-tri et Fí-li- o :

et Spi-rí- tu- i	Sanc-to.	‡Et custo-di- é-bat.

ℂ *In secundo nocturno.*

4. Ant.
VIII.i.

I-cé-bat * e-nim re-gi Jo-hánnes baptísta : non

li-cet ti-bi ha-bé- re ux-ó-rem fra-tris tu- i.

Ps. Cum invocárem. (*iiij.*) [17].

5. Ant.
VIII.i.

E-ródes * e-nim me-tu-é- bat Jo-hánnem sci- ens

e-um vi-rum justum et sanctum, et custo-di- é-bat e-um.

Ps. Verba mea. (*v.*) [18].

6. Ant.
VIII.i.

Udí-to * e-o multa fa-ci- é-bat : et li-bénter e-um

audi- é-bat. *Ps.* Dómine Dóminus noster. (*viij.*) [22].

℣. Posuísti Dómine super caput ejus.

℟. *privatim.* Corónam de lápide precióso.

Lectio iv. In chronicis Marcellini comitis, ut ait Beda super Marcum.

DUóbus monáchis orientáli-
bus qui vénerant adoráre in
Hierosólymis et loca sancta vidére, per revelatiónem assístens
idem precúrsor Dómini precépit
ut ad Heródis quondam regis
habitáculum accedéntes, caput
suum ibi requírerent : et invéntum digno honóre recónderent.
Quod ibi ab eis invéntum et as-
súmptum sed non multo post
culpa incúrie pérditum, perlátum
est Emíssam ab áliis : et in
quodam specu in urna sub terra
non parvo témpore ignobíliter recónditum : donec dénuo beátus
Johánnes baptísta sese suúmque
caput osténdit Marcéllo cúidam
religióso abbáti ac presbýtero dum
in eódem specu habitáret. Ab eo
témpore cepit in eádem civitáte
beáti precursóris decollátio ipsa
die id est quarto kaléndas Septémbris, quo caput ejus invéntum
atque elevátum est : a Marcéllo
presbýtero celebrári. Tu autem
Dómine miserére nostri.

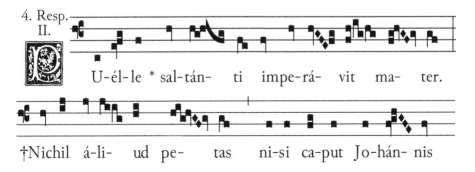

4. Resp.
II.

PU-él-le * sal-tán- ti impe-rá- vit ma- ter.

†Nichil á-li- ud pe- tas ni-si ca-put Jo-hán- nis

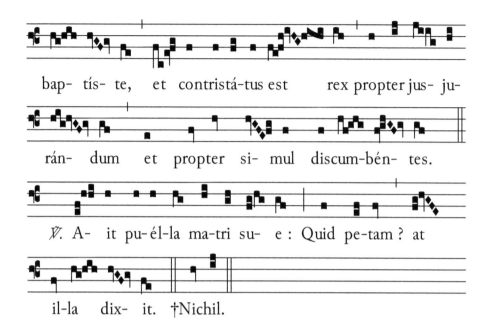

bap- tís- te, et contristá-tus est rex propter jus- ju-

rán- dum et propter si- mul discum-bén- tes.

℣. A- it pu-él-la ma-tri su- e : Quid pe-tam ? at

il-la dix- it. †Nichil.

Lectio v.

COnstat namque quod immi-
nénte festivitáte Pascháli
fuit decollátus, et anno post hunc
sequénte : cum dénuo tempus
Paschále redíret : mystérium Domínice passiónis esse complétum.
Légitur enim in martyrológio
quod Eusébii et Hierónymi vocá-
bulis insignítum est, quarto kaléndas Septémbris, in Emíssa civitáte Phenícis províncie, natále
beáti Johánnis baptíste die quo
decollátus est : non speciáliter ipsum diem decollatiónis, sed diem
pótius quo caput ejus in eádem
Emíssa civitáte repértum atque in
ecclésia est cónditum signíficans.
Fertur invéntum póstea caput venerándum a monáchis Macedo-
niánis témpore Valéntis : qui post
Joviniánum imperávit. Cunque
Mardónius tunc major domus
nunciásset hoc imperatóri : precépit Valens caput sacrum Con-
stantinopólita deportári. Qua jussióne dirécti et imponéntes vehículo deportábant. Tu autem Dómine miserére nostri.

5. Resp.

II. PE-ti- it * pu-él- la caput Jo-hán- nis bap-
tís- te. †Quo accép- to de- dit ma-ter
su- e. ℣. Pu-él- le sal-tánti impe-rá-vit ma- ter :
Nichil á-li- ud pe-tas ni-si caput Jo-hán- nis bap- tís- te.
†Quo accép- to.

Lectio vj.

CUm vero veníssent circa Calcedóniam nequáquam póterat trahi vehículum : licet multis plagis burdónes afflígerent. Et cum hoc inopinábile viderétur univérsis et ipsi simul imperatóri : sacrum caput recondidérunt in vico apelláto Sýlai. Cunque Theodósius póstea imperátor has Baptíste relíquias voluísset Constantinópolim deférre : solam reférunt extitísse matrónam vírginem sacram que ejus custódiam cápitis exhibébat. Cui dum sépius imperátor et cum láchrymis supplicáret, ut permítteret sua vota implére : hec putans quia sicut témpore Valéntis, sic étiam modo non paterétur ultérius eas Baptísta portári : cessit. At imperátor ampléctens sua púrpura thecam in qua caput Baptíste jacébat : eámque portans, venit et ante civitátem Constantinopolitánam recóndidit : in séptimo miliário, ibíque magnam atque pulchérrimam edificávit ecclésiam. Tu autem Dómine miserére nostri.

6. Resp.
IV.

Ontris-tá-tus est * rex He-ró-des propter jus- ju-rán- dum : et propter simul discumbén- tes nó-lu- it e- am contris- tá- ri : sed misso spi-cu-la-tó- re pre-cé-pit ampu-tá-re. †Ca-put Jo-hánnis in cárce- re. ℣. He-ródes fu-néstus pre-cé-pit interfí-ce- re et ampu- tá- re. †Ca-put.

℣. Gló-ri- a   Pa-tri et Fí-li-   o :   et Spi-rí- tu-

i   Sanc-to. †Ca-put.

❦ In tertio nocturno.

7. Ant.
VIII.i.

Umque * intro- ísset fí-li- a He-ro-di- á-dis   et sal-

tásset : et pla-cu- ísset He-ró- di   a- it il-li, Pe-te a me

quod vis et da-bo ti-bi.   Ps. In Dómino confído. (x.) [24].

8. Ant.
I.v.

U-rá- vit * He-ró-des pu-él- le   quicquid e-

nim pe-tí- e-ris da-bo ti-bi li- cet dimí-di- um regni me- i.

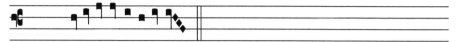

Ps. Dómine quis habitábit. (*xiiij.*) [28].

9. Ant.
II.i.

- it pu- él-la ma-tri su- e, * Quid pe- tam ? at il-

la dix- it, Ca-put Jo-hánnis bap-tíste. *Ps.* Bonum est confi-
téri. (*xcj.*) [147].

℣. Justus ut palma florébit.

℟. *privatim.* Sicut cedrus Líbani multiplicábitur.

❡ Léctio sancti Evangélii secúndum Marcum. *vj. 17. Lectio vij.*

IN illo témpore, Misit Heródes ac ténuit Johánnem et vinxit eum in cárcerem propter Herodiádem uxórem Philíppi fratris sui : quia dúxerat eam. Et réliqua.

8. *secundi libri post pmū.* Omélia venerábilis Bede presbýteri.

IMplétum vidémus in Johánne quod de illo ángelus Zacharíe priúsquam nascerétur predíxit : quia precéderet ante Dóminum in spíritu et virtúte Helýe. Ambo namque continénter vivéntes : ambo hábitu incúlti, ambo in solitúdine degéntes, ambo precónes veritátis, ambo regis et regíne persecutiónem propter justíciam perpéssi sunt. Ille Achab et Jésabel : iste Heródis et Herodiádis. Ille ne ab ímpiis occiderétur ígneo curru est raptus in celum : iste ne ab ímpiis vincerétur perfécto martýrii certámine spíritu, celéstia regna petívit. Querit forte áliquis, quis sit iste Heródes, quisve frater ejus, que étiam Heródias : de quibus sermo est. Heródes iste qui et Johánnem decollávit, et in passióne Re-

{888}

demptóris nostri Pyláto assénsum prébuit : fílius est Heródis illíus sub quo Dóminus natus est. Cujus frater Philíppus Herodiádem fíliam Arethe regis Arabum accépit uxórem. Tu autem Dómine miserére nostri.

7. Resp.
IV.

Isso * He-ró-des spi-cu-la-tó- re pre-cé-pit ampu-tá- re ca-put Jo-hánnis in cár- ce- re. †Quo audí-to discí-pu- li e- jus ve-né-runt et tu-lé-runt corpus e- jus et po-su-é-runt il- lud in mo- nu- mén- to. ℣. Mi-sit rex incré-du-lus mi-nístrum de-testá-bi- lem : et ampu-tá-re jussit ca-put Jo-hánnis in cár- ce- re. †Quo audí-to.

Lectio viij.

QUam idem Aretha póst-modum ablátam ab eo dedit Heródi, eo quod ipso majóris esset potestátis et fame. Factúmque est adultérium públicum, quod sicut pérfidis causa fuit pereúndi : ita fidelíssimo precóni nostre redemptiónis, matéria fuit triumphándi. Qui prohibéndo regis injústi scélera, morte quidem injústa méruit plecti : sed post mortis gustum a Rege justície, cui testimónium perhibébat, justam vite perhénnis corónam accépit. Dicébat Johánnes Heródi, Non licet tibi habére eam. Et volens inquit eum occídere tímuit pópulum : quia sicut prophétam eum habébant. Non pópulus tantum sed ipse étiam Heródes Johánnem sicut prophétam habébat : teste Evangelísta qui dicit, Heródes enim metuébat Johánnem, sciens eum virum justum et sanctum : et custodiébat eum. Et audíto eo multa faciébat : et libénter eum audiébat. Sed vicit amor mulíeris, eúmque in illum quem sanctum esse nóverat et justum : manus míttere coégit. Qui quóniam nóluit cohíbere luxúriam, ad homicídii reátum prolápsus est : minúsque illi peccátum majóris erat causa peccáti. Cui distrícto Dei judício cóntigit : ut propter appetítum adúltere, quam detestándam sciébat, sánguinem fúnderet prophéte : quem Deo accéptum esse cognóverat. Tu autem Dómine miserére nostri.

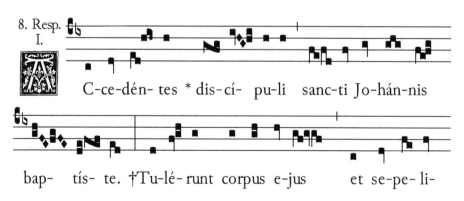

8. Resp. I.

A-ce-dén- tes * dis-cí- pu-li sanc-ti Jo-hán-nis bap- tís- te. †Tu-lé-runt corpus e-jus et se-pe-li-

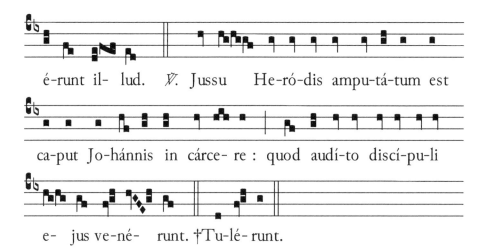

é-runt il- lud. ℣. Jussu He-ró-dis ampu-tá-tum est

ca-put Jo-hánnis in cárce- re : quod audí-to discí-pu-li

e- jus ve-né- runt. †Tu-lé- runt.

Lectio ix.

Die autem natális Heródis saltávit fília Herodiádis in médio : et plácuit Heródi. Unde cum juraménto pollícitus est ei dare : quodcúnque postulásset ab eo. Non tálibus festis diem nostri natális in memóriam revocáre, non ullum tempus illécebris indúlgere carnálibus : sed diem pótius éxitus nostri debémus láchrymis et précibus, crebrísque preveníre jejúniis. Hinc étenim vir sápiens ádmonet dicens, In ómnibus opéribus tuis memoráre novíssima tua : et in etérnum non peccábis. Sed nec membra nostra que jam Dómino consecráta sunt : lúsibus atque inéptis dare móti-bus decet. Dicit namque Apóstolus, Néscitis quóniam córpora vestra membra sunt Christi ? Tollens ergo membra Christi, fáciam membra meretrícis ? Absit. Quantum vero temeritátem jurándi vitáre debeámus : et ipse Dóminus in Evangélio, et Jacóbus in epístola sua, docet dicens, Ante ómnia autem fratres mei nolíte juráre : neque per celum, neque per terram, neque áliud quodcúnque juraméntum. Sit autem sermo vester, est est, non non : ut non sub judício decidátis. Illo vidélicet judício sub quo décidit Heródes : ut vel perjuráre, vel ob perjúrium cavéndum, áliud necésse habére patráre flagítium. Tu │ autem Dómine miserére nostri.

9. Resp.
IV.

Erceptú-rus * jam vir sanctus pro la-bó- re ré-

qui- em con- stans in confes- si- óne Chris- ti- á-ne

fí-de- i. †Subdit col- lum ve-lut ag- nus man- su- é-tus

glá- di- o. ℣. Córpo-re dis-

sólvi gau-dens et cum De- o ví- ve-re. †Subdit.

℣. Gló-ri- a Pa-tri et Fí-li- o : et Spi-rí-tu- i Sancto.

†Subdit.

❡ Sanctorum Felicis et Adaucti martyrum.

xxx. Augusti.

Tres lectiones fiant, invitatorium duplex.

Lectio j.

Um furor Diocleciáni et Maximiáni sanctos Dei divérsis penis interficeret, presbýterum sancte cathólice ecclésie nómine et ópere Felícem impietáti sue oblátum, ad Draccum urbis preféctum dírigi jussérunt dicéntes, ut si sacrificáre contémneret : punirétur. Qui cum ex jussióne prefécti ductus fuísset ad templum Serápis juxta secretárium ubi sedébat preféctus, et cogerétur ad sacrifícium : exufflávit in fáciem státue éree : que statim cécidit. Tunc preféctus furóre replétus jussit eum duci juxta murum urbis, ad locum via Ostiénsi, miliário secúndo ab urbe, ubi erat arbor excélsa : et ibi eum compélli ad sacrificándum. Quod si nollet : sibi renunciári mandávit. Tu autem Dómine miserére nostri.

Lectio ij.

AT ubi sanctus Felix addúctus est in memorátum locum, et a nephandíssimis sacrilégis in arbórem vota réddere compellerétur : figens génua sua orávit. Exúrgens vero de oratióne : insufflávit in arbórem ingentíssimam et ait, Precípio tibi in nómine Dómini mei Jesu Christi, ut a radícibus tuis córruas, et templum, et simuláchrum atque aram ejus fúnditus commínuas : ut ámplius per te ánime nullátenus decipiántur. Que statim ad verbum servi Dei a radícibus evérsa, templum, simuláchrum, atque aram ejus ita commínuit : ut nichil ex ipsis pénitus íntegrum remáneret. Tu autem Dómine miserére nostri.

Lectio iij.

CUnque nunciátum fuísset ab officio, Dracco urbis preféc-to quod factum fúerat : jussit beátum Felícem in eódem loco decollári, corpus vero ejus inhu-mátum lupis et cánibus derelín-qui. Qui dum ducerétur : óbvi-um hábuit quendam Christiánum ab homínibus quidem abscónsum : Deo vero maniféstum. Hic cum didicísset quod beátus Felix prés-byter pro Christi nómine jussus esset capitálem subíre senténciam : cepit clámare voce magna et dí-cere, Ego ex eádem lege sum, et ipsum quem hic sanctus présbyter prédicat confiteor Dóminum Je-sum Christum : et pari senténcie subjacébo. Intérea ducti ambo in eúndem locum in quo predícta arbor stéterat : et cum eis spáci-um orándi datum fuísset, exur-géntes ab oratióne osculáti sunt se ínvicem, et páriter capitálem subiérunt senténciam. Altérius vero nomen quia ignorábant Christiáni, Adáuctum enim voca-vérunt : eo quod sancto Felíci a-dáuctus esset ad martýrium. Tu autem Dómine miserére nostri.

Ceteri omnia de communi plurimorum martyrum dicuntur. [281].

❡ *Sancte Cuthburge virginis non martyris.*

xxxj. Augusti.

Tres lectiones fiant, invitatorium duplex.

Cetera omnia de communi unius virginis non martyris. [395]

{894}

Milton Keynes UK
Ingram Content Group UK Ltd.
UKHW041910191023
430960UK00013B/107/J